AKILLI VE ÖZGÜVENLİ ÇOC

Bebeklikten 15 Yaşa

Sosyal, Motor ve Duysal Oyunlar

Her Çocuğun Oyun Oynama Doğal Sevgisini Kullanarak Beceri ve Katılımcılığını Geliştirmek (Otizm, Hiperaktif, Nörotopik Çocuklarda Dahil)

BARBARA SHER & KAREN BEARDSLEY

Platform

Yayımcının Adı: PLATFORM YAYINCILIK EĞİTİM-TEKS. SAN.TİC. LTD. ŞTİ.

Basımcı : EGEM BASIM YAYIN SAN. VE TİC. LTD. ŞTİ

Yayıncı Sertifika Numarası : 41379

Matbaacı Sertifika Numarası : 43624

Çeviri Editörü: Suat Yavuz

ISBN: 978-605-065-193-5

e-mail:siparis@platformkitap.com

www.platformkitap.com

PLATFORM YAYINCILIK EĞİTİM-TEKS. SAN. TİC. LTD. ŞTİ.

Merkez: Sanayi Mah. Çağlayan Sok. No:11

Güngören / İSTANBUL

Şube: Hobyar Mah. Ankara Cad. Cağaloğlu Yokuşu

Evren Han No:17/35 Cağaloğlu - İstanbul

Tel: 0212-511 22 28

İçindekiler

5. BÖLÜM

Önsöz

Hepimiz çok iyi biliyoruz ki her çocuk kendi ilgi ve becerilerini barındıran eşsiz kişiliklere sahiptir. Ayrıca şunu da biliyoruz ki her ne kadar bazıları on aylıkken bazıları da on sekiz aylıkken yürümeye başlasa da çocukların çoğu gelişimsel süreçlerden yürümeden önce emeklemelisin sırasıyla geçmektedir. Hepimizin saygı duyduğu bir çeşitlilik söz konusu. Yine de tüm çocuklar deneyimlere gereksinim duyar. Bebekler vücutlarını nasıl hareket ettirebileceklerine dair en ufak bir fikirleri olmadan dünyaya gelir; bebeği sırt kaslarını güçlendirmesi için yüzüstü yatırıp biraz ötesine bir oyuncak koyarak ileri doğru uzanabilmesi için kaslarını kullanması gerektiğini öğreten ve ona zaman ayıran annesidir. Bebeklerin görme, uzanma ve kavrama becerilerini geliştirebilmelerini sağlayan beşiklerinin üzerine asılan oyuncaklardır. Oyun alanında veya birileriyle parkta olmak çocuğun yüz ve vücut işaretlerinin farkına varmalarını sağlar.

Yaşımız ve öğrenmeye çalıştığımız beceri her ne olursa olsun tecrübe her zaman en iyi öğretmendir. Beyin araştırmacıları çocukların beyinlerinin tecrübelerine göre nasıl geliştiğini ve büyüdüğünü son on yıl içerisinde açıklamışlardır. Yeni bir aktivitenin bilinçli olarak yapıldığı her seferde yeni sinapsların oluştuğu ve bu şekilde beynin genişlediğini öğrenmiş bulunuyoruz. Ayrıca bebeklerin doğduğu ve birbirlerine tecrübe ile bağlı olan yüz milyar nöronun tecrübeler olmaksızın köreldiğini de biliyoruz. Bu kitap bahsi geçen öğrenme tecrübelerini oyuna çevirerek çocuk için eğlenceye dönüştüren yöntemler hakkındadır. Çocuklar bir işi yaparken gülüyorlarsa, kendilerini o işe odaklamışlardır ve öğreniyorlardır. Anne babalar ve öğretmenler de bu aktivitelerden çocukları gibi keyif alıyorlar veya çocuklar bu aktiviteleri kendi başına yapmak için heyecan duyduklarında mutlu oluyorlarsa çocukların becerileri gelişir. Bu aktivitelerin çoğunu yapmış olduğunuzu fark etmişsinizdir ama daha fazlasını da öğrenmeyi de arzuluyorsunuz. Bu kitabı okurken, çocuğunuza uyan ve birçok oyunda kullanabileceğiniz yöntemler keşfedeceksiniz. Otizm spektrumlu çocuklar için harika oyunlar mevcuttur ayrıca bazı oyunlar da hiperaktif çocuklarda çok işe yaramaktadır ve hemen hemen hepsi de nörotipik çocuklara hitap etmektedir. Üzerinde değişiklik yapın, karıştırın ve eşleştirin; çocuğunuzun gülümseme tepkisi ona uygun oyunu seçip seçmediğinizi size anlatacaktır.

Oyunlarda Hangi Kilit Öneme Sahip Beceriler Geliştirilmektedir?

Tüm oyunlar bir veya birden fazla şekilde motor, duysal ve sosyal becerilere hitap etmektedir.

Duysal beceriler özellikle görme, duyma ve dokunma başta olmak üzere beş duyu organını uyaran becerileri içermektedir. Dokunma sistemi, vücuttaki en büyük duysal sistem, hafif dokunma, acı, sıcaklık ve basınç gibi etmenlerle ilgili bilgileri beyne ileten derideki reseptörlerden oluşmaktadır. Girdiler vücuda ve mekansal farkındalığa şekil vermekte ve bireyin çevreyi algılaması ve hayatta kalabilmesi amacıyla koruyucu tepkiler oluşturmasını sağlamaktadır.

Motor becerilere yönelik oyunlar propriyoseptif ve vestibüler becerilerde işe yaramaktadır. Propriyoseptif beceriler vücudun pozisyonu ve nasıl hareket ettiği ile ilgili bilinçaltı bir farkındalık sağlar. Kaldırıma çıkma, sandalyeye oturma ve dengesiz zeminlerde ayağa kalkma gibi farklı durumlara otomatik olarak uyum sağlamamızı mümkün kılar. Yazı yazma, kaşık kullanma veya gömleğin düğmelerini ilikleme gibi ince motor beceriler bile etkin bir propriyoseptif sisteme dayanmaktadır.

Vestibüler sistem iç kulakta bulunur ve başın konumundaki değişiklikleri ve hareketlerini belirler. Bu sayede mekanla bağlantı kurar ve mesela ayakta düzgün bir şekilde mi duruyoruz yoksa bir tarafa doğru eğilerek mi duruyoruz farkında oluruz. Bu sistemden aldığımız bilgiler bize dengemizi korumak için hangi kaslarımızı sıkacağımızı söyler yani kas elastikiyetimizi ve koordinasyonumuzu etkilemektedir. Diğer tüm duyular vestibüler sisteme göre işlenmektedir bu nedenle beynimizdeki birleştirici sistemlerden biridir.

Sosyal beceriler diğerlerinin farkında olma, an içerisinde olan bitene katılma ve paylaşmayı, sıra beklemeyi, yardımlaşarak oynamayı ve sosyal işaretleri okumayı öğrenmeyi içermektedir.

Videolar

Bazı oyunlarda kısa video kliplerin linkleri bulunmaktadır. Bu linkler oyunların nasıl düzenlendiğini görmenizi sağlamak için eklenmiştir. Görerek öğrenenler, çoğumuz öyleyiz, için bu tür sunumlar talimatların daha kolay anlaşılır kılmaktadır. Marlon Cabrera, Juana Atalig, Patty Staal ve Ivan Garces gibi öğretmenlerle çalıştığım sınıflarda çekildiler. Umarım bu videoların, oyunların gerçekten de ne kadar basit, eğlenceli, hoş ve kapsayıcı olduğu hakkında fikir edinmeniz konusunda size yardımı dokunur.

Çocuklar Saipan ve Tinian adalarındaki Head Start merkezlerindendir. Saipan ve Tinian Kuzey Mariana Adaları Milletler Topluluğu'nda (KMAMT) bulunan Amerikan mandasındaki adalardır. Kuzey Kaliforniyalı olmama rağmen okul yıllarımda Özel Eğitim Bölümü için KMAMT'ye bağlı üç adada, Saipan, Rota ve Tinian, çalıştım. Özel çocukların motor, sosyal ve duysal becerilerini geliştirmeye çalışan mesleki bir terapist olarak tüm çocukların sınıflarına girip "benim" çocuğumun öğrenmesini istediğim becerileri hedefleyen oyunları bütün çocuklara sundum. Bu sayede, özel ihtiyaçları olan çocuklar grubun bir parçası olma hissiyatını da yaşamış oldu.

Videolarda, hangi çocukların özel gereksinimleri olduğunu özellikle belirtmiyorum çünkü oyunları seyretmenin asıl amacı herkesin bu alıştırmaları tüm beceriler için nasıl kullanabileceklerini ve çocukların oyunları birlikte oynarken ne kadar eğlendiklerini fark etmektir.

Kitap Nasıl Düzenlenmiştir

Birinci bölüm tüm yaşlar için hazırlık gerektirmeyen oyunları içermektedir çünkü bazen hazırlıksız, doğaçlama yapılan bir an en iyi öğrenmeleri bile mümkün kılabilir. Becerileri arttırmasının yanı sıra, bu oyunlar doktor muayenehanesinde veya restoranda yemek beklerken geçen zamanı, moralleri yükseltip herkesin iyi hissetmesini sağlayarak eğlenceli hale getirebilir. Mesela "En Üstte Kimin Eli Var?" oyunu herkesin birlikte fazlasıyla eğlenebildiği ve aynı zamanda sonrasında kimin elinin hareket edeceğine yoğunlaşarak dikkatini toplamasını sağlayan harika bir aile oyunudur. Ayrıca eğer uzun mesafeleri yürüme konusunda hiç mutlu olmayan mızmız bir çocuğunuz varsa "Yürünebilecek Kaç Tane Yol Var?" oyunu sizin için ideal bir seçenek olabilir. Eğer herkes gideceğiniz yere devasa ve bebek adımları atarak ulaşırsa, vardığınızda çocuğunuz kendini çok daha iyi hisseder.

İkinci bölüm ufaklıkla birebir oynayabileceğiniz eğlenceli oyunlar içermektedir. Özellikle diğer tüm becerilerin dayandığı temel duysal ve motor becerileri hedeflemektedir. Bu kitaptaki diğer oyunlarda olduğu gibi, bebeğinizin dikkatini cezp etmeniz ve bunu sürdürebilmeniz için tek yapmanız gereken evde, etrafınızda bulunan materyallerden yararlanmaktır.

Dördüncü bölümde gelişimsel birçok oyun vardır. Gelişimsel oyunlar farklı becerileri zorlamak için sürekli olarak değişmektedir fakat her oyun dizisi tedarik etmesi gayet kolay tek bir materyalle oynanabilir. Mesela çocuklar sıçramayı yapabilmek için giderek artan bir güç gerektiren ve yavaş yavaş yükseltilen bir ipin üzerinden atlayabilirler. Bu aynı ip daha sonra bir başka oyunda çocukların değmeden altından geçmesi için yavaş yavaş alçaltılarak da kullanılabilir. Aynı ip çocukların değmeden üzerinden atlamaları için hareket ettirilebilir ve buna benze daha birçok şekilde kullanılabilir. Video linklerinin çoğu bu bölümde bulunmaktadır bu sayede her bir oyunun setinin nasıl oynanacağına dair görsel bilgilere erişebilirsiniz. Bu oyunlar daha kapsayıcı sınıflarda veya küçük çocuklar ve komşular gibi karışık gruplarla da oynanabilir.

Mesleki terapist Karen Beardsley tarafından yazılan dördüncü bölüm üç-on iki yaşlar arasındaki çocuklar için terapi oyunları sunmaktadır. Karen çok tecrübeli ve bilgilidir aynı zamanda aynı bırakalım da eğlenceli olsun ruhuna sahiptir. Oyunları "Krepleri Fırlatıp Çevirme" gibi dar alanlarda veya "Uçan Göktaşı" gibi dışarıda oynanan oyunları kapsamaktadır. Oyunlar odaklanmak istediğiniz beceri türüne göre düzenlenmiştir. Bunun yanı sıra Karen ev terapistleri ve çocuklarıyla çalışmasını için evlerine ev terapisti davet etmeyi düşünen anne babalar için ek bölümüne de katkı sağlamıştır.

Beşinci bölüm üç-on beş yaş aralığındaki çocuklara uygun grup oyunları sunmaktadır. Her oyunun kendine has bir teması bulunmaktadır ve farklı yaşlardaki çocukların ilgilerine cevap verebilmek amacıyla geniş bir oyun yelpazesi bulunmaktadır. Küçük çocuklar için uygun oyunlardan biri kutuların üst üste istiflendiği "Teneke Kutu-Teneke Kutu Yapabilir Misin?" oyunuyken yaşça daha büyük çocuklar için de "Dolar İçin Bowling" oyunu uygun olabilir. Bir oyun yaşça büyük çocukların havalı bir dans grubu kurmalarını sağlarken bir başka oyunda okulöncesi dönemdeki çocuklar harflerin üzerinden atlamaktadır.

Hikayeler

Kitap içerisine birlikte çalıştığım çocuklarla, kendi çocuklarımla ve torunlarımla yaşadığım tecrübeleri anlattığım kişisel hikayelerimi serpiştirdim. Amacım size kim olduğuma dair izlenimler vermek, oyunların günlük hayata adapte edilebildiklerini sağlayan gerçek yöntemler göstermek ve çocuklarla birlikte olmanın eğlence ve hüsranlarıyla sizleri bir olsun eğlendirmek istedim.

Teşekkür

Barbara'nın

Sınıfta çocuklarla çalışırken prensibim tüm çocukları oyunlara dahil etmektir. Bu amacı gerçekleştirmek adına içinde farklı becerilere sahip çocukların kendilerine yer bulabilecekleri oyunlar kullanırım. Bu oyunlar ayrıca farklı yaş ve becerilere sahip çocukların bulunduğu ev ve mahallelerde de oynanabilir. En çok hangi oyunların işe yaradığını görmek için oyunları seven öğretmen, yardımcı, anne baba ve en önemlisi çok sayıda öğrenciye ihtiyaç duydum!

Tüm Head Start merkezlerinde benimle oyun oynayan ve kapıdan içeri girdiğim anda oyunların geliyor olduğunu bildikleri için beni büyük bir hevesle selamlayan bütün çocuklara minnettarım. Bunun yanı sıra sınıflarına oyun götürmemi oldukça coşkulu bir şekilde karşılayan öğretmenlerine, özellikle de Quin Besong, Miranda Smith, Juana Atalig ve Ivan Garces'a, sevgilerimi sunarım.

Bir çocuğu bütün bir köy yetiştirir ama özel gereksinimleri olan bir çocuğun hayatında kendini bu işe adamış bir takım değişiklik yaratabilir. İşte ben tam olarak böyle bir takımla çalıştım. Onlar nasıl gülüneceğini, oynanacağını ve önemseyeceklerini iyi bilen güzel insanlardan oluşan bir gruptu. Diğer tüm çocuklar gibi otizmli çocukların da kendi eşsiz ilgi, beceri, güçlü özelliklerine ve gereksinimlerine sahip olduğunu anlatan "Eğer otizmli bir çocuk gördüyseniz, otizmli bir çocuk görmüşsünüzdür" diye bir söylem vardır. Tek bir bedendeki kıyafet tüm çocuklara uymaz. Çocuklarda işe yarayan bir yöntem tek yöntem değildir.

Bunu anlayan ve her çocuğu iyi tanıyarak etkili çalışan Rüya Takımıma şükranlarımı sunarım. Takımım özel eğitim öğretmenleri ve Kuzey Mariana Adaları Devlet Okulu Sisteminin Erken Çocukluk Bölümünün diğer personelinden oluşmaktaydı: Leilani Nielsen, Mary-Margaret Peyton, Yoli and Chrislaine Lely, Rose and Jerry Diaz, Joe Cruz, Jacob Villagomez, Mark, Patty Staal, Mercy Tisa ve Marlon Cabrera, sondaki isim Gelişimsel ve Kısa Grup Oyunlarının harika videolarını çekmiştir.

Kendini geliştirmeye ve tüm çocukları değerlendirme ve onlarla çalışma konularındaki daha iyi olasılıklara açık, ileri görüşlü bir idareciye, Suzanne Lizama, sahip olduğumuz için de oldukça şanslıyız. Çalışmalarına her zaman hayran olduğum, eski iş arkadaşım Karen Beardsley'nin ev terapisi konusundaki fikirleriyle bu kitaba zenginlik katmayı kabul ettiğini duyduğumda çok heyecanlandım.

Gayretli ve dikkatli düzenlemeleri için editörüm Kate Bradford'a her zaman hayranlık duydum, şimdi de harika mizah anlayışına yakından tanık olduğum için kendimi şanslı addediyorum. Ayrıca düzenleme becerileriyle katkı sağladığı için Francie Jones'a da teşekkür ederim. Ralp Butler bize çizimlerinde hep eğlenceli bir grup insanı sundu ve bunların tasavvurlarımla örtüşmesine de ayrıca minnettarım. Sorduğum tüm sorulara oldukça hızlı bir şekilde cevap veren ve değerli dokunuşlarıyla katkıda bulundukları için dostlarım Nana Twumasi ve Justin Frahm Wiley'e de şükranlarımı sunarım. Hepsine ayrı ayrı çok teşekkür ederim ve nihai ürün açısından büyük öneme haiz olduğunu bildiğim ama tanışmadığım üretim takımının diğer tüm üyelerine çok teşekkür ederim.

Minnettarlığım bu kitabı yazmanın çok ötesindedir. Bu kitap mesela beni her zaman neşelendiren kızlarım, Bonnie Wilson, Trisha Ferlic, ve Glo Harris gibi hayatımdaki insanlara aittir. Fakat iki kişiye özellikle parantez açmam gerekir: Biri bana iMovie özelliğimi sevmeyi öğreten yeğenim Marc Wilson diğeri de oyunlarımın sinerjisinden anladığını kendi sözcükleriyle açık bir şekilde dile getiren erkek kardeşim Monty Sher'dir.

Ayrıca, yakın kadın arkadaşlar olmaksızın hayat mümkünmüş gibi, Saipan'daki arkadaşlarım Rita Bonnici, Susan Baetge, Jenny Slack, Patty Staal, Mary Peyton ve Jill Derickson'a çok şey borçluyum, tüm sevgi dolu ve anlamlı konuşma ve yürüyüşler için kendilerine çok teşekkür ederim; bilgi dolu sohbetlerimiz için Janet McCulloch'a ve benim sevgi dolu, sevgili Humboldt dostlarım Lorraine Carolan, Cindy Taylor ve Joan Becker'e teşekkürü bir borç bilirim.

Ayrıca hayatımda bana çok faydalı dokunan iki insanın daha adlarını burada dile getirmek istiyorum; Lorna Arcega ve Mario Santillan.

Bunun yanı sıra, harika, güzel ve akıllı kızlarım, Roxanne ve Marissa'ya ve şirin ve zeki torunum Julien'e destekleri ve bitmek tükenmek bilmeyen sevgileri için her zaman ve sonsuza dek müteşekkirim. Ayrıca bana karşı her zaman çok iyi olan, muhteşem damatlara, Ehren ve Mark, sahip olduğum için de çok şanslıyım.

Ve sevimli eşim ve baş aşçım olan sıcak, komik, kibar, sevecen ve yakışıklı bir koca, Don Cohen, armağan ettiği için minnettarım. Deniz kenarındaki ağaç evimizdeki hayatımızı sorunsuz ve mükemmel kıldığı için kendisine müteşekkirim.

Hepinize sevgi ve saygılarımı sunarım.

Karen'ın

Bizler oyun vasıtasıyla öğreniriz ve oyunların gücünü asla küçümsememeliyiz. Saygıdeğer bir arkadaşım ve aynı zamanda meslektaşlarımdan biri bir keresinde bana şöyle demişti: "Kendimi terapist, öğretmen ve ebeveynlere sahip oldukları şeylerle eğlenebilmeleri için onlara fırsatlar saçan bir ilham perisi olarak görüyorum." Adı Barbara Sher ve bu harika projede işbirliği yapmamı istediği için kendisine müteşekkirim. Umarım bu ilham kaynağı işi bu kitap ve oyunlarımızla bir nebze olsun tamamlayabilmişizdir.

Dünyadaki tüm çocuklara, şu anda olduğum terapist olmamı sağladığınız için çok teşekkür ederim.

Bu çocukların anne babalarına, bana evlerinizi ve hayatlarınızı açtığınız için çok teşekkür ederim.

Birlikte çalıştığım uzmanlara, rehberliğe ihtiyaç duyduğumda bana sunduğunuz bilgeliğinize çok teşekkür ederim.

Kocam Don'a desteğin ve bana olan sonsuz güvenin için çok teşekkür ederim.

İki güzel ve sevgi dolu kızım, Kaya ve Raina'ya, yaratıcılığınızla bana ilham verdiğiniz, her zaman benimle oynamak istediğiniz ve oyunlarımla ilgili dürüst eleştirileriniz için çok teşekkür ederim. Ama en çok da hayatta başardığımız her şeyin evde başladığının önemini öğrettiğiniz için teşekkür ederim.

Giriş

Oyunun Gücü ve Oyunların Sinerjisi

Bu kitap oyunlar hakkındadır. Hal böyle olunca da yaygın bir önyargı ile karşı karşıya kalmaktadır: oyunlar hayatın gidişatı ve hedefleriyle karşılaştırıldığında ciddiyetsiz ve önemsizdir. Peki bu doğru mu? Hayır. Tabi ki de kendi iyiliği için oyunların ciddiyetsiz olduğu şartlar mevcuttur ama bizi insan yapan şeylerin temelinde, oyunlar merkezdedir. Bu hepimiz için geçerlidir fakat gelişimsel açıdan eşsiz olanlar için kesinlikle doğrudur. Yine de hadi oyunların bizim için öneminden kısaca bahsedelim.

Psikiyatrist, bilim adamı, klinik araştırmacı ve Uluslararası Oyun Enstitüsü'nün kurucu olan Stuart Brown şöyle der: "Bilim alanında farklı görüşteki tüm nörologlar, gelişim biyologları, toplumbilimciler ve araştırmacılar artık oyunun derin bir biyolojik süreç olduğunu biliyor. Oyun beyne şekil vermektedir."

Bu tüm çocuklar için geçerlidir. Yazar ve otizm spektrum bozukluğu olan çocuklar konusunda otorite olarak kabul edilen Stanley Greenspan "yerde etkileşim/oyun" yaklaşımının önemini şu şekilde vurgulamaktadır: Eğilim bu çocuklarla birlikte yerde yaratıcı bir şekilde oynamak beyin gelişimlerinde muazzam bir gelişme sağlar ve sonuç olarak bu becerilerini arttırır.

Eğlenceli oyunların beyin üzerindeki anında etkisi benzer çocuklardan oluşan iki grubun aktivitelerden önce ve sonra beyin görüntülemelerinin yapılmasıyla büyük ölçüde kanıtlanmıştır. Birinci grubun aktivitesi televizyon izleyip, kendini tekrarlayan video oyunları oynamak ve buna benze şeyler yapmaktı. Diğer çocuklarsa trenle oynamak ve oluşan olaylarla ilgili hikaye uydurmak gibi onlar için heyecanlı aktiviteler yapıyordu. Katılımcı aktivitelerde yer almayan çocukların beyin görüntülemelerinde herhangi bir değişme olmamıştır. Öte yandan çok algılı yaratıcı aktivitelere katılan çocukların beyin görüntülemelerinde etkileri anında görülmüştür. Beyin taramalarında yeni sinaptik bağlantıların gerçekten de görüldükleri tespit edilmiştir!

Beyin dilinde, uyarıcı tecrübeler belirli sinirsel sinapsları harekete geçirmektedir ve bu, o bağlantıları pekiştiren gelişim sürecini tetiklemektedir. Diğer bir deyişle zengin tecrübeler zengin beyinler yaratır.

1960'larda Marian Diamond tarafından UC Berkley'de yürütülen araştırma gibi daha birçok bilimsel araştırmada diğerleriyle oynama fırsatı bulabildikleri zengin ortamlara bırakılan farelerin bile gelişme gösterdiği kanıtlanmıştır. Genç bir fare ne kadar çok oynarsa o kadar çok gelişir.

Oyunlar bizi daha zeki kılar. Ama faydaları bununla sınırlı değil.

Gelişimsel ve evrimsel psikolojide bir uzman olan Peter Gray oyunların bizi daha çok insan hissettirdiğine dair görüşe eklemeler yapar. Bir makale dizisinde, Gray oyunların birçok türün genç bireyleri arasında vuku bulduğunu ve beceri öğrenimini ve alıştırma yapmayı açık bir şekilde geliştirdiğini gözlemlemiştir. Primatlar arasındaki oyunların sinirliliği yenme ve egemenliği kabul ettirme amacıyla kullanıldığı gözlemlenmiştir. Tıpkı Gray'in dediği gibi: "Bizler bu oyunları mümkün kılan işaretleri ve kısıtlamaları primat atalarımızdan miras olarak aldık ve daha sonra hem kültür hem de biyolojik evrim yoluyla üzerine daha fazlasını inşa ettik."

Bir hayvan oyun davranış bilimcisi olan Robert Fagen şöyle der: "Oyunlar hayatın zorlukları ve karmaşası için bir "prova" fırsatı sunar, bu yaşam ve ölümün mevzubahis olmadığı bir provadır." Lethbridge Üniversitesi (Alberta, Canada) Davranışsal Nöroloji Kanada Merkezi'nin oyun araştırmacıları Sergio ve Vivian Pellis Oyunbaz Beyin adlı kitaplarında oyunların bir alıştırma olduğu görüşünü kanıtlarla sunmaktadır. Bu hikmetli kitap hayvan oyunları konusunda on yıllardır yapılan araştırmaları sentezlemiş ve oyunların gelişim ve kabiliyetlerin ayrılmaz bir parçası olduğunu ve sosyal karmaşalardan çıkarılan oyunlar vasıtasıyla kazanılan becerilerin kilit önem sahip olduğunu öne sürmüşlerdir.

Eğer oyun oynamazsak ne olur?

Brown bunu Oyun adlı kitabında ayrıntılı biçimde açıklamaktadır. Sosyal memeliler oyun fırsatını ciddi anlamda kaçırdıklarında benzer özellikler gösterirler: Arkadaşı sahtekardan ayıramazlar; sosyal işaretleri kaçırırlar ve diğerleriyle karşılaştıklarında saldırgan davranır veya kaçarlar; savaşın sahte uzlaşmasını öğrenemezler; diğer insanların duygusal durumlarını algılayamazlar ve doğru bir tepki veremezler ve diğerleriyle duygusal açıdan bağlantı kurmayı beceremezler.

Bu tüm sosyal memeliler için, yani bizim için de geçerli midir?

Darell Hammond, şimdiye kadar iki binin üzerinde oyun parkını toplumun yardımıyla inşa edip yenilemiş ve kar amacı gütmeyen birinci sınıf bir organizasyon olan KaBOOM'un arkasındaki ilham kaynağıdır. Hammond'un internet sayfasında dikkat çektiği gibi: "Oyun eksikliği toplumumuzda oyun oynamada gerçek anlamda düşüştür. Çocuklar bir önceki herhangi bir nesilden daha az oyun oynamaktadır... Oyun çocukların gelişme kaydettikleri birincil araçlardandır ve oyun oynamada yetersizlik fiziksel, entelektüel, sosyal ve duygusal zararlara neden olmaktadır... Çocuklar oyun oynarken grubun parçası olmayı, paylaşmayı, görüş alışverişinde bulunmayı, anlaşmazlıkları çözmeyi ve kendileri olmayı öğrenirler. Oyun oynamayan çocuklar daha resmi sosyal etkileşimlerde sorun yaşama tehlikesiyle karşı karşıyadır... Eğer oyun bir öncelik olarak görülmezse yaratıcılık, hayal gücünde ve ayrıca merak, sosyal beceriler, esneklik ve riski kestirebilme yetisi gibi hayati derecede öneme haiz becerilerde düşüşe tanıklık etmeye devam edeceğiz."

O halde oyunlar bizleri sosyal açıdan daha ulaşılabilir ve öğrenmeye ve diğer insanlarla daha iyi sosyal etkileşimler oluşturabilmemiz için daha açık kılar.

Oyunların bu çocukların hayatlarıyla iç içe geçmelerini nasıl sağlardınız?

Örneklerini bu kitapta göreceğiniz oyun aktivitelerini bu çocukların hayatına sokmanız sosyal dünyalarının perdelerini yeniden aralayacaktır. Tabi ki de bu giriş itinalı bir şekilde ve özenle yapılmalıdır. Benzer akranlarla ve sevgi dolu bir bakıcı ile oynamak ilgili tecrübeyi tamamlar. Daha sonra göreceğiniz gibi bazı oyun aktiviteleri basitliğin sınırındadır. Aslında onları özel gereksinimleri olan çocuklar için ulaşılabilir ve kabul edilebilir kılan işte bu basitlikleridir. Yeni sosyal hayatlarına gözlerini açtıklarında çocukların yaşadığı sevince tanıklık edeceksiniz. Bu yaşantı gözler önüne serildikten sonra, başkalarının gözetimi ve kontrolüyle bir parça güvenlikle etkileşim içinde bulunarak işlerin gidişatına göre biraz özgürlük ve eşitlik keşfine çıkabilir. Başkalarıyla aynı frekansta olmanın ne olduğunu öğrenmeye başlayacaklardır. Aslında, gerçek anlamda başkalarıyla aynı şarkıları dinlemeleri de bu sürecin önemli bir parçasıdır.

Bu kitapta çok çeşitli oyun aktiviteleri bulabilirsiniz. Onların birbirinden ayrı ve alakasız aktiviteler olduğu düşüncesine kapılabilirsiniz. Fakat hata yapmış olursunuz. Her aktivite bir diğerinin üzerine inşa edilmiştir. Her aktivite hareket, dokunma, bakma, etkileşime geçme gibi çeşitli yöntemler barındırmaktadır. Her duyu dahil edilmiştir. En basit beceriden en karmaşık beceriye doğru bir evrimleşme süreci söz konusudur.

Son olarak bu oyun aktivitelerinin sinerjik bir potansiyele sahip olduğunun farkında olmak çok önemlidir. Bu ifade laf kalabalığı gibi görünse de aslında içinde bir gerçeği barındırmaktadır. Tüm bu aktiviteler bir diğerinin gelişmesini sağlayan şekillerde birbirleriyle etkileşime geçerek öğrenme sürecini zenginleştirmektedir. Sonuçta elde edilen başarılar gelecekteki başarılar için temel teşkil etmektedir.

Ama tüm bu fikirlerin en güzel yanı şudur: Çocuklarla oyun oynadığımızda hepimiz ziyadesiyle eğleniriz.

Notlar

1. Brown. S., ve Vaughan, C., *Oyun: Beyni Nasıl Şekillendiriyor, Hayal Gücünü Nasıl Geliştiriyor ve Ruhu Nasıl Dinçleştiriyor:* Avery, 2009

2. Greenspan, S., ve Wiede, S., *Otizmi Anlama: Yerde Etkileşim/Oyun Yaklaşımını Kullanarak Çocukların Bağlantı Kurmalarına, İletişime Geçmelerine ve Düşünmelerine Yardımcı Olmak,* New York: Da Capo, 2009.

3. Begley, S., *"Çocuğunuzun Beyni",* Newsweek, v127 n8 18 Şubat, 1996, http://www.thedailybeast.com/newsweek/1996/02/18/your-child-s-brain.html

4. Gray, P., *Psikoloji* (4. Basım), New York: Worth, 2001.

5. Fagen, R., *Hayvan Oyun Davranışları,* New York: Oxford University Press, 1981.

6. Pellis, S., ve Pellis, V., *Oyunbaz Beyin: Nörolojinin Sınırlarını Zorlamak,* Londra: Oneworld, 2010.

7. Hammond, D., KaBOOM!, Washington DC, http://kaboom.org/docs/documents/pdf/Play-Deficit.pdf

Yaşlandığımız için oyun oynamayı bırakmayız, oyun oynamayı bıraktığımız için yaşlanırız.

—George Bernard Shaw

BİRİNCİ BÖLÜM

Tüm Yaşlar İçin Hazırlık Gerektirmeyen Oyunlar

Çocuklar gün içinde yaklaşık olarak 12 saat uyanık kalırlar. Bu beyinlerin haftada 84 saat, yılda 4.368 saat öğrenmeye açık ve hazır olduğu anlamına gelir ve anne babalar bir çocuğun en önemli öğretmenleridir. Fakat bakıcılar olarak bizler iş, çocuklar ve evimizin gereksinimleri sebebiyle yılda 5.000 saat boyunca meşgulüz. Çok önemli olduğunu bildiğimiz halde çocuğumuzla bir oyun oynamayı arzulayınca bile çok şey istiyor gibi görünebiliriz.

Bu durumda başvurulabilecek çözümlerden biri hazırlık gerektirmeyen doğaçlama oyunlardır. Oyunlar hem bir şeyleri öğretir hem de çocuğun ruh halini değiştirebilir. Çocuğumuz henüz bebekken dikkatini çekmenin işe yaradığını keşfederiz. Çocuğumuz mızmızlanır ve elimizi cebimize atıp anahtarlarımızı veya yeni herhangi bir şey çıkarırız ve hokus pokus artık çocuğunuz halinden oldukça memnun ve oldukça meşguldür.

Okul öncesindeki çocukların dikkatini de kolayca çekebilirsiniz. Örneğin, sıcaktan mızmızlanıp bunaldıklarında beş yaşındaki ikiz torunlarımla "Yaptığımı yapabilir misin? Söylediğimi Söyleyebilir misin?" oyunu oynardım. Oyunu anlamaları bir dakika sürerdi ama tam olarak adapte olup kendi çeşitlemelerini uydurup eğlenirlerdi. Sıcaktan bunalan mızmız çocuklar aydınlanıp eğlenmeye başlardı. Duygusal alşimi!

Bu bölümde çok kısa süren ve kuyrukta beklemek, restoranda yemeğin servis edilmesini beklemek veya tekrar otobüs veya arabaya dönmek için uzun mesafeler boyunca yürümek ve hatta çocukların odalarını temizlemesi gibi potansiyel açıdan zorluk teşkil eden durumlardan kurtulmayı mümkün kılan birçok oyun bulunmaktadır. Ayrıca güne gülümseyerek başlamanızı sağlayacak oyunlar da mevcut. Doğaçlama oyunların iyi taraflarından biri herhangi bir materyal gerektirmemeleri veya eldeki materyallerle hemen oynanabilmeleridir. Hatta en iyi tarafı anne babalara öğretimi kolay kılan anlar ve becerileri konusunda alıştırma yapabilmeleri için gerçek deneyimler sunmalarıdır.

Havaalanı, Restoran ve Doktor Ofisinde Beklerken Oynanabilecek Oyunlar

Beklemek kolay bir iş değildir. İster dişçi koltuğunda sıranızın gelmesini ister marketteki kuyrukta bekleyin, beklemek sıkıntı verir. Yetişkinler olarak *(Yine!) yanlış sıraya girdim, şu sıra daha hızlı ilerliyor!* gibi düşüncelere kapılırız. Küçük çocuklar kendilerini bu olumsuz düşüncelerle eğlendiremeyebilirler, sadece oradan ayrılıp gitmek isterler! Ama gidemezler! İşte tam da bu noktada hepimizin aklını başında tutabilmek için palyaçoların içeriye girmelerine müsaade eder ve bu oyunla çıkageliriz.

Mary Poppins Ne Yapardı?

Mary Poppins gibi olmak isterdim. Yarattıkları dağınıklığı temizlemeleri için Batının Kötü Cadısı gibi bağırmak yerine bir şarkı patlatıp elimde bir kaşık şekerle işlerin yapılışını izlerdim.

Poppins gibi olmak istememin sebebi sadece kendimi anneliğim konusunda iyi hissetmek değil aynı zamanda oyunların ne kadar önemli olduğunu bilmemdendir. Bir mesleki pediyatri terapisti olarak eğlencenin bazı şeylerin daha rahat geçmesini sağladığını ve eğlenceli oyunların çocukların öğrenmelerini sağladığını biliyorum.

Bu nedenle yıllar içinde kendi çocuklarım ve çalıştığım diğer çocuklarla yapmak zorunda olduğumuz şeyleri daha eğlenceli kılmak için oyunlar icat ettim. Her zaman oyunlara başvurmam ama onları ne zaman kullansam potansiyel açıdan kötü gibi görünen anlar keyifli zamanlara dönüşür.

Oyun, mizah ve kahkahalar hormonları doğal olarak yükseltir. Organiktir, bedavadır ve bütünüyle doğal bir eğlence patlamasıdır ve her şeyden öte işlerin yapılmasını sağlar.

Şehrin dışında yaptığım atölye çalışmalarından döndüğümde dağınıklığı düzenlemek için bu şen, endişesiz yöntemden yaralanırdım. Kızlarım düzenli babalarıyla değil sevdikleri arkadaşlarıyla birlikte kalıyorlardı. Eve, çok sağlıklı, mutlu iki kıza geliyordum ama onlarla tam olarak kavuşabilmek için birikmiş çamaşır, oyuncak parçaları, bayat tost dilimleri ve diğer ıvır zıvırı aşmam gerekiyordu. Evde olduğum için mutlu oluyordum ve çocuklar için şarkı oyunları oynadığımız bir atölye çalışmasında rahatlamış bir şekilde eve dönüyordum, iyi ruh halimi korumak ve öğrendiklerimi tekrarlayıp uygulamak ister ve bu zorlu temizleme işinin üstesinden gelirdim.

Ne olduğuna bakmadan her şeyi odanın ortasında bir yığın haline getirir ve sonra hepsini tek tek ayırırdım. "Ayı Dağları Aştı." şarkısı eşliğinde her şeyi yığına atardım:

Her şeyi yığına at
Her şeyi yığına at
Her şeyi yığına at
Odanın ortasına
Odanın ortasına
Odanın ortasına
Her şeyi yığına at
Odanın ortasına

Beş yaşındaki kızım bunun yapılması gereken bir iş olup olmadığından hemen şüphe eder ama ben ona bunun ne olursa olsun yapılması gereken bir iş olduğunu hatırlatırdım bu sayede birlikte biraz elenme fırsatı da yakalamış olurduk. Durumu idrak ettiğinde o, kız kardeşi ve ben yerinde olmayan her şeyi şarkı söyleyip kıkırdayarak ve bir yandan uzun ve yüksek atışlar yaparak yığının üzerine biriktirirdik. Odalar çok kısa sürede enkazdan, odanın ortasında duran tepe hariç, temizlenirdi. Tepenin etrafına bir kamp ateşiymiş gibi otururduk. Her bir eşyayı elime alır ve ritmik bir şarkıyla şöyle derdim: "Bir çorap, bir çorap nereye gitmesi gerekir?" İçlerinden biri: "Çamaşır sepeti!" diye cevap verirdi. Bunu her eşya için ayrı ayrı yapardık ve sonunda büyük yığın küçük kitap, battaniye, çamaşır, oyuncak vb. yığınlarına ayrılırdı. Daha sonra herkes yığınları yerlerine götürme görevini yerine getirirken ben de yerleri süpürürdüm. (Eğer bu oyunu denerseniz, yerlerine götürüp bırakma kısmının çocuğunuzun beceri seviyesine göre düzenleyebilirsiniz. Eşyaları gruplayabilen hareket edebilen bir çocuk nesneleri doğru çekmeceye veya rafa koyabilir. Görevi oyuncakları sepetine atmak olan ve çok hareket edemeyen bir çocuk oyuncak sepetinin sandalyesinin yanına konmasına ihtiyaç duyabilir.) Nispeten kısa bir süre içerisinde ev tekrar yaşanabilir bir yer haline gelirdi ve bizler iyi bir ruh haline bürünürdük.

Bu metodu kızlarımın veya benim yatak odalarımızın dayanılmaz bir dağınıklık haline büründüğü zamanlarda sıklıkla kullandık. Bu gibi durumlarda zemin ve diğer yer temizlensin diye her şeyi yatakların üzerine yığardık. Bu bir kez gerçekleştiğinde proje daha mümkün hissettirirdi, tüm oda yerine sadece yatağın üzerinin toplanması gerekirdi.

Bu yatak üzerindeki yığını toplamak için bir şarkım yok ama yeniden düzenli bir eve sahip olmak amacıyla hepimizin birbirine kendi tarzında yardımcı olması bana şarkı gibi gelirdi.

1. Oyun: Kazanan Rakamı Tahmin Et

İster arabayla sizi almaya gelen biri olsun ister uçaktan inecek biri olsun herhangi birini beklemek kaygıya neden olan veya en yalın haliyle sıkıcı bir iştir. Bu oyunda, böyle bir durumu doğru rakamı kim tahmin edebilecek yarışmasıyla eğlenceye dönüştürebilirsiniz.

Doğru olan kişi başarılı olmanın tatminkarlığını yaşar, öte yandan herkes dikkatini yoğunlaştırıp birlikte senkronize bir şekilde sayı saymanın ve öylece beklemekten kurtulmanın keyfini çıkarır.

Hedefler

Kaygıyı azaltmayı öğrenme
Dikkati başka yöne çevirme

Talimatlar

Siz ve çocuklarınız veya çocukların her biri beklediğiniz araç geçinceye kadar kaç tane arabanın geçeceği veya yolu gözlediğiniz doğru kişi ortaya çıkıncaya kadar uçaktan kaç tane insanın ineceği veya bagaj teslim yerine kaç tane insanın geleceği yönünde bir tahminde bulunursunuz. Tahminde bulunan herkes dikkatli bir şekilde bakıp sayar, herkes kazanan rakamı kendisinin bulacağı ümidiyle heyecandan yerinde hoplar durur.

Çeşitleme

Eğer herkesin tahmin ettiği rakam geçilirse ve hala beklenen araba ve kişi gelmediyse hiç sorun değil; sadece yeni tahminlerde bulunun. ("Altıncı araba değil bu nedenle ben on beşinci araba olduğunu düşünüyorum.)

2. Oyun: Kürdan Sanatı

HEDEFLER

Yaratıcılık
İnce motor beceriler

MATERYALLER

Birkaç tane kürdan (Restoranlarda rahatça bulunabilir.)

TALİMATLAR

Birlikte veya herkes kendi başına kürdanlarla bir tasarım yapsın.

ÇEŞİTLEMELER

1. Kare, üçgen vb. şekiller veya E, F ve M harfi gibi düz çizgilerle çizilebilen harfler yapabilirsiniz.
2. Bunun yanı sıra öylesine bir tasarım da yapabilirsiniz. Ortaya ilginç bir şekil çıkarmak veya yemek gelinceye kadar zaman geçirmek için herkesin sırayla bir kürdan koyarak, yardımlaşarak birlikte yaptığı tasarımlar oldukça eğlencelidir!

3. Oyun: Bozuk Paraya Fiske Atmaca

HEDEFLER

Kurallara uyma
İnce motor beceriler

MATERYALLER

Herhangi bir bozuk para ve bir masa

HAZIRLIK

Her oyuncuya düz yüzü masanın üzerinde olacak şekilde birer tane bozuk para verin.

TALİMATLAR

Her oyuncu işaret parmağı veya baş parmağı ile bozuk paraya fiske atarak masa boyunca hareket ettirir. Kullanılan yöntem çok önemli değildir.

ÇEŞİTLEMELER

1. Oyun arkadaşları birbirlerinin karşısına oturur ve bozuk paralarını birbirlerine doğru hareket ettirmeye çalışırlar. Hedef bozuk paraları ortada birleştirip çarpıştırmaktır.

2. Eğer birlikte oynamak isteyenlerin sayısı ikiden fazlaysa o zaman tüm oyuncuların bozuk paralarını masanın ortasına doğru hareket ettirmelerini ve birbirlerine veya tuzluk gibi belirli bir nesneye çarptırmalarını sağlayın. Eğer oyuncu sayısı üçten fazlaysa oyuncular iki kişilik takımlar halinde ayrılabilirler.

3. Bardak veya bozuk para gibi iki nesneyi oyuncular için kale direkleri şeklinde birbirlerinden kısa bir mesafeye yerleştirin. Oyuncular bozuk paralarını iki direğin arasından geçirmeye çalışsınlar. Oyunun zorluğunu arttırmak için kale direklerini kademeli olarak birbirlerine yaklaştırın.

4. Hokey sopası olarak bir kamış veya kaşık kullanın, bozuk parayı "buz hokeyi topu" olarak adlandırın ve buz hokeyi topunu hokey sopası yardımıyla oyuncular arasında ileri geri hareket ettirin.

5. Bozuk paraları aralarında en az 2,5 cm'lik mesafe olacak şekilde dizin ve oyuncuların bozuk paralarına fiske atarak bu boşluklardan geçirmelerini isteyin. Ya da oyunculardan bozuk paralara vurarak sıranın dışına çıkarmalarını isteyin.

4. Oyun: Hangi Bardağın Altında?

İnsanların dikkatini çeken (para kazanmak için) klasik bir karnaval numarasıdır. Bu denenmiş ve gerçek metodu bir bozuk parayı bardağın altına saklamak için kullanın. Eğer oyuncu paranın hangi bardağın altında olduğunu doğru tahmin ederse para onun olur!

HEDEFLER

Odaklanma

Dikkatini verme

Materyaller

Üç bardak ve bir bozuk para

Hazırlık

Üç bardağı da masanın üzerine ters bir şekilde kapatın.

Talimatlar

Çocuğunuzdan (veya çocuklardan) başka yöne bakmalarını söyleyin ve bozuk parayı bardaklardan birinin altına saklayın veya bunu çocuk bakarken yapın (çocuğun yaşına ve beceri seviyesine göre). Sonra bozuk paranın gizlendiği bardağın hangisi olduğunu bulmalarını zorlaştırmak için hepsini hızlı bir şekilde hareket ettirin. Eğer oynayan birden fazla çocuk varsa sırayla tahminde bulunmalarını sağlayın.

Çeşitlemeler

1. Seçenekleri arttırmak için üç bardak fazlasını veya azaltmak için de iki bardak kullanabilirsiniz.
2. Çocuklara sırayla "karnaval çığırtkanı" olma şansı verin ve siz tahminde bulunun.
3. Yaşça daha küçük çocuklar ve yeni öğrenenler için farklı renkte bardaklar kullanın, çocuklar bozuk paranın kırmızı bardak mı yoksa mavi bardak altında mı olduğunu doğru tahmin etmek zorundadır.

5. Oyun: En Üstte Kimin Eli Var?

Hedefler

Yönleri takip etme

Zamanlama

Diğer insanlarla fiziksel olarak etkileşime geçmek

Hazırlık

Çocuklarla bir masaya el ele dokunabilecek kadar yakın oturun.

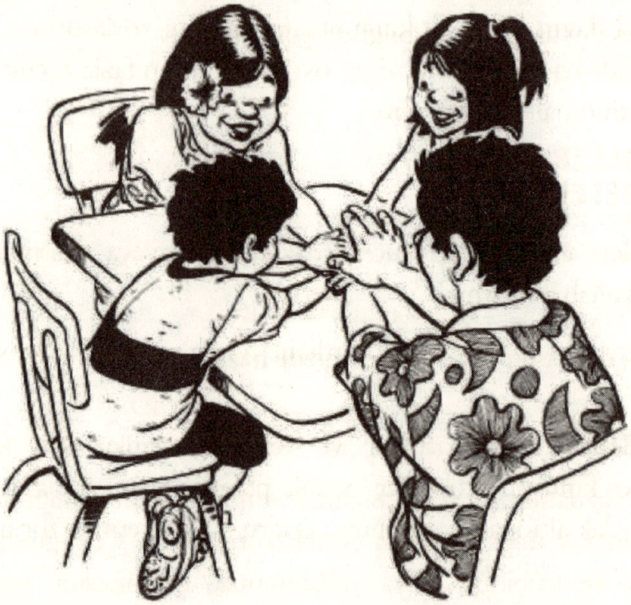

Talimatlar

Elinizi masaya koyun ve çocuğunuzdan bir elini elinizin üzerine koymasını isteyin. Sonra diğer elinizi onun elinin üzerine koyun ve daha sonra ondan boştaki diğer elini el yığının üzerine koymasını isteyin. Bunu halihazırda en altta bulunan eliyle tekrarlamasını söyleyin. Bu örüntüyü en alttaki eli en üste koyarak tekrarlamaya devam edin. Başta çocuğunuz fikre alışıncaya kadar çok yavaş başlayın ve daha sonra hareketleri hızlandırın.

ÇEŞİTLEME

Oynamak isteyen üç veya daha fazla çift el mi var? O zaman eğlence başlasın!

6. Oyun: Duysal Oyunlar

HEDEFLER

Dokunma duyusu ile ilgili bilgileri yorumlama
Sosyal etkileşim

MATERYALLER

Dokunması güvenli küçük nesneler

HAZIRLIK

Nesneleri cüzdanınızda veya cebinizde hazır tutun.

TALİMATLAR

Çocuğunuz cüzdanınızda veya cebinizdeki nesnenin ne olduğunu bakmadan sadece dokunarak doğru tahmin etmek zorundadır. Çocuğunuza gözlerini kapatmasını ve cebinize veya cüzdanınıza uzanmasını ve bir şeyler çıkarmasını ve bakmadan ne olduğunu size söylemesini isteyin. Hiçbir şey kalmayıncaya kadar oynamaya devam edin veya eğer uygunsa çocuğunuzdan odanın içinde gezinerek nesnelere dokunmasını ve neler olduğuna dair tahminlerde bulunmasını isteyin!

ÇEŞİTLEME

Eğer elinizde hiç nesne kalmadıysa, oyunu Nesi Var oyunu gibi bakarak oynayabileceğiniz bir oyuna dönüştürün ve sırayla diğer oyuncunun sadece ipuçlarına dayanarak neye baktığınızı bulmasını isteyin. İlgili ipuçları renk, kategori ve doku gibi farklı kavramlara dayanabilir. Örneğin, "Yumuşak ve kırmızı bir şey görüyorum." (yastık) veya "Yemek yerken kullanılan sert bir eşya görüyorum." (kaşık) gibi.

7. Oyun: Hareketli Bir Kurtçuk Yapma

Hedefler

Odaklanma
Deneyim

Materyaller

Ambalajlı bir pipet ve bir bardak su

Talimatlar

Bir pipet ambalajını sürpriz bir yaratığa dönüştürebilirsiniz. Bir pipet alın ve kağıt ambalajını çekip koparmak yerine akordeon görüntüsü oluşturacak şekilde elinizde sıkın.

Sonra, pipeti bir bardak suyun içine koyun. İçine biraz su çekmesi için parmağınızı pipetin ucuna yerleştirin. Pipeti daha önce sıktığınız ambalajın üzerine tutun ve sonra üzerine birkaç damla su düşmesi için parmağınızı çekin. Ambalaj neredeyse büyülü bir şekilde bir kurtçuk gibi hareket etmeye başlar. Siz gösterdikten sonra aynısını çocuğunuzun yapmasını sağlayın. Deneyerek az miktarda suyun kurtçuğu hareket ettirdiğini ve çok fazla suyun sırılsıklam edeceğini ve hareket ettirmeyeceğini keşfedecektir. Bu keşif kamışa ne kadar su çektiği konusunda daha dikkatli davranmasını ve daha az veya daha çok su kullanması gerektiğini fark etmesini sağlayacaktır (Ayrıca on dakikalık bir sessizliği mümkün kılacaktır.).

ÇEŞİTLEME

Çocuğunuzun bu oyun için haddin fazla heyecan yaparak restorandaki pipetlerin büyük bir kısmını kullandığını düşünüp suçluluk duygusuna kapıldıysanız aktiviteyi değiştirin. Çocuğunuzun yeni öğrendiği pipete su doldurma becerisini kullanarak bir bardak diğerine su aktarmasını sağlayabilirsiniz.

Berraklaştırma Yargıcı

Bir şeylere farklı bir bakış açısından bakmak çoğunlukla çok zordur ve çocuklarda bu çok daha zordur çünkü bakış açıları çok benmerkezcidir. İki çocuk bir oyuncak için kavga ederken, karşıdaki kişinin fikrini akıllarının ucuna bile getirmezler.

Bakıcılar ve öğretmenler olarak sıklıkla yargıçlık yapmamız gerekir. Bu yüce makamdayken diktatörce bir tavır takınabilir veya ne yaparlarsa yapsınlar diye kendi hallerine de bırakabilirsiniz (Bu sizin sorununuz. Bir şekilde çözmeniz gerekir.). Berraklaştırma yargıcı yaralı olan her iki tarafa da her biriyle ilgili gerçekte nasıl bir durum olduğunu açıklar.

Bu durumun tipik bir örneği dört yaşındaki Roxanne ve ondan biraz büyük erkek kardeşi Mario arasında yaşanmıştı. Çığlıklar ve bağrışmalar duyunca odaya gittim ve düdüğünü elinden çekip aldığı için Mario'yu şikayet eden ve ağlamak üzere olan Roxanne ile karşılaştım. Mario hızlı bir şekilde düdüğün aslında kendinin olduğunu ve bir saniyeliğine bıraktığını ve Roxanne'in onu hemen ele geçirdiğini söyleyerek kendi savunmaya başladı ve düdüğü asla vermeyeceğini söyledi. Onu sıkı bir şekilde elinde tutmak zorundaydı.

Olayın her iki tarafını da hangi tarafın haklı veya haksız olduğuna dair en ufak bir fikrim olmadan dikkatli bir şekilde dinledim. Onlar adına durumu yeniden izah ettim.

"Sevgili çocuklar, bu ciddi bir problem." diye başladım. "Mario bil bakalım doğru anlamış mıyım, düdük ilk olarak senindi ve onunla olan oyunun bitmemişti ama bir saniyeliğine bıraktın ve Roxanne hemen aldı. Sen hala sıra sendeymiş gibi hissettin ve sana geri vermesini istedin ama o düdüğü sana vermedi ve sen de sinirlenip geri aldın." Mario başını hafifçe salladı belli ki tasvir ettiğim kötü muamele görmüş çocuğa üzülüyordu.

Roxanne tam şikayet etmeye başlıyordu ki elimle ona dur işareti yaptım. "Roxanne" diye devam ettim. "Düdük konusunda sıranın sana gelmesini bekliyordun ve Mario'nun düdüğü bıraktığını görünce sıranın sana geldiğini düşündün. Sonra birkaç saniyeliğine onu aldığında senden geri istediğinde bunun haksızlık olduğunu düşündün. Sanki kuyrukta bekliyormuşsunuz da ona sıranın iki kez geldiği ve sana hiç sıra gelmediği hissine kapıldın. Doğru mu?"

Roxanne başını salladı ve Mario'ya hızlı bir bakış attı.

"Ne kadar büyük bir problem." diye empati kurmaya devam ettim. "Sadece bir tek düdük var ve bunu her ikiniz de istiyor. Keşke her ikinizin de mutlu olabileceği bir yol olsa."

Konuşmayı bitirdim ve bu ağır problem karşısında düşüncelere gark olmuş gibi bir tavır takındım.

Sonra, her zaman sevimli bir çocuk olan Mario dürüst bir şekilde "Ne yapacağımızı biliyorum. Roxanne düdüğü alabilirdi, sıra ondaydı, oynadıktan sonra da bana geri verebilirdi." Ve düdüğü Roxanne'nin yanı başına bıraktı. Hala olayın etkisinde olan Roxanne arkasını döndü ve çocukların bazen kullandığı melodik bir sesle "Şimdi istemiyorum ama." dedi. Fakat bir an durduktan sonra sinsice gülümseyip düdüğü aldı, birkaç kez üfledi ve Mario'ya geri verdi. "Sıra sende." dedi. Birbirlerine gülümsediler.

Bazen bir berraklaştırma yargıcının bulunması çok işe yarar.

8. Oyun: İki Kişilik Sanat

Hedefler

Yaratıcılık
İnce Motor Beceriler

Materyaller

Kağıt ve kalem, keçeli kalem veya boya kalemi

Talimatlar

Birlikte bir resim çizin. Oyunculardan biri kağıt üzerine bir şekil yapmaya başlar. Sonra diğer oyuncu da istediği herhangi bir çizgi veya işareti ekler. Doğru veya yanlış diye bir şey yoktur, her ikiniz de bittiğine karar verinceye kadar sırayla bu işleme devam edin. Çizme becerileriniz iyi olmasa bile yapabileceğiniz şeyi yapmaya istekli olduğunuzda çocuğunuz hangi seviyede olursa olsun başlamanın önemini öğrenir.

Çeşitlemeler

1. Yaşça daha büyük bir çocukla insan veya manzara çizmeyi deneyin. Birlikte insan figürü çizmeye başlayın. Baş kısmı için bir daire çizip sanatçı arkadaşınızdan vücut bölümünü çizmesini isteyebilirsiniz. Siz kolları ekleyin, o bacakları eklesin, siz el parmaklarını ekleyin, o da ayak parmaklarını eklesin ve bu şekilde işleme devam edin. Kıyafetleri eklediğinizde uğraşacağınız bir dizi ayrıntınız olur. Büyük puanları mı var? Yoksa üzerinde çizgiler mi var? Arka fonda ne var? Bir ev mi? Yoksa güneş mi?
2. Bu oyunu ikiden fazla oyuncuyla da oynayabilirsiniz.

9. Oyun: Gizlice Yazı Yazma

Çocuğun sırtına veya avucuna gizli bir mesaj içeren ve bilişselliği dokunma duyusu ile birleştiren eğlenceli bir şekilde görünmeyen harfler yazmaktır.

Hedefler

Dikkat
Harfleri tanıma
Dokunma duyusu farkındalığı

TALİMATLAR

Parmağınızı kullanarak çocuğunuzun avucuna veya sırtına bir harf yazın. Bütün bir mesajı yazıncaya kadar harf harf yazma işlemine devam edin. Nasıl bir his uyandırdığını tecrübe etmek için her ikinizde sırayla yer değiştirin.

ÇEŞİTLEMELER

1. Harfleri çocuğunuzun sırtına yazarken bir yandan da sırtına çizildiğini düşündüğü harfleri kağıda yazmasını isteyin.
2. Yaşça büyük çocuklar için her seferde bir harf yazarken yaşça daha küçük çocuklar için basit şekiller, rakamlar veya harfler çizin. Bu oyunu büyük bir çocuğun küçük bir çocuğa harfleri eğlenceli bir şekilde öğretmesini ve beyin gelişimini sağlamak için oynatın.

10. Oyun: Yaptığımı Yapabilir misin? Söylediğimi Söyleyebilir misin?

HEDEFLER

Taklit
Koordinasyon
Yaratıcılık

HAZIRLIK

Yüz yüze bakacak şekilde oturun. Eğer birden fazla oyuncu varsa birbirinizi görecek şekilde oturun.

TALİMATLAR

Bu oyuna şu sözcüklerle başlayın: "Yapabildiğimi yapabilir misin? Söylediğimi söyleyebilir misin?" (Bunu herkesin dikkatini çekinceye kadar söylemeye devam edin.) Bu sözcükleri melodik bir şekilde söyleyin ve vurgu ve ritim katmak adına kalçalarınızı birbirine vurun veya ellerinizi çırpın. Bu girizgah herkesin oyuna hazır olmasını sağlayacaktır.

Sonra ses çıkararak bir el hareketi yapın ve onlardan yaptığınızı taklit etmelerini isteyin. Nasıl bir hareket yapacağınız çocukların yaş seviyesine göre değişebilir ama yapılan hareket ne kadar saçma olursa o kadar eğlenceli olur mesela bir yandan homurdanırken bir yandan da yılan gibi dilinizi içeri ve dışarı hareket ettirebilirsiniz veya hoşunuza gidebilecek herhangi komik bir hareketi sergileyebilirsiniz. Herkes kendilerine gösterilen hareket ve ses kombinasyonunu ritmik miktarda, örneğin beş kez, yaptıktan sonra orijinal marşınıza geri dönün: "Yapabildiğimi yapabilir misin? Söylediğimi söyleyebilir misin?" Ardından başka bir hareketle birlikte başka bir ses çıkarın. Bu oyunda lider olarak kalmaya devam edebilirsiniz ama oyuncuların sırayla liderlik yapmalarını sağlamak ve ortaya neler çıkacağını görmek de eğlenceli olabilir.

ÇEŞİTLEME

Eğer bu oyunu evde oynuyorsanız, durağan hareketlerle sınırlı kalmayabilirsiniz. Eğer uygun görürseniz ayağa kalkabilir, zıplamak, 180 derece dönmek, herhangi bir judo hareketi veya dans figürü gibi büyük kas grubuna hitap eden hareketler sergileyebilirsiniz.

Bugün Kimiz?

Çok güzel bir gün olsa bile çocukları yürümeye çıkarabilmek her zaman kolay bir iş değildir.

Bir Cumartesi sabahı kızlarımı benle yürüyüşe çıkmaları için ikna etmeye çalışıyordum. Onlarsa Cumartesi sabahı çizgi filmlerini izlemeyi tercih etti. Evimizin hemen arkasındaki ormanda patikalarda yürüyeceğim için şu taktiği denedim: "Yürümeye başlayacağım ve hazır olduğunuz zaman ve hazır olduğunuzda bakın bakalım beni bulabilecek misiniz." Çocuklar kendilerine bir meydan okuma olduğunda hemen harekete geçerler. Kızlarım evimizin arkasındaki ormanı çok iyi bildikleri için, bildikleri ama her zamanki yolumdan farklı çatallaşan bir patikayı tercih ettim. Zorluğu arttırmak istiyordum. Kısa bir süre sonra arkamda tuhaf sesler işitmeye başladım ve kısa süre sonra hem beni buldukları için hem de beni bulmak için Yerli Amerikan izcileri gibi giyindikleri için çok mutluydular. Bana yetiştiklerinde etrafımda daire çizerek, zıplayarak, bağırıp çağırıp, şarkı söyleyerek dans etmeye başladılar.

Bu tecrübeden hareketle bir temanızın olması torun, komşu çocukları veya özel gereksinimleri olan çocuklar dahil tüm çocukların yürüyüşe çıkmalarını sağlayacak bir bilet olduğunu öğrendim.

Kullanılabilecek bazı temalar şunlardır:

- Yeni bir sokak veya patikadan giden kaşifler olup neler görebileceğimize bir bakalım mı?
- Kayıp bozuk paralar gibi özel şeyler arayan casuslar olalım mı?
- Kraliyet ailesi olup mahalledeki her şeyin isteklerimize uygun olup olmadığını teftiş edelim mi?
- Kuşçu olup kaç tane kuş görebileceğimize bakalım mı?

Kullanılabilecek seçenekler sonsuzdur.

Belki de bu oyunun altında yatan asıl sebep fiziksel ve zihinsel sağlıkları için önemli olduğunu bildiğimiz için çocukların hareket etmelerini sağlamaktır. Ama buna yap-inan oyunlar ekleyerek hayal gücü, yaratıcılıklarını geliştiriyor ve her şeyden önemlisi macera arkadaşları olduğumuz hissini yaşıyoruz! Eğlenceli günler başlasın!

Dışarıda Yürürken Oynanabilecek Oyunlar

Yürümek birlikte zaman geçirebilmenin harika yollarından biridir. Ama bazen yürüyüş arkadaşınızın o andan keyif almadığını fark edersiniz. Aç, yorgun olmaktan veya sıkılmaktan dert yanar ve eve veya arabaya geri dönebilmek için hala kat etmeniz gereken uzunca bir yolunuz vardır. İhtiyacınız olan tek şey bir oyun!

1. Oyun: Yürünebilecek Kaç Tane Yol Var?

Hedefler

Koordinasyon
Hayal gücü
Taklit
Eşgüdümlü hareket etme

Talimatlar

Normal bir insan gibi yürümek yerine bir dev, fare veya kanguru gibi biri veya bir şeymiş gibi hareket edin.

ÇEŞİTLEME

Üç kere zıplamak, dört nala giderek atılacak on adım vb. tekrar eden bir örüntü gibi bir hareketin koreografisini çıkarın. Kenarlara doğru kaymak, geriye doğru yürümek, sekmek, zıplamak ve sıçramak gibi farklı hareketler eklemeye devam edin. Ya da sadece el ele tutuşun ve zıplayın!

2. Oyun: Dur ve Devam Et

HEDEFLER

Motor kontrol
Ritim
Dikkat

TALİMATLAR

Yürürken, ister tek bir çocukla ister birkaç tanesiyle, onlara aniden "Dur!" diye komut vereceğinizi ve siz dahil herkesin tıpkı donmuş gibi olduğunuz yerde kalacağınızı söyleyin (Gerekli görürseniz, onlara "dur" komutunun neye benzediğini bir örnekle gösterebilirsiniz.). Sonra, "Devam Et" dediğinizde herkes yürümeye devam edecek. Bir sonraki sefere ne zaman "Dur" diyeceğinizi bilemeyecekler çünkü bunu rastgele yapacaksınız. Bazen dur komutları arasında uzunca yürüyüşler olacak bazen de komutlar peşi sıra gelecek. Oyunun çocuklar için asıl eğlenceli olan tarafı komutların ne zaman geleceğini bilmemeleridir. Sizin için eğlenceli olan tarafıysa gitmeniz gereken yere sorun yaşamadan, acısız bir şekilde erişebilmenizdir.

ÇEŞİTLEME

Yürümeyi uzun adımlar (dev adımı) veya küçük adımlarla (bebek adımı) çeşitlendirin veya her ikisinin bir kombinasyonunu kullanın. Süreç içinde on dev adımı ve sonra on bebek adımı gibi kaç tane adım atacağınıza karar verebilirsiniz ve sonra bu örüntüyü tekrarlarsınız.

3. Oyun: Birbirine Yapıştırılmış

Hedefler

Motor Kontrol
Bir başkasıyla eşgüdümlü hareket etme

Talimatlar

Çocuğunuzun sırtına ve kendi sırtınıza hayali bir yapışkan sürdüğünüzü yani birbirinize yapıştığınızı hayal edin. Sizi yönlendirmesi için ellerinizi çocuğunuzun omuzlarına koyun. Sonra öne doğru yürüyün ve o da sizle birlikte yürüsün. Bu şekilde uzunca bir süre yürüyebilirsiniz.

Çeşitleme

Her ikinizin de yüzü ön tarafa dönük olsun ve tıpkı yek bir vücut olarak yürüyebilin diye yaşça daha büyük çocuklarla kalçalardan yapıştırma yöntemini deneyin.

4. Oyun: Atılan Adımların Kaç Tane Olduğunu Tahmin Et

Hedefler

Tahmin Etme
Doğru tahmin etmenin heyecanını yaşama
Yanlış tahminlerden ders çıkarma

Talimatlar

Bir sonraki köşe, işaret direği, trafik ışığı veya ağaca kadar kaç adım atacağınızı tahmin edin. Mesafenin uzunluğu çocuğun yaşına bağlıdır. Kimin en yakın tahminde bulunduğunu görün.

Çeşitleme

Bir sonraki yere ulaşmanın kaç saniye veya dakika süreceğini tahmin edin.

5. Oyun: Bulutların İçinde Ne Var?

Varmanız gereken yere ulaştığınızda dinlenip bu oyunu oynamanın vaktidir.

Hedefler

Ortak dikkat
Yaratıcılık
Hayal gücü

Materyaller

Puf puf bulutları olan bir gökyüzü

Talimatlar

Bu oyun, Nesi Var oyununun bir benzeridir. Farklı olarak oyuncular bulutlarda farklı yaratıklar bulur ve diğer oyuncular da onları bulmaya çalışır. Farklı bölümleri işaret ederek herkesin ilgili yaratığı bulmasını sağlayın (Örneğin: "Şu arkadan takip eden parça onun kuyruğu".).

Çeşitleme

Bulut yaratıkları ve yukarıda, bulutların içinde ne yaptıklarına dair hakkında bir hikaye uydurun!

Yap-İnan Oyunlarının Faydaları

Evcilik oyunu ve bu oyunun dükkancılık ve okulculuk gibi tüm çeşitlemeleri tıpkı ördeklerin suya alışması gibi çocukları bir şeylere hazırlayan oyunlardır. Ben dahil herkesin iyi bir ruh haline geçmelerini sağlayan bir yap-inan oyunun daha iyi bir şey yoktur.

Evcilik oyunun da bebek rolünü alarak anne babalık rollerini çocuklara bırakıyorum. Sırtüstü uzanıp "Su istiyorum." diyebilmek ve onların etrafımda koşuşturup pervane olduklarını görmek oldukça hoş ve tatmin edici. Bazen iyi örnekler sergilemeye çalıştıklarını düşünüyorum çünkü mantıksız şeyler istemeye (Sergiledikleri diğer şeyleri taklit etmeye başlıyorum.) ve "Örtümü ört, hayır örtme. Su istiyorum. Hayır, o bardakta değil." gibi şeyler söylemeye başladığımda, her isteğime boyun eğiyorlar ve bana dayanıp isteklerimi yerine getirdikten sonra neşeli bir şekilde mırıldanıyorlardı.

Ayrıca aile köpeği, Köpekçik rolünde oynamayı da severdim. Köpekler sürekli etrafta yatarlar.

İşler çığırından çıktığında ve sinirler bozulduğunda herkese gerçekliğe ara vererek "Hadi yap-inan oynayalım!" derim. Sonra çocuğunuzu ikna edecek bir senaryo bulun. Oynamaya başladığınızda, taklidini yaptığınız kişinin veya hayvanın yapacağına inandığınız hareketleri ve söyleyeceğini düşündüğünüz sözcükleri söylemeye ve o karakterde kalamaya çalışın.

"Hadi senin harika bir büyücü olduğunu ve bir şeyleri dönüştürebildiğini ve benim de yardımcın olduğunu farz edelim. Sonra her şeyi çocuğunuzun hayal gücüne bırakın. Belki de kanepeyi bir file dönüştürmek ister ve her ikiniz de ona binersiniz.

"Hadi senin bir film yıldızı olduğunu ve benim de senin makyözün olduğunu farz edelim." Fazlasıyla yağcı ve yalaka davranarak bir parça makyaj malzemesiyle eğlenin.

"Senin Batman ve benim de Robin olduğumu farz edelim ve birlikte özel donanımlı Batman arabamızla suçluları bulmaya çıkabiliriz. Arabamızın ne tür özellikleri olmalı?"

Oynanabilecek çok farklı çeşitlemeler mevcut. Çocuğunuzun çok küçük bir çiziği olduğunda doktormuş gibi yapıp onu hastaneye (odadaki koltuğunuza) yetiştirmenin tam zamanıdır. Onu yatırın ve hayal ürünü stetoskobunuz ve dil pensinizle doktorların yaptığı tüm eylemleri yapabilirsiniz. Gerekli görüyorsanız veya gerekli görmüyorsanız bile gerçek merhem ve bandaj kullanabilirsiniz. Şunu fark ettim ki "her ihtiyaçlarına cevap veren" bir doktormuş gibi yaptığımda çocuklar çok iyi birer hasta gibi davranıyorlar. Bence bu gerçek bir profesyonele olan güvenlerini arttırma konusunda oldukça fayda sağlayacaktır.

Akşam yemeğini servis ederken bazen yemek odasının şık bir restoran olduğunu ve sizin de kendini beğenmiş bir garson olduğunu farz edin. Sloppy Joe'nun lokantasındaki Thelma'ymış gibi davranmak benim için çok daha eğlenceli oluyor. "Benden menüde olmayan hiçbir şeyi istemeyin." Çocuklarım Thelma'ya bulaşmazdı. Çünkü onunla birlikteyken "Ya bu deveyi güdersin ya bu diyardan gidersin." durumunda olduklarını bilirler.

Hayal gücü yaratıcılığın anahtarıdır. Gibi yapmak yeni düşünceleri denemenin güvenli yollarından biridir. Ayrıca çocuklara farklı insanları ve davranışları deneme ve farklı kişiliklerin nüanslarını anlama fırsatı vermektedir. "Sosyal işaretleri okumayı" öğrenmenin en iyi yolu kendi üzerinizde uygulamanızdır!

Ufaklıklar İçin Oyunlar (İki-Yedi Yaş)

1. Oyun: A, Çok Sevimlisin

Çocuklarım küçükken, çocukluğumun şarkısı olan "A, Çok Sevimlisin," şarkısını söylerdim. O kişinin ne kadar muhteşem bir insan olduğunu tasvir ederek A (Çok Sevimlisin) harfi ile başlar Z harfine kadar giderdi. Bu çocuklarımın alfabeyi öğrenmelerini sağlamak ve benim için ne kadar değerli olduklarını göstermek için kullandığım yöntemlerden biriydi. Hayatınızdaki özel çocuğa bir aşk şarkısı söylemek için alfabeyi kullanmanıza gerek yok tabi. Herhangi bir şarkıyı alın ve içinde geçen isim yerine kendi çocuğunuzun ismini koyun ve kişiliğini yansıtması için gerekli sözcükleri değiştirin. Kızlarım şarkılarını dinlemeye bayılırlardı ve bu şekilde onları eğlendirirdim.

Hedefler

Örnekleyerek kendi şarkılarını oluşturabileceklerini öğretmek

Talimatlar

Sevdiğiniz, kolay melodisi olan bir şarkı seçin. Şarkılara dair bilgilerim hapis olup kaldığı için ben "Rose Marie" ve "Daisy, Daisy" şarkılarını seçmiştim ama her türlü şarkı işinize yarayabilir. Sonra kendi sözcüklerinizi şarkının içine yerleştirin. Eğer sözcükleriniz melodiye uymuyorsa endişe etmeyin. İnanın bana ufaklıkla bu tür şeyleri hiç önemsemezler, sadece onlar hakkında şarkı söylemenize bayılırlar! Örneğin, eğer "Daisy, Daisy" şarkısını seçtiyseniz ve çocuğun adı Julien ise:

Julien, Julien, işte sözcüklerim çok doğru
Sana bu kadar yakın olduğum için çok mutluyum
Gülümsemene bayılıyorum
Olabildiğince çok zekisin
Ve her gün ve her durumda
Benim için çok şey ifade ediyorsun

2. Oyun: 1 Seni Seviyorum Çünkü

HEDEFLER

Öz-saygı
Kendinden dönüt alma
Diğerlerinin sevdiği özelliklerini öğrenme

TALİMATLAR

Kalbinizin sahibi çocuğunuza şu sözcükleri söyleyin: "Seni neden bu kadar sevdiğimi biliyor musun? Seni seviyorum çünkü..." Boşluğu çocuğunuzun gerçekten hayranlık duyduğunuz özellikleriyle tamamlayın. "Naziksin" veya "Üzgün olduğunu gördüğünde sınıf arkadaşına sarıldın" gibi genel veya belirli özellikleri sıralayabilirsiniz.

ÇEŞİTLEME

"Seni seviyorum çünkü sen .... (çocuğun adı)" diyerek çocuğunuzun sadece kendi olduğu için sevgiye fazlasıyla layık olduğunu bilmesini sağlayın.

3. Oyun: Yazara Sekreterlik Etme

Çocukların büyük bir kısmı hikaye uydurmayı sever. Ayrıca kendilerine hikaye okunmasına da bayılırlar. O halde duydukları hikayenin kendi hikayeleri olduğunu bir düşünsenize.

HEDEFLER

Özsaygı
Düşünceleri organize etme

MATERYALLER

Bir kalem ve kağıt veya bilgisayar ve zımba ve zımba teli

TALİMATLAR

Kalemini çıkarın veya sözcük işlemcinizi açın ve yazar arkadaşınıza hikayesini yazmaya hevesli olduğunuzu gösterin. Zamanlar bir yazma seansı ayarlayabilir veya hayatında olup biten bir şeyi size anlattıktan sonra da önerebilirsiniz. Ayrıca hikayeler olmasını dilediği bir şey veya tamamen uydurduğu herhangi bir şey de olabilir.

Mantıklı bir bütünlüğü olmasa bile tüm sözcüklerini alt alta yazın. Çocukların hikayeleri, tıpkı rüyalar gibi, olması imkansız şeyler barındırır. Süreç içinde ona yardımcı olmak adına "Peki sonra ne oldu?" "Bununla ilgili kendisini nasıl hissetti?" "Başka nereye gitmek isterdin?" "Bunun üzerine diğeri ne söyledi? gibi sorular yöneltebilirsiniz. Bir kapak ekleyin ve sayfaları bir kitap gibi açılacak şekilde bir tarafından zımbalayın. Hikayeyi birlikte birkaç kez okuyun.

ÇEŞİTLEME

Hikayeye uygun çizimler yapın. Çizimlerin üzerine yapışkanlı notlar koyarak gizli bir flep kitap haline getirin.

4. Oyun: Kaç Yaşında Olduğunu Tahmin Et

HEDEFLER

İnsanlarla ilgili görsel ve fiziksel işaretleri fark etme
Sosyal ve çevresel farkındalık

TALİMATLAR

Çocuğunuza hayatındaki insanların, hayvanların ve nesnelerin yaşlarını sorun. Buna mahalledeki veya televizyondaki insanları ve hatta kitaplardaki karakterleri de ekleyin. Çizmeli Kedi, Büyük Kuş ve Barney kaç yaşındadır? Gerçekten bilen var mı acaba? Şu yakındaki ağaçlar kaç yaşında?

Çeşitleme

Kelebekler sadece bir gün uçabilirken, ağaçların yüzyıllar boyunca yaşayabileceği gibi birinin veya bir şeyin yaşına dair ipuçları verebilirsiniz. Eğer yakınlarda bir tomruk varsa gövdelerinin içindeki halkaların sayılarak yaşlarının nasıl hesaplandığını gösterebilirsiniz.

5. Oyun: Yüzler Yaratma

Hedefler

Taklit
Hayal gücü
Motor hareketleri kontrol etme
Yaratıcılık

Hazırlık

Yüz yüze bakacak şekilde oturun

Talimatlar

Şu soruyla başlayın: "Bunu yüzünle yapabilir misin?" Daha sonra, örneğin, bir gözünüzü ve sonra diğerini kırpın. Çocuğunuzun da aynısını yapıp yapamayacağına bakın. Sırayla aşağıdaki gibi farklı olasılıkları deneyin:

- Kulaklarınızı oynatın
- Dilinizi kıvırın
- Bir kaşınızı kaldırın
- Dilinizi burnunuza değdirin

- Gözlerini aksi yönlere hareket ettirin
- Adem elmanızı aşağı yukarı hareket ettirin
- Dudaklarınızla yuh çekin

Çeşitleme

Üzüntü, trajedi, mutluluk, memnuniyet, kızgınlık ve öfke gibi farklı duyguları anlatan yüz ifadeleri yaratın. Bir kaplumbağanın yüzü nasıl olur? Sırayla tuhaf ve saçma yüz ifadeleri yaratın ve birbirinizi taklit edin.

6. Oyun: Pony Boy

Hedefler

Boşlukta vücut ve hareketlerin farkındalığı
Üst vücuttaki kasları kontrol etme
Artan denge duyusu

Hazırlık

Şarkı veya marş söyleyerek dizlerinizi hafifçe yukarı ve aşağı çekin:

"Pony boy, pony boy, benim pony boy'um olur musun?

Sonra duyguyu hareketi değiştirmek adına dizlerinizi sağa sola sallayarak şarkıyı söylemeye devam edin:

"Bana sakın hayır deme, işte başlıyoruz."

Sonra, çocuğunuzun kollarını tutun ve kafasının arkaya doğru baş aşağı eğilmesini sağlayın, biryandan da şarkı söylemeye devam edin:

"Birlikte uzaklara gidelim."

Çeşitleme

Çocuğunuzun sallanmaktan ne kadar keyif aldığına göre hareketlerin miktarını ayarlayabilirsiniz. Bazı çocuklar ileri geri hareket ettirilmekten hoşlanır diğerleriyse daha yumuşak hareketlerden hoşlanır. Her zaman yavaş bir tempoda başlayın ve sonra çocuğunuzun yapılan eyleme duyduğu arzuya göre enerji miktarını arttırabilirsiniz.

7. Oyun: Bir Disney Günü Geçirmek

Hedefler

Empati
Hayatını oluşturan her şeye şükretme

Talimatlar

Walt Disney cansız varlıkları konuşturarak çocukların dikkatlerini nasıl çekeceğini iyi biliyordu. Yarım gününüzü etrafınızdaki her şey canlıymış gibi geçirin. Mesela "Merhaba Bay Cezve. Bana sabah içeceğimi hazırladığın için sana çok teşekkür ederim." gibi ifadelerle güne çok eğlenceli bir başlangıç yapabilirsiniz. Ufaklıktan kaseye biraz süt ve gevreği tutması için ricada bulunmasını isteyebilirsiniz.

Çeşitleme

Dışarı çıkın ve böceklerle konuşun. Karıncalar eğlenmek için ne yapar? Gölgesi için bir ağaca teşekkür edin.

8. Oyun: Vurma Oyunu

Hedefler

Dinleme
Odaklanma
Tüm dikkatini verme
"Metal olan nesneler işte böyle ses çıkarır" gibi işitsel kategorileri öğrenme

Materyaller

Üzerine vurulduğunda farklı sesler çıkaran nesneler ve bir kaşık (isteğe bağlı)

Talimatlar

Çocuğunuzla birlikte üzerlerine vurulduğunda farklı sesler çıkaran nesneleri dinleyin ve ne olduklarını belirleyin. Çocuğunuzdan gözlerini kapatmasını veya size sırtını dönmesini söyleyin. Sonra yumruğunuzla (veya kaşıkla) vurduğunuz nesneyi doğru tahmin edip edemeyeceğine bakın.

Çeşitleme

Nesneleri sırayla tahmin edin.

9. Oyun: Çakıl Taşlarıyla Oynama

Hedefler

Şekilleri öğrenme
Tasarım yapmayı tecrübe etme
İnce motor beceriler

Materyaller

Dışarıdan bulabileceğiniz veya el sanatları dükkanlarında veya her şey bir milyoncularda bulabileceğiniz cam benzeri çakıl taşları

Talimatlar

Çakıl taşlarını önünüze yığın ve aşağıdaki gibi farklı şeyler yapmak için kullanın:

- Bir büyük kare
- İki küçük daire

- İki iç içe geçmiş çember
- Bir üçgen
- Yıldız oluşturmak için iki iç içe geçmiş üçgen
- Kolları ve bacakları olan bir vücut
- Kamyon için yol

ÇEŞİTLEMELER

1. Bu oyun için çok sayıda çeşitleme bulunmaktadır ve çocuklar bizim bile aklımıza gelmeyen farklı bazı çeşitlemeler yaratabilirler. Dilerseniz oyun sonunda oluşan tasarımların fotoğrafını çekin. Güzelliği sizi şaşırtabilir.
2. Eğer çocuğunuzun yapmak istediği çeşitlemelerden biri taşları fırlatmayı içeriyorsa ona içine atması için bir kova veya plastik çöp kutusu verin. Nişanlama ve fırlatma becerilerini geliştirmek için alıştırma yapabilir ve siz de bu sayede çakıl taşlarını ortadan kaldırabilirsiniz.

10. Oyun: Kaç Karış?

HEDEFLER

Tahminde bulunma
Bilgiye dayalı tahmin

MATERYALLER

Ölçmek için nesneler

Talimatlar

Bir nesneyi alın ve bir çocuğa veya bir grup çocuğa o nesnenin kaç karış olduğunu sorun, belirli bir çocuğun elini standart olarak alın. Sonra çocuktan elini nesnenin üzerine koyarak kaç karış geldiğini ölçmesini isteyin (Parmak ucundan el ayasının bitimine kadar). Kalan küçük bölümler için yarım el veya çeyrek el kullanılabilir.

Çeşitleme

El yerine ölçüm aleti olarak ayak da kullanılabilir: "Oturma odası ile mutfak arası kaç adımdır?"

11. Oyun: Yenilebilir Oyun Hamuru

Hedefler

Parmak güçlendirme
İnce motor beceriler

Materyaller

2 bardak fıstık ezmesi, 2 bardak süt tozu ve 1 bardak bal veya 2 bardak yulaf ezmesi, 1 bardak un ve yarım bardak su

Talimatlar

Çocuklar sıklıkla çok güzel göründüğü için oyun hamurunu yemek istiyor. Bunu engellemek için enerjinizi boşa harcamak yerine, yemeleri halinde bir zararı olmayacak, fıstık ezmesi veya yulaf ezmesinden oyun hamuru yapın.

Yeni başlayanların eğlenmeleri amacıyla oyun hamurlarını yılan (Bir tarafına ağız için küçük bir kesik atın.) kardan adam ve hayvanlar şeklinde sunun.

ÇEŞİTLEME

Ketçap, mayonez, hazır hardal, salça sosu vb. yemesi güvenli "parmak boyası" kullanın.

Sayı Sayma Konusunda Yardımlaşma

Bu kadar basit bir yaklaşımın bu denli etkili olduğunu görünce çok şaşıracaksınız fakat sizi temin ederim ki çok işe yarayacak. Bunu iki, dört, sekiz ve on iki yaş gruplarında denedim ve eşit düzeyde başarı elde ettim.

Şu şekilde işliyor: "Bakalım ben sayamaya başlayıp yediye ulaşıncaya kadar siz yuları kata çıkıp ayakkabılarınızı alıp aşağı inebilecek misiniz. Hazır, başla! Bir... İki... Üç... Dört... Beş... Altı... Aferin! Altıda burada oldunuz!"

Bu yaklaşımın "Sana on saniye süre tanıyorum eğer o ayakkabılar giyilmezse sana dünyanın kaç kucak olduğunu göstereceğim." gibi eski yaklaşımların tersi olduğunu lütfen aklınızdan çıkarmayın. Bu bir meydan okuma ve hız oyunudur ve bazen eğlenmek için de kullanabilirsiniz. Örneğin: "Bakalım kaç saniyede ağacın etrafında tur atıp kayaya dokunup geri dönebileceksiniz. Hazır, başla!"

Bunun için çalar saat de kullandım: "Bakalım zil çalmadan oyuncaklarınızı alıp buraya gelebilecek misiniz!" Eğer yapılacak iş zorluysa, bunun yerine "Bakalım BİZ bu işi ne kadar hızlı... " gibi bir ifade kullanıp olayın havasına ben de dahil olurum.

Durumu aleyhime çevirmiştim. Bir gün küçük çocuğum bana: "Ben on buçuğa kadar saymadan aşağı kata koşup bana bir bardak su getirebilir misin? Bir... İki..." dedi. Hemen kalktım. Bu zorluğa maruz kalmak eğlenceliydi ve enerji seviyemi yukarı çektiğini fark ettim.

Kronometre büyülü bir dokunuş etkisi yaratabilecek materyallerden bir diğeridir. Bu yaşça daha büyük çocuklara hangi rakamın daha büyük olduğu gibi matematiksel kavramları öğretmek konusunda büyük bir avantaj sağlayabilir: "Bak, zemini harika bir şekilde süpürdün ve bunu iki dakika 49.6 saniyede yaptın. Bu dünkü performansından 12 saniye daha iyi ve buna rağmen yine de dünkü gibi iyi bir iş çıkardın. Senin gibi bir yardımcıya sahip olduğum için çok şanslıyım!"

Benim yaptığım gibi bu oyunu çocukların hızınızı arttırmaları için değil sizi sakinleştirmeleri için kullandıklarını keşfedebilirsiniz. Bir gün uzun bir yolculuk sonrası arabayla eve dönüyordum. Hava yağmurlu ve karanlıktı ve yol uzundu ve rüzgar esiyordu. Çocuklar uzun bir süredir huysuz ve mızmızdı ve ben de kendimi hiç iyi hissetmiyordum. Sonunda onlara: "Sessiz olun!" diyerek patladım.

O zamanlar on yaşında olan en büyük çocuğum bana durgun bir şekilde: "Ben yediye sayıncaya kadar sakinleşebileceğine inanıyor musun?" diye sordu ve ardından saymaya başladı: "Bir... İki..." Ne yaptığını gördüğümde dudaklarım keyiften büküldü. Bana: "Aferin sana! Altı saniyede başardın!" dedi.

Yaşça Daha Büyük Çocuklar İçin Oyunlar (Yedi-On Dört Yaş)

1. Oyun: Beni Nasıl Tasvir Edersin?

Hedefler

Öz farkındalık için dönüt verme

Başkalarına farklı bir açıdan bakma

Materyaller

Kağıt ve kalem

Hazırlık

Şu insan özelliklerinden veya kendi tercih ettiklerinizden bir liste oluşturun ve birkaç nüsha şeklinde çoğaltın: iyi, sabırlı, anlayışlı, açık görüşlü, neşeli, iyimser, şirin, sevimli, sevgi dolu, sıcak, sadık, düşünceli, cömert, dürüst, zeki, nazik, adil, komik, yakışıklı, kibar, saygılı, tatlı, aptal, hırslı, sempatik, akıllı, çalışkan, huzurlu, iddialı, işbirlikçi, güzel, iyi atlet, dansçı, sarıçtı, müzisyen, dikkatli, çekici, zorlu, duyarlı, hoşsohbet, yardımsever, esprili, iyi bir mizah anlayışına sahip.

Talimatlar

Arkadaşınızla çok iyi bildiğiniz birinin özelliklerini anlatan sözcükleri daire şeklinde yazın. Bunu belli sayıdaki birkaç insan için yapın ve karşılaştırarak aynı özellikleri seçip seçmediğinize bakın. Yapılan tercihler ve sebepleri hakkında konuşun.

Çeşitleme

Her biriniz listeden birbirinizle ilgili özellikleri seçin ve birbirinize hangi özelliklerin seçildiğini anlatarak tercihlerinizin nasıl eşleştiğine bakın. "Benim iyimser olduğumu düşünüyorsun. Peki neden?" "Benim hırslı olduğumu düşünüyorsun. Neden?"

2. Oyun: En İyi Beş Anın

Hedefler

Gelişen duygu farkındalığı oluşturmak
Birinin eğlendiği şeyleri bilmek

Talimatlar

Çocuğunuzla belli bir kısmında ayrı kalacağınız bir günü seçin. Her ikinizin de gün boyunca kendinizi iyi hissedeceğiniz beş anı yakalamaya çalışacağınızı söyleyin. Bu an herhangi biriyle etkileşim olabilir veya gördüğünüz veya duyduğunuz hoş bir şey olabilir. Ne olduğu çok önemli değil. Önemli olan tek şey kendinizi iyi hissetmenizi sağlaması. Tüm bu anlarınızı çocuğunuzla paylaşın.

Çeşitlemeler

1. Hemen o anda paylaşın. Her ikiniz de etrafa bakıp sizi o esnada mutlu eden bir şey görmeye çalışın veya düşünün, günlük ve sıradan veya uzak ve fantastik olması hiç önemli değil.
2. Bu oyunu tüm aile üyelerinizle günün sonunda oynayabilirsiniz. Sabah herkese hatırlatın. Günün planını herkese hatırlatması adına tüm oyuncuların eline bir çıkartma yapıştırabilirsiniz.

3. Oyun: Oto-Portre

Hedefler

Görsel detayları yakalama
İnce motor beceriler

MATERYALLER

Bir ayna, bir keçeli kalem ve bir sandalye (isteğe bağlı)

HAZIRLIK

Bir aynanın önünde oturun veya ayakta durun.

TALİMATLAR

Çocuğunuz aynaya bakıp bir keçeli kalem yardımıyla gördüğünü birebir çizmesini isteyin.

ÇEŞİTLEME

Yüz yüze bakacak şekilde oturun ve birbirinizin yüzlerini kağıda dökün.

4. Oyun: İnsanlarla İlgili Rapor Verme

HEDEFLER

Görsel ve sosyal işaretleri fark etme

HAZIRLIK

Bu oyunu bir markette oynayın.

TALİMATLAR

Çocuğunuza marketteyken sizle birlikte kuyrukta bekleyen ve etrafınızdaki insanlara bakmasını ve sessiz bir şekilde onlarla ilgili mümkün olduğunca çok ayrıntıyı fark etmeye çalışmasını söyleyin. Ona aynısını kendinizin de yapacağını söyleyin. Ne giyiyorlar? Nasıl hissettiklerini düşünüyorsunuz, sabırlı bir şekil demi bekliyorlar yoksa huzursuz ve telaşlılar mı? Neden böyle düşünüyorsunuz? Marketten çıktığınızda birbirinize insanlarla ilgili rapor verin. Kendi eşsiz bakış açılarımızdan gelen farlı ayrıntılara nasıl odaklandığımızı görmek oldukça eğlencelidir.

ÇEŞİTLEMELER

1. Eğer yan yana iki kişi varsa ilişkilerinin ne olduğunu ve hatta nasıl geçindiklerini tahmin etmeye çalışın.
2. Kuyrukta bekleyenlerden birinin casus olduğunu düşünün ve her biriniz bunun kim olduğunu bulmaya çalışacak. Sonra, marketin dışında aynı insanı seçip seçmediğinize bakın.

5. Oyun: Hangi Kuyruk Daha Avantajlı?

Hedefler

Sosyal farkındalık

Hazırlık

Bu oyunu kuyrukta beklerken veya kuyruğa girmek üzereyken oynayın.

Talimatlar

Markette kuyruk seçerken hayal kırıklığını hafifletmek adına kimin en hızlı kuyruğu seçeceği konusunda iddiaya girin. Çocuğunuzla aynı kuyrukta olabilirsiniz ama biryandan da eğer sıraya girseydiniz diğer kuyruklarda nerede olabileceğinize bakıp hangi kuyruğun daha önce bittiğini gözlemleyin. Ayrıntılara dikkat edin. Yaşlıların ve çocuklu bayanların bulunduğu kuyruklar daha mı hızlı yoksa daha mı yavaş ilerliyor?

Çeşitleme

En yavaş ilerleyen kuyruğun hangisi olacağı konusunda iddiaya girin.

6. Oyun: Gölge Oyunları

Hedefler

Göz-ayak koordinasyonu
Hız
Zamanlama

Hazırlık

Bu oyunu kendi gölgenizi görebileceğiniz alacakaranlıkta oynayın. Bu oyun iki ve daha fazla kişiyle oynanabilir.

Talimatlar

Birbirinizin gölgelerine basmaya çalışarak eğlencenin tadını çıkarın.

Çeşitleme

Baş veya bacak gibi gölgelerin belirli yerlerine basmaya çalışın.

7. Oyun: Ayak Parmağına Basmaca

Hedefler

Odaklanma
Yoğunlaşma
Nezaket alıştırması
Empati koordinasyonu

Hazırlık

Çıplak ayaklı veya çorap giymiş iki kişi el ele tutuşarak yüz yüze bakar.

Talimatlar

Oyuncular kendi ayak parmaklarına basılmasını engellemeye bir yandan da diğer oyuncuların ayak parmaklarına basmaya çalışır. Altın kural: "Eğer ayağınıza basılmasını istemiyorsanız başkalarının ayağına basmaya çalışın."

Çeşitleme

Üç kişiyle deneyin!

8. Oyun: Taş Boyama

Hedefler

Farklı tasarımları tecrübe etme
Yaratıcılık
Odaklanma

Materyaller

Küçük taşlar, boya fırçaları ve su

Talimatlar

Su ve boya yardımıyla taşların üzerine çizgiler çizmek herhangi bir şeyi zarif güzel yazı sanatı gibi gösterebilir. Çok fazla taş kullanın ve farklı tasarımlar deneyin. Kimse hata yaptım diye korkmasın çünkü kuruyunca kaybolup gidiyor!

Çeşitleme

Eğer kaybolmalarını istemiyorsanız boyayla üzerindeki suyolu işaretlerini boyayın.

Yolculuk Oyunları

1. Oyun: Kartpostal Günlükleri

Hedefler

Anıları kaydetme

Materyaller

Varılan farklı yerlerden alınan kartpostallar, dolma kalem, kurşun kalem veya boya kalemleri (veya diğer yazım gereçleri)

Talimatlar

Çocuğunuzla yolculuğa çıktığınızda veya memleketiniz içinde bir yerlere gittiğinizde çocuğunuzun o gün için veya varılan her yerde bir kartpostal seçmesine müsaade edin. Kartpostalın üzerine o gün ne yaptığını yazsın ve kartpostalları saklayıp biriktirsin.

Çeşitleme

Kartpostalları kendine postalayıp güzel anılarını hatırlatan iyi bir hatırlatıcı olabilir ve sonra tüm kartpostalların köşelerine bir delik açıp içinden bir ip geçirip birbirlerine bağlayabilir.

2. Oyun: Yolculuk Koleksiyonları

Hedefler

Detayları fark etme

Hafızadaki bilgileri hatırlama

Yazı yazma

Materyaller

Hatırlanmaya değer şeyleri ve koleksiyon defterini taşımak için bir çanta

Talimatlar

Çocuğunuzun yolculuk esnasından egzotik bir şekerin ambalajı veya ilginç bir gösterinin biletleri gibi küçük hatırlanmaya değer şeyleri toplamasını isteyin. Eve döndüğünüzde bunları bir koleksiyon defterine yapıştıracaksınız.

Çeşitleme

Çocuğunuzun hatırlanmaya değer gördüğü her nesne ile ilgili onun için neden önem teşkil ettiğine ve dikkatini cezp ettiğine dair küçük notlar yazmasını isteyin.

Saygıdeğer Çöp Çıkarıcı Başı

İşte size işleri yaptırırken bir yandan da herkesin kendisini önemli, gerekli ve müteşekkir hissetmesinin bir yolu. Bunu çocuklarım ve ziyaretçilerinin bana bahçede bezelye dikme projemde yardımcı olacaklarını umduğum gün fark ettim. Eğleneceklerinden çok emindim ama toprakta küçük delikler açıp içine bezelye tohumlarını koyup üzerlerini toprakla kapatıp hafifçe bastırma işlemlerinde onları isteksiz görünce çok şaşırdım.

Sonra birden aklıma iş yerinde herkesin yeni unvanlar alması geldi. Kapıda duran sorumlu bakım mühendisi oluyor, sekreterler müdür yardımcısı oluyordu vb. işler aynı kalıyordu fakat unvanlar değişiyordu. Fakat yeni unvanlar yapılan işe daha fazla saygı duyulmasını sağlıyordu. Bina sorumlusu bakımdan sekreterler yönetimden sorumluydu.

Boştaki pozisyonu duyuruyordum: "Bir bakalım... bu iş için Saygıdeğer bir Delik Açıcıya, Zarif bir Tohum Atıcıya, Harika bir Toprak Kapatıcıya ve Asil bir Toprak Presleyiciye ihtiyacım var." Herkes unvanlardan birini isteyip aktiviteye gözü kapalı hücum edince çok sevindim ve aynı zamanda çok şaşırdım.

Artık birine "Patatesleri rendeler misin?" diye sormak yerine "Yüce Rendeleyici olabilirsin" diyorum.

Bence sınıftaki öğretmenler de bu numarayı bilmeli çünkü benzer unvanları onlar da kullanıyor. Herkese yer açarak kuyruğa öncülük eden kişiye "Kuyruk Lideri" unvanı verilebilir. Ama daha önemli bir role sahip olan ve "Sıraya Geçin!" diyen ve çocukların emrine uyarak önünde sıraya girip girmediklerini kontrol eden kişinin de bir unvanı var. Onun unvanı "Kuyruk Sonlandıran"!

İKİNCİ BÖLÜM

Bebekler İçin Oyunlar

Anne babalığın tekniklerle ve "doğru" şeyleri yapmakla alakası yoktur. Tamamen ilişkilere dayanır. Hepimiz çocuklarımızla harika bağlar kurmak ve onlarla oyunlar oynamak isteriz ama eğer çocukken bizler oyun oynamadıysak ne yapacağınızı bilmeniz kolay değildir. En faydalı farkındalıklardan biri zihinsel, motor ve sosyal gelişimlerin birinin diğerinin üzerine inşa edildiği ardışık süreçler olduğudur. Tüm çocuklar, az ya da çok, aynı basamaklara göre gelişir ama her çocuk eşsiz bir hız ve şekilde büyür. Eğer birden fazla çocuğun anne babasıysanız iki bebeğin birbirinden farklı olduğunu söylemesi için bir bilim adamına ihtiyacınız yoktur. Çocuklardan biri hareket etmeyi ve odada zıplayıp durmayı severken bir diğeri halının üzerinde duran küçücük şeyleri keşfetmenin ilginç olduğunu düşünebilir. Aynı anne baba ama farklı çocuklar. İşte bu nedenle bu bölümde farklı kişilik ve ilgileri olan çocuklarınız için çok fazla sayıda oyun bulunmaktadır ve bu oyunların hepsi hareket, keşfetme ve farkındalıkları teşvik ederek gelişimsel basamaklardan geçmektedir.

Bir çocuktaki zeka ve koordinasyon doğuştan gelir ve çocuklar öğrenmeye açtır. Keşfetmek için hareket etmek isterler. Tıpkı küçük bilim adamları gibi rast geldikleri her şeyi araştırmayı arzularlar. Duysal sistem nesnelerin nasıl göründüğünü, tadının nasıl olduğunu, kokularını, yarattığı hissi, hareketlerini ve seslerini bilmek ister. Beyin nesne düşerse, sallanırsa veya yenirse neler olacağını ve Anne'nin (veya Baba veya diğer bakıcıların) buna tepkisinin ne olacağını merak eder.

Toplanan tüm bu bilgiler bebeğin beynine gruplandırılması gereken ham materyaller sağlar ve beynin karmaşık düşüncelerle giderek daha iyi başa çıkabilmesini sağlayan becerisini geliştiren işte bu gruplandırma sürecidir. Tehlikeli olan her şeyin uzanamayacağı yerlerde olduğunu farz etmek şartıyla çevreyi keşfetme konusunda özgür olan çocuk beyninin işlemden geçirebilmesi için daha fazla detaya sahip olur ve bu durum sınıflama, işlemden geçirme ve anlamayı mümkün kılan daha gelişmiş bir beceri oluşturmasını sağlayacaktır. Bebeğinize henüz hayatının ilk safhalarında bu beceri ve kabiliyetleri geliştirebilmesi için yardımcı olmanız üzerine daha gelişmiş becerileri inşa edebileceği sağlam ve güçlü temeller sunacaktır.

Ayrıca kaslar da kullanıldıkça gelişir. Önünde keşfedebileceği koca bir alan bulunan çocuk parmaklıklı oyun alanındaki çocuktan daha fazla emekleme şansına sahip olacaktır. Eğer çıkabileceği merdivenler veya üzerine tırmanabileceği bir yastık olursa bebek kas hareketlerini koordine etmeyi daha iyi öğrenecektir.

Bebeğinize bu hareketsel ve duysal keşfetme fırsatlarını sunmanın temel gayesi gelişimi aceleye getirmek değil aksine ona derinlik kazandırmak ve bağlarınızı zenginleştirmektir. Yeni bir aktiviteyi gösterirken eğlenceli olmasına dikkat edin. Eğer bebeğiniz ilgi göstermiyorsa bir kenara bırakın, daha sonra tekrar deneyin veya unutun gitsin. Burada önemli olan birlikte eğelenebilmenizdir. Birlikteyken, birlikte ilginç şeyler yapmak -birkaç dakika orada birkaç dakika burada vakit geçirseniz bile- keyiflidir, hem siz hem de çocuğunuz kendinizi iyi hissedersiniz, acaba hayatta bundan daha güzel ne olabilir ki?

Büyükannenin Cüzdanında Ne Var?

Meraklı Bir Çocuk Bilmek İstiyor

Eğer bunu okuyan bir büyükanne varsa, gerçekçi olalım. Yürümeye yeni başlayan bir çocuk için cüzdanınızda ne olduğundan daha ilginç HİÇBİRŞEY yoktur. Emin olun onun için siz bile o kadar ilginç değilsiniz. Meraklı çocuklar bizleri başkalarının eşyalarına bakmaktan alıkoyan nezaketten yoksundur. Ellerinden gelse hemen çantanızın içine dalarlar. Büyükanne ne taşıyor acaba? Bununla savaşabilir ve saklayabilir ve kesin bir dille "hayır-hayır" diyip reddedebilirsiniz. Ya da çocuğa kendi denetiminiz altında çantanızı keşfetme fırsatı tanıyarak ve hatta içine bazı cazip eşyalar koyarak merakını giderebilirsiniz.

Değerli eşyalarınızı korumak için çocuğun oynayıp dağıtmasını istemediğiniz bozuk para, fatura, ilaç vb. eşyalarınızı fermuarlı bir çantaya koyabilirsiniz. Bunları önceden çıkarıp erişemeyeceği bir yere koyun.

Yürümeye başlayan bir çocuk neyi ilginç bulur? Küçük, sağlıklı ikramlık paketleri, atkı, mendiller, kurdele, yedek anahtarlar, çıkartmalar, son kullanma tarihi geçmiş kredi kartları, eğilip bükülmesinin bir mahsuru olmayacak eski fotoğraflar, plastik ceplerinde kağıt fişler bulunan boş çek defteri, küçük fermuarlı cüzdanlar, küçük kitaplar, küçük defter ve kalem, pamuk topları, oyuncak bir büyüteç… size kalmış. Zararı olmayacak bir nesne yoksa iyi bir oyuncak olduğunu keşfettim.

Tabi ki de sonunda keşfetme yoluyla gerçekleşen öğrenme için büyükanneler olarak tüm övgüyü biz alıyoruz. Ama asılda gerçekte olan çok basit. Çocuk cüzdanınızı karıştırırken, onunla hiç bölünmeyecek bir yetişkin muhabbeti yapabilirsiniz.

1. Oyun: Bebek Bezi Şarkısı

Hedefler

Vücut farkındalığı
Dineleme
İletişim kurma

Talimatlar

Sabah rutininiz olan bez değiştirme ve yıkanma işlerini yaparken yaptığınız işleri şarkıyla anlatın ("Alouette" (Çayırkuşu) melodisini kullanın.):

Poponu temizliyorum
Küçük tatlı poponu
Altını siliyorum
Her yerini bir güzel temizliyorum

Çeşitleme

Bunu banyo zamanı yapın ve vücudunun bölümleriyle ilgili şarkı söyleyin.

2. Oyun: Yardımcı Bacaklar

Hedefler

Vücut farkındalığı
Kas hafızası
Sözcükleri Kavrama

Talimatlar

Bebeğinize sözcüklerin eşlik ettiği eylemleri öğretecek bir bacak oyunu oynayarak size bez değiştirme konusunda yardımcı olmasını sağlayın.

Şunu söylerken bir yandan da bebeğinizin bacaklarını havaya kaldırın:

"Bacaklar yukarı yukarı yukarı çıkar."
Şunu söyleyerek de aşağı indirin:
"Bacaklar aşağı aşağı aşağı iner."

Tekrar, tekrar, tekrar söyleyin ve siz sözcükleri söylerken bebeğin kendi başına daha ve daha çok yapmaya başladığını göreceksiniz:

"Bacaklar yukarı yukarı yukarı çıkar. Bacaklar aşağı iner."

Onu bez değiştirme pozisyonuna almak için bacaklarını açıp kapatırken de aynısını yapın:

"Bacaklar açılır."
"Bacaklar kapanır!"

Tekrar, tekrar ve tekrar söyleyin.

Çeşitleme

Çocuğunuzun bacakları ve kollarıyla tüm hareket çeşitlerini yapmaya çalışın ve bu esnada şarkı söyleyin:

Kolların yukarı kalkar
Kolların aşağı iner
Kolların içe katlanır
Ve kolların dışarı çıkar

Bunu ayak ve el bilekleriyle de yapın ve en baştan tekrar ve tekrar yapın.

3. Oyun: Tava Müziği

Hedefler

Uyarılara kulak verme
El-göz koordinasyonu
Ritim eşliğinde alıştırma yapma

Materyaller

Tava, plastik kase, kaşık ve yulaf ezmesi kabı gibi mutfak dolabında bulunan eşyalar

Talimatlar

Birkaç tane metal tava veya yulaf ezmesi kabı gibi eşyaları ve bir tane de ters kapatılmış plastik kase çıkarın. Onlara ritimle vurun. Ya da çocuğunuzu önünüze alın ve eliniz onun elinin üzerinde olacak şekilde eline bir kaşık verin ve birlikte küçük bir ritim atın.

Çeşitlemeler

1. Metal tavalara ve plastik kaselere vurduğunuzda çıkan sesler arasındaki farklara dikkat çekin.
2. Farklı ritimler deneyin. Bebeğinize "bam bam bum" ile "bum bam bam" sesleri arasındaki farkı gösterin.

4. Oyun: Ev Yapımı Çıngıraklar

Hedefler

Uyarılara kulak verme
Görsel uyarılar

Materyaller

Kapaklı, küçük, boş kaplar ve onları doldurmak için farklı materyaller

Talimatlar

Boş ve temizlenmiş ilaç kutularını ve seyahat şampuan kutularını bozuk para, tuz, kum, fasulye veya pirinç gibi farklı materyallerle doldurun ve ilginç çıngıraklar oluşturmaya çalışın. Her kutunun kapağını sıkıca kapatın. Bu farklı kutuların hepsi sallandıklarında farklı sesler çıkaracaklar ayrıca bebeğinizin elleri için uygun büyüklüktedirler.

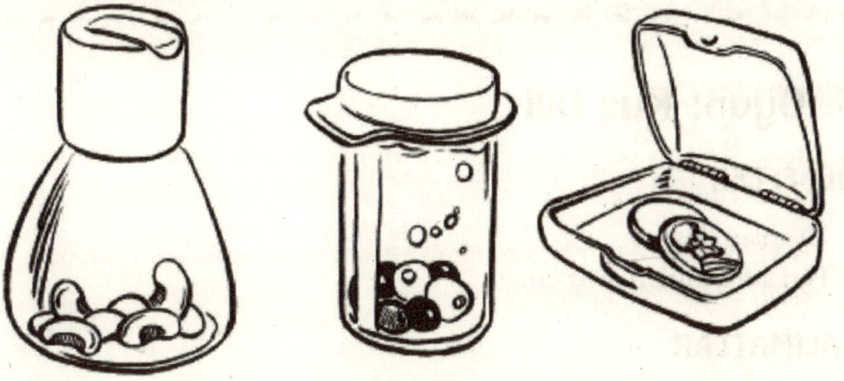

Çeşitleme

Pirinç, kum ve tuz gibi materyallere gıda boyası veya boya katarak renklendirin.

5. Oyun: Alkışlarla Ritim Tutun

Hedefler

Ritmi duyma
Koordinasyon hareketi
Bağlantı kurma

Talimatlar

Konuşma ritimden doğduğu için konuşma öncesindeki becerileri geliştirmenin etkili yollarından biri de bebeğinizle farklı şekillerde el çırpmaktır. Farklı ritimleri deneyin.

Çeşitleme

Bebeğinizle birlikte beş kez yüksek sesli, beş kez düşü ve beş kez kaydırarak vb. farklı şekillerde el çırpmaya çalışın.

6. Oyun: Kuş Dili

Hedefler

Uyarıları duyma
Farklı frekansları ayırt etme

Talimatlar

Özellikle sabah ve akşam saatlerinde dışarıya çıkın ve kuşların ötüşünü beraberce dinleyin. Şarkı söyleyen kuşu bulmaya çalışın.

Çeşitleme

Duyduğunuz sesleri taklit etmeye çalışın. Diğer kuşlar şakırken kumruların uzun bir ötüşü vardır.

7. Oyun: El Dansı

Hedefler

Çeşitlemeleri duyma
Ritmi hissetme

Talimatlar

Müziği açın, bebeğinizin ellerinden tutun ve ritme göre sallayın. Bazı müzik türleri sağa sola hafif sallanma hareketine uygunken bazı müzik türleri de daha hızlı hareket etme isteği uyandırır.

Çeşitleme

Bebeğinizi yukarı kaldırın ve ritme göre birlikte dans edin.

Konuşan El

Çocuklar seçici işitme duyusuna sahiptir. Yan odada ambalajı açılan bir şekerin sesini duyabilirken ama temizlik zamanı demenizi duymayabilirler. Bazen dikkatlerini çekmenin yolu yeni bir şeyler sunmaktır. Bu durumda yapılan yenilik sizin yerine konuşacak olan Bay El'dir.

Dört esnek parmağınızı ağzın üst kısmı ve başparmağınızı da alt kısmı olarak kullanın ve çocuğunuza Bay El'i tanıştırın. Takdiminiz şu şekilde olabilir:

"Hey, Yakup biriyle tanışmanı istiyorum. Bay El Yakup'a merhaba de."

"Merhaba, Yakup." (Başparmağınızı sanki alt dudakmış gibi aşağı yukarı hareket ettirirken merhaba diyorsunuz. Diğer parmaklarınız bükülmüş ve sabit kalıyor. Hatta Bay El'in daha otantik görünmesi için işaret parmağınızın dış kısmına iki tane göz çizebilirsiniz.) "Hey Yakup, bozuk paraya fiske atmaca oynayalım mı?" (Ya da şöyle de diyebilirsiniz: "Başımı okşamak ister misin?" veya "Parmak güreşi yapmak ister misin?" veya "Ne oynuyorsan ben de oynayabilir miyim?" Ya da çocuğun Bay El ile iletişim kurmasını sağlayacak herhangi bir aktivite veya sohbete de başvurabilirsiniz.) Elinize başka bir kişiye bakıyormuşsunuz gibi bakmalısınız, bunu sakın unutmayın.

Eğer Bay El'in komik bir şivesi varsa bu onu sizden daha farklı ve eğlenceli biri yapar!

Bay El'i daha fazla dikkat ve işbirliği istediğinizde ortaya çıkarın. Şuna çok yakından şahit oldum ki çocuklar bazen birlikte temizlik yapmak gibi benim için yapmadıkları şeyleri Bay El için seve seve yapıyordu.

Çocuk Bay El ile tanıştıktan sonra, çocuğunuzun bir şeye odaklanmasını istediğinizde ortaya çıkarın. Örneğin, ona halihazırda tam iki kez yemek yemeye hazır olup olmadığını sordunuz ve başka bir şeye size cevap vermeyecek kadar gömüldüğünü fark ettiniz. Bay El'i ortaya çıkarın ve aynı soruyu sizin adınıza onun sormasını sağlayın.

Otizm spektrumu bulunan çocuklar göz teması kurmaktan kaçınma eğilimindedirler ama Bay El ile konuşurken kendilerini bazen çok daha rahat hissedebilirler.

Bay El ayrıca dikkati dağılmış çocukların dikkatini çekmek için beklenmedi, sürpriz bir materyal olarak da kullanılabilmektedir.

Bay El çoğunlukla sizin arkadaşınızdır çünkü zor anları aşmanıza ve istediğiniz işbirliğini elde etmenize yardımcı olur.

8. Oyun: Saçma Sesler Çıkarma

Hedefler

Sesleri fark etme
Sesler arasındaki farkları duyma
Taklit

Talimatlar

Bebeğinizin taklit etmesi değişik sesler çıkarın, "iii iii iii" gibi yükse, tiz veya "oooooo" gibi boğazdan çıkan, kısık sesler çıkarın. Yüksek sesle konuşun, düşük sesle bir şeyler söyleyin, fısıldayın ve homurdanın.

Çeşitleme

Seslerin yanında tuhaf jestler de kullanabilirsiniz. Taklit yapması için teşvik edin. Bazı çocuklarda ellerinizi ellerinin içine koyup hareketi birlikte yapmanız oldukça faydalı olabiliyor.

9. Oyun: Hızlıca Vur

Hedefler

Artan omuz, kol ve el kası kontrolü
Artan el-göz koordinasyonu

MATERYALLER

Zil gibi asılabilecek nesneler; buruşturulmuş kağıtlarla doldurulmuş patates filesi gibi küçük bir çanta; plastik bilezik; mantar; üzerine yüz çizilmiş ve içi doldurulmuş bir çorap; ölçü kaşığı; folyo topları; yutulamayacak büyüklükte deniz kabukları; tiz sesler çıkaran bir oyuncak; küçük bit peluş oyuncak; çamaşır mandalı; plastik ağ banyo kesesi; peçete halkası; konserve kutusu yüzüğü; plastik veya tahta kaşıklar; bitmiş tuvalet kağıdı ruloları; tüyler; plastik yumurtalar (ses çıkaran malzemeler içine konmuş ve bant veya yapıştırıcı yardımıyla ağzı sıkıca kapatılmış); ip makaraları; sürfile makası ile şeritler halinde kesilmiş kumaş parçaları ve süngerler.

HAZIRLIK

Oyuncakları nereye asacağınız bebeğinizin en çok nerede zaman geçirdiğine bağlıdır. Oyuncakları bebek oturağının veya salıncağının üzerine asabilirsiniz. Bez değiştirme masasının hizasından tavana çengel takıp oyuncakları buna asabilirsiniz. Oyuncak bir spor salonu asabilir ve ondan sarkan oyuncakları farklı şeylerle değiştirebilirisiniz.

Oyuncakları, cezp edici fakat güvenli bir şekilde çocuğun uzanıp hızlıca vurabileceği ve kavrayabileceği mesafede asmalısınız.

TALİMATLAR

Nesneleri bebeğin hızlıca vuracağı ve sonra da kavrayabileceği şekilde asın. Çeşitliliğinde sınır yoktur. Güvenli olduğu sürece ne astığınızın pek bir önemi yoktur. Bebekler her şeye ilgi gösterirler. Bebeğin ilgisini canlı tutmak için nesneleri ayda bir ya da iki kez değiştirin. İşitsel ve görsel uyarıcılarla zenginleştirmek adına zil ve diğer ses çıkaran nesnelerden ekleyin. Ses çıkaran nesneler bebeğinize bakmadığınızda bile nelerle oynadığını çıkan seslerden anlamanızı sağlar.

10. Oyun: Duygular, Sadece Duygular

HEDEFLER

Dokunsal uyarım
Görsel uyarım

MATERYALLER

Yoğurt veya mısır koçanı gibi sıkılabilen veya yuvarlanabilen farklı malzemeler

HAZIRLIK

Bebeği tepsisi olan bir mama sandalyesine veya yemek masasındaki sandalyesine oturtun.

TALİMATLAR

Mısır koçanı, bebek pudrası, şekerli krema, yoğurt veya tıraş kremi gibi farklı hisler uyandıran malzemeleri tepsiye veya masaya koyun. (Eğer çocuğunuzun hala her şeyi ağzına koyduğu dönemdeyse sadece yenebilir malzemeler kullanın.)

ÇEŞİTLEME

Kırmızı için ketçap, sarı için hardal ve kahverengi için soya sosu kullanarak malzemelerinize renk katın. Ya da bu malzemeleri başlı başına parmak boyama için kullanın.

11. Oyun: Hareket Eden Küpü Yakalama

HEDEFLER

El-göz koordinasyonu
Yeni dokunsal bilgi alma
Odaklanma

MATERYALLER

Buz küpleri

HAZIRLIK

Bebeğinizi tepsisi bulanan bir mama sandalyesine oturtun.

Talimatlar

Tepsiye bir buz küpü koyun, Bebeğiniz hareket eden buz küpünü yakalama çalıştıkça büyülenecektir. Küp eriyip küçüldüğünde, bebeğiniz yutmasın diye yerine yeni büyük bir buz küpü koyun.

Çeşitleme

Bebeğin banyo küvetine pinpon topu veya banyo suyuna tıraş kremi koyun.

12. Oyun: Bana Etrafı Gezdir

Hedefler

Görsel algıyı arttırma
Kelime bilgisini geliştirme

Talimatlar

Bebeği evde farklı güvenli yerlere koyunuz: oturma odasına, mutfak masasındaki bebek sandalyesine veya kanepenin rahat bir köşesine.

Çeşitleme

Bebeği evde ve bahçede sürekli bir şeyi veya diğerini göstererek tura çıkarın.

13. Oyun: Yüzüne Yüzüne

Hedefler

Göz kaslarının kontrolü
Dil kaslarının kontrolü

Göz taraması
Dinleme

Talimatlar

Bir bebek için en ilginç şey insan yüzüdür bu nedenle yüzünüzü onun yüzüne yanaştırın ve sonra yavaşça farklı yönlere doğru hareket ettirin: sağsa sola, ileri ve geri, uzağa ve yakına.

Çeşitleme

Hareketlerle birlikte mırıldanarak sesler çıkarın.

Lance ile Birlikte Yüzler Yaratma

Lance'i sevmiyordum. Bir terapist olarak bun kabul etmeyi sevmiyorum ama ilk zamanlar Lance'in aşırı ve dayanılmaz derecede sıkıcı olduğunu düşünüyordum. Kendi ilginç dünyasında değildi ama bizim dünyamıza karşı da kayıtsızdı. Annesi onun mükemmel bir insan olduğunu düşünüyordu. Eğer 1940'larda doğmadıysanız böyle bir iltifat çok anlamsızdı ama bana inanın Ay'ın onun bebeği üzerine doğup battığına inanıyordu. Bir ev dolusu çocukla yaşamasına ve Lance sadece üç yaşında olmasına rağmen o annesinin her şeyi, sevgili küçük oğluydu. Annesi onun için her şeyi yaptı, kendi başına elini yüzünü yıkamayı bile beceremezken onu Head start programına kaydettirdi.

Onunla okulda yararı dokunacak "Buraya gel" "Otur" "Buradan yürü" gibi temel rica ifadelerinin bulunduğu birinci basamaktan başladık. Ben ve yardımcısı Marlon derslere çağırdığımızda bize gelmesinden başladık. Marlon ve ben 150 cm uzaklıkta oturarak bir yandan adını söyleyip bir yandan da onu çağırdığımızı gösteren jest ve mimiklerle yanımıza gelmesini istiyorduk. Birinin dirsekle dürtmesi ve bir diğerinin de kollarından tutması ipuçlarıyla başarılı olan Lance'e ödül olarak sarılıyorduk. Bunu sevdi ve ayrıca köfteyi de çaktı ve kendisine ricada bulunan kişiye kendinden emin bir sevinçle gidiyordu, bu kalbimi ona karşı biraz olsun ısıtmaya başlamıştı.

Öğrenme süreci için taklit hayati öneme sahip olduğu için daha sonra bizim hareketlerimizi taklit etmeyi göstermeye çalıştık. Nasıl el çırpacağını, parmaklarını nasıl oynatacağını gösterdik ama bunları nasıl yapacağına veya taklit edeceğine dair en ufak bir fikri yokmuş gibi görünüyordu. Daha sonra diğer çocuklarda her zaman denediğim bir beceriyi denemeye başladım. Bu bebekleri, hatta üç aylık olanları bile büyüleyen ve taklit etmeye çalıştıkları bir beceriydi. Dilimi dışarı çıkardım. Lance de dilini hemen dışarı çıkardı, bu beni oldukça şaşırtmıştı. Evet! Dudaklarımı öne doğru büzüp yuhalama sesi çıkardım. Aynısını Lance de yaptı! Dilimi ileri geri hareket ettirdim. Aynısını Lance de yaptı. Sonra Lance kendi seslerini çıkarmaya ve biz de bu sesleri taklit etmeye başladık. Ve Lance bize o zamana kadar gördüğüm en büyük gülümsemesini gösterdi ve o anda annesinin gördüğünü ben de görmeye başladım. Lance tapılası bir çocuktu.

Bir sonraki aşamada Lance hareketleri olan bir şarkıyı öğrenen bir gruptaydı. Şarkının amacı çocuklara heceleri ve her hecenin bir vurgusu olduğunu öğretmekti. Çocukların isimlerini söyledikleri ve sonra heceleri alkışla belirttiğimiz bir oyunla başladık. Brad'in bir hecesi vardı ve Jennifer'ın üç tane. Sonra sözcüklerin hecelerini belirtmek amacıyla kalkıp odanın içinde yürümeye başladık. Lance'in hece kavramını anlayabileceğini beklemiyordum ama hareket oyununu keyifle oynadığını gördüğümde çok mutlu olmuştum. "Free Jacques" melodisi çalınıyordu ve şu şekilde devam ediyordu:

Karpuz (her hece için bir adım atılarak toplamda iki adım ileri gidiliyor)
Karpuz (iki adım daha)
Kavun (İki adım ileri)
Kavun (İki adım daha)
Elma ve muz (Hızlı bir şekilde oldukları yerde dört adım atıyor)
Üzüm (Daire çiziyorlar)
Ve armut (Oldukları yerde zıplıyorlar)
Üzüm (Tekrar daire çiziyorlar)
Ve armut (Oldukları yerde tekrar zıplıyorlar)

Lance bazen ne zaman döneceğini pek kestiremediği için yardıma ihtiyaç duyuyordu ama nasıl eğleneceğini ona kimsenin göstermesine gerek yoktu. Herkesin birlikte hareket etmesi ve zıplamasıyla büyük keyif alarak kahkahalar atan ve kıkırdayan ve en sonunda son olarak ve tam bir şekilde kalbimi kazandı.

14. Oyun: Gözlerini Bundan Ayırma

Hedefler

Her bir gözü hareket ettiren altı kas grubunu kontrol etmeye teşvik etme
Her iki gözün hareketlerini aynı anda koordine etme
Hangisinin şekil hangisinin arka plan olduğunu ayırt etme

Materyaller

Helyum balonu ve kurdele gibi çeşitli nesneler

Hazırlık

Bebeğin bakması için nesneleri odanın içinde etrafa yerleştirin. Tavandaki bir kancadan sarkabilir veya pencerenin dışında görünen nesneler de olabilir.

TALİMATLAR

Krepon kağıdı, tüy, balon ve kurdele gibi ilginç nesneleri yatağın veya bez değiştirme masasının üzerine asın. Helyum balonlarını tavana doğru salın ve iplerinin salınmasını sağlayın. Yenilik yaratmak amacıyla nesneleri zaman zaman değiştirin. Diğer bir fikir de bebek kuşların hareketlerini gözlemleyebilsin diye bir kuşyemliğini veya içinde şekerli kırmızı su bulunan sinekkuşu yemliğini yakınlardaki bir pencerenin dışına yerleştirmektir. Bebeğin görebileceği bir yere yüzen balıkları görebilsin diye bir akvaryum da koyabilirsiniz.

ÇEŞİTLEME

Birbirine çarptığında ilginç sesler çıkaran nesneleri veya pinpon topu, ip makaraları, çiçek, puro tüplerini, plastik meyveleri, alüminyum pasta tabakları ve içi doldurulmuş eldiven gibi izlemesi ilginç olabilecek materyalleri deneyin.

15. Oyun: Yumuşak Dokunuşlar

HEDEFLER

Duysal uyaran
Diğerlerini fark etme

TALİMATLAR

Beyne duysal uyarılar göndermek için bebeğin vücudunu ovalayın, masaj yapın, sıkın ve hafifçe vurun.

ÇEŞİTLEMELER

1. Bebeğin vücudunu farklı dokuları olan materyallerle ovun: ipek, kadife, tüy, yün ve pamuk topları.

2. Bebeğin üzerine uzanabilmesi için farklı dokuları olan malzemelerden bir yorgan yapın. Bebeğin ayak tabanlarını öpün. Bebekler öpülmekten çok hoşlanırlar!

16. Oyun: Kokuları Ayırt Etmece

Hedefler

Kokuları ayırt etme
Çevredeki nesneleri fark etme

Materyaller

Otlar, çiçekler, baharatlar, losyonlar, kahve, vanilya ve hindistancevizi yağı gibi farklı kokuları olan malzemeler

Talimatlar

Farklı malzemeleri koklaması için bebeğinizin burnuna yaklaştırın. Yemek pişirirken baharatları burnunun önüne taşıyın ve ne olduklarıyla ilgili konuşun. Ona banyoda kullandığınız kokuları koklatın.

Sabah kırağının, öğlen güneşin ve baharın ve sonbaharın kokularını almak için günün farklı zamanlarında ve farklı günlerde birlikte dışarı çıkın.

17. Oyun: Tatları Tasvir Etme

Hedefler

Tat ayrımı
Yemek paylaşımını tecrübe etme

Materyaller

Tuzlu kraker, turşu, bal ve sosis gibi farklı yiyeceklerden birer parça.

Talimatlar

Farklı yemeklerden birer parça koyarak bir tabak hazırlayın ve çocuğunuza birer lokma vererek denemesini sağlayın. Siz de biraz ısırın. Çocuğunuzun denemeye çalışırken tatlarını tasvir edin: tatlı, tuzlu, sası, soğuk, ekşi.

Çeşitleme

Yiyeceklerin kıvamlarını tasvir edin: gevrek, yapış yapış, yumuşak, sakız gibi, ipeksi, ıslak, kuru.

18. Oyun: Sesler Çıkararak Konuşma

Hedefler

Kendi seslerini gözlemleme
Taklit

Talimatlar

Bebeğinizin çıkardığı sesleri tekrar çıkararak taklit edin. Ses çıkararak ileri geri hareket edin. Bebeğinizin sizi dinlemesini ve onun kullandığı dili konuştuğunuzu bilmesini sağlayın.

Tuhaf sesler çıkararak bebeğinizi bunları taklit etmesini sağlayın: yuhalama, dil şaklatma, mırıldanma.

19. Oyun: Sesleri Ayırt Etme

Hedefler

İşitsel uyaran
Ses ayırt etme

Talimatlar

Bebeğinizi evde bir tura çıkararak çıkardıkları sesleri dinlemesi için farklı nesnelere vurun.

Çeşitleme

Evdeki ve mahalledeki seslere dikkat çekin: su sesi çıkaran bir tuvalet, gümbürdeyen bir kamyon ve çalan bir kapı zili.

20. Oyun: Kutuya Binme

Hedefler

Denge farkındalığı
Ortak dikkat geliştirme

Materyaller

Bir karton kutu

Talimatlar

Bebeğinizi zeminde duran karton kutunun içine koyun. Kutu bir arabaymış gibi itin veya bir kayıkmış gibi sallayın.

ÇEŞİTLEME

Hareket eden veya sağa sola sallanan bir kayık gibi sesler çıkarın veya *"Fış fiş kayıkçı"* gibi uygun şarkılar söyleyin.

21. Oyun: Yastık Yığını

HEDEFLER

Motor hareketleri planlama
Kas güçlendirme
Hedefe ulaşma

MATERYALLER

Yastık

HAZIRLIK

Yastıkları bir pencerenin altına yığın

TALİMATLAR

Bebeğinizin yastı yığınına çıkarak dışarıyı seyretmesini sağlayın. (Bebeğinizin pencereden aşağı düşmemesi için tetikte olun.)

ÇEŞİTLEME

Yastıkları ve kitapları yere bebeğinizin kullandığı yolda sıraya dizin ve üzerinden emekleyerek geçmesini sağlayın.

22. Oyun: Plajda Topla Zıplama

HEDEFLER

Gövde mukavemeti
Oturma dengesi

MATERYALLER

Plaj topu

TALİMATLAR

Bebeğinizi bir plaj topunun üzerine oturtun. Kalçalarından tutun ve yavaşça sağa sola, ileri geri sallayın ve hafifçe yukarı aşağı zıplatın.

ÇEŞİTLEME

Bebeğinizi dizinize oturtun, kalçalarından tutun ve bacaklarınız yardımıyla sağa sola, aşağı ve yukarı nazikçe hareket ettirin.

Tebeşir ve Bubbie

Torunum bir kutu tebeşiri kaldırımın üzerine dağıttı. Şu büyük kutulardandı ve zaten bir önceki kullanım sebebiyle küçük parçalara ayrılmıştı.

Derin bir nefes aldım. Annesinin kendi dağınıklarını temizlemekten kaçmasına izin vermediğini bildiğini biliyordum, peki Bubbie büyükannesinden kaçacak mıydı?

Başta ortalığı dağıtmak gibi bir niyeti yoktu. Kutunun içine istediği boyutlarda bir tebeşir bulabilmek için bakıyordu ve parçalar dökülmeye başladı. Sonra yanlış bir şey yapmanın heyecanı ile hepsinin kar tanesi gibi düşüşünü görmenin güzelliğinin kombinasyonu ve buna eklenen biraz dürtmeyle birlikte durum içinden çıkılmaz bir hal aldı.

Kızmak istemiyordum. Bunu zaten yapmıştık ve bence aptalca bir durumdu. Öncesinde evdeydik ve oyuncak bir gitarla oynuyor ve sesler çıkarıyordu. Bir yaşındaki kardeşi yürüyerek ona doğru geldi ve kafasını tellere doğru vurarak onun ritmik kabiliyetine biraz katkı sağladı. Ondan iki yaş büyük olan abisi olarak ona vurdu.

Bubbie içeri girdi ve oynarken rahatsız edilen üç yaşındaki çocukla empati kurup katılmak isteyen küçük kardeşin gereksinimlerine de saygı duyarak meseleyi doğru anladığımı düşündüm. Akıllıca bir hamle yaparak önce ben saçma bir melodi çalarak gitarla oyun başlattım sonra hepimiz sırayla diğerinin neler uyduracağına bakarak saçmalayıp eğlendik.

Kendimi süper büyükanne gibi hissediyordum ama bu genellikle bir düşüş öncesi hazırlıktı.

Tüm psikologlar torunlarım arasında geçen gitar meselesini kötüden iyiye dönüştürdüğüm için beni takdir ederdi. Ama, sıklıkla yaptığım gibi, alkışlayıp sonlandırmak yerine zorlaştırıp bir sonraki aşamaya geçtim: torunumun tüm tebeşirleri toplamasını ve her şeyin yerli yerinde kalmasını sağlayabilecek miydim?

"Onların hepsini kutusuna geri koyacaksın Oliver?" dedim.

"Hayır, koymayacağım" diye karşılık verdi ve kalkıp sağa sola saçılan tebeşir parçalarının üzerinden geçerek eve girdi. Kendimi yorgun, aşağılanmış hissettim. Ne de olsa bu işlerde çok da iyi değildim.

Verandanın merdivenlerine oturdum. Dışarı çıktığımızda ön taraftaki yürüyüş yoluna çizip oynayacağımızı düşündüğüm oyun için elimde tuttuğum tebeşir hala elimdeydi.

Kalkıp Oliver'ın sorumluluğunu yerine getirmesini söylemeden önce orada bir süre oturup sessizce bir şeyler karalamaya ihtiyacım vardı.

Ama kızım onu iyi eğitmişti ve bir süre sonra geri geldi. Tek kelime etmeden merdivenlerden aşağı boş tebeşir kutusunun olduğu yere indi ve tebeşir parçalarını toplayıp içine doldurmaya başladı. Ama sessizce değil bir şeyleri nadiren sessizce yapar özellikle arabalarla oynuyorsa. Bunun yerine sayı saymaya başladı: "Bir, iki, üç, bir, iki, üç, bir, iki, üç..." Her bir sayışta bir parça tebeşiri alıp yerine koyuyordu. Onu seyrettim, büyülendim ve aynı zamanda rahatladım ve sonra bana gelip müzik gurubuna dahil oldu. Bir, iki, üç, bir, iki, üç-dizlerim ritme uyuyordu ve biryandan ellerimle de tempo tutuyordum. Önce biraz yavaşlattık sonra hızlandırdık: Bir... iki... üç... bir... iki... üç... bir-iki-üç, bir-iki-üç. İş yapılmıştı. Kutu dolmuş ve biz gülümsüyorduk.

Oliver belki de bu deneyimi asla hatırlamayacak ve önünde bir dizi zorluk var ama benim için torunumla geçirdiğim güzel zamanların en değerli anlarından biriydi.

23. Oyun: Ayakta Durup Sayı Sayma

HEDEFLER

Denge
Ağırlık aktarma
Dengeyi toplama

Talimatlar

Bebek bağımsız bir şekilde yardım almaya yakın hissediyorsa ayakta ne kadar duracağını görebilmek için bir oyun oynayın. Ellerinizi onu her an tutabilmek için hazırda tutun, ayağa kaldırın ve tek başına ayakta durabildiği her saniyeyi heyecanla sayın. "Bir, iki, üç, dört, beş! Vay canına!"

Çeşitleme

Ayakta dururken bebeği sağa ve sola nazikçe itin, ağırlığını bir ayaktan diğerine nasıl aktaracağını öğrenmesini sağlayın.

24. Oyun: Mobilya Patikası

Hedefler

Denge
Bacak gücü

Hazırlık

Bebeğiniz örneğin kanepeden kahve masasına, sandalyeye ve oradan da sizin sandalyenize (ve kollarınıza) yürüyebilsin diye mobilyaları düzenleyin.

Talimatlar

Yürümeye yeni başlamış ve sadece iki ya da üç adım atabilen bebekler kendi başlarına kısa mesafeleri kat ettiğinde bağımsızlık duygusu yaşarlar. Yan yana dizilen mobilyalar ona tecrübe edebileceği patika sunar.

Çeşitleme

Sonuna ucuna ilgi çeken bir şey koyarak bebeği kanepenin bir ucundan diğerine yürümeye teşvik edin.

25. Oyun: Geriye Doğru Adım Atma

HEDEFLER

Denge
Bacak gücü

TALİMATLAR

Siz geriye doğru küçük adımlar atarken bebeğinizin kıyafetlerinize tutunmasını sağlayın.

ÇEŞİTLEME

Bebeğiniz size tutunurken sağa sola doğru yürüyün.

26. Oyun: Kitap Küçük Çanta İçinde

HEDEFLER

Sosyal farkındalık
Hayatındaki insanların isimlerini öğrenme
Tasvir edici kelimelerin bilgisini arttırma
"Kim" ve "Ne" sorularına cevap verme

MATERYALLER

Fotoğraflar, sandviç poşeti, dolma kalem ve bir zımba ve zımba teli veya ip

HAZIRLIK

Aile bireylerinin kişisel fotoğraflarını ayrı sandviç poşetlerine koyun ve bir kitabın sayfaları gibi birbirlerine zımba veya iple bağlayın. Kitabın kapağına *Sevdiğim İnsanlar* diye başlık atın.

Talimatlar

Kitabı fotoğraflardaki insanların isimlerini söyleyerek bebeğinize "Okuyun" ve bir yandan "Bu gülen Büyükanne" veya "Bu topla oynayan erkek kardeşin Max" gibi ifadelerle neler olduğunu tasvir edin.

Çeşitleme

Çocuk kağıdı kaldırıp bakmadan önce kim olduğunu tahmin edebilsin diye fotoğrafların üzerine bir not koyun. Ona "Bu yan odada yaşan biri" veya "Bu seninle top oynamayı seven kişi" gibi ipuçları verin.

Çubuk Üzerindeki Yüzükler (veya Ona Benzer Bir Şey)

On dört aylık torunum Julien doldur boşalt oyunlarımdan sıkılmıştı. Bir yoğurt kabına kapağına açılmış bir delikten bilyeler atıyordu; kumbaraya bozuk para atıyor ve bir oyuğa da poker fişlerinden sıkıştırıyordu. Daha fazla ustalık gerektiren bir oyuna artık hazırdı. Gelişimsel kontrol listesinde bulunan sıradaki oyuna geçtim: yüzük istifleme. Siz bir sopa ve üzerine takılan tahta diskler, bez yüzükler, tatlı köpük çörekler gibi malzemelerle oynananlarını biliyorsunuz. Julien bunları boyutlarına göre sıraya sokamadı ama oyunun ana fikrini anladı ve hepsini sopaya taktı. Mevcut tecrübesini arttırmak adına farklı türdeki yüzükleri sopaya takmasını istedim.

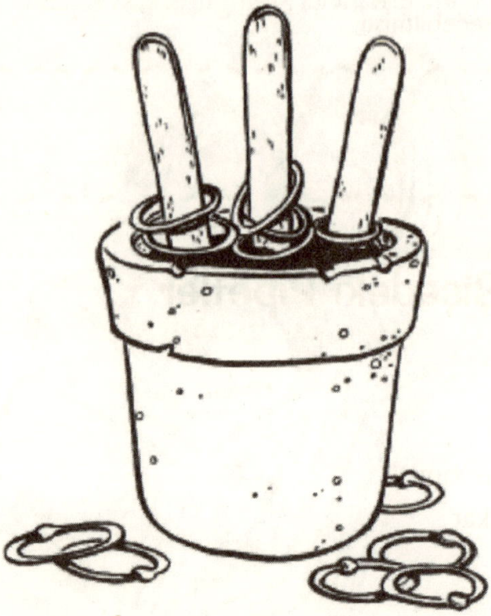

Evde elimin altındaki, belki saçma ama, buzlu dondurma çubukları ve şu kağıtları bir arada tutmak için kullanılan altın rengi küçük yüzüklerle bu oyunun ve versiyonunu yapmaya karar verdim. Anlayacağınız ofis malzemeleri türünde bir oyundu ve bende de onlardan bolca vardı.

Güzel bir yaz günüydü ve buzlu dondurma çubuklarını içi toprakla dolu bir saksı içine batırdım. Sonra yüzükleri çubuklara nasıl takacağını gösterdim.

Julien her nedense bu oyunu kavrayamadı. Benim çubuklara yüzük taktığım harika örneklemelerimi fark etmemiş gibi davranıyordu. Bunun yerine, çubukları çiçek saksılarından çıkarmaya karar vermişti ve onları döşemede bulunana boşluklar içine sıkıştırmak ona göre çok daha zevkli bir oyundu. Onlar yarıkların ve altındaki toprağın içinde kaybolup giderken merakla izliyordu. Benim orijinal oyunumu kendi orijinal oyunu ile değiştirdiği için ona hafifçe gülümsedim.

Tüm çubuklar boşluklarda yitip gittikten sonra gözlerini yüzüklere dikmişti. Bir tanesini aldı ve ona farklı açılardan bakıp inceledi. Çömeliyordu ve aynı anda bezsiz, rüzgar kadar özgür altına baktı. Yazdı ve tuvaletini söylemeyi öğreniyordu. Birden kendinde de çubuğa benzer bir çıkıntı olduğunu fark etti. Bir yüzüğe bir penise baktı ve yüzüğü penisine taktı. Harika bir şekilde yapmıştı.

Gördüğünüz üzere dediğim gibi aslında bu beceriyi gerçekleştirebilecek yaştaydı tek sorun yanlış materyali seçmiş olmamdı.

Ama doğrusunu seçebilmişti.

27. Oyun: Şişedeki Pipetler

Hedefler

Parmak becerisi
El-göz koordinasyonu
Odaklanmış dikkat

Materyaller

Su şişesi, pipet ve makas

Hazırlık

Pipetleri küçük parçalara ayırın. Bir pipeti dört parçaya bölün.

Talimatlar

Kapağı çıkarılmış boş bir su şişesi kullanın ve bebeğinize pipet parçalarını şişenin ağzından nasıl atacağını gösterin. Tüm pipet parçaları kullanıldıktan sonra hepsini boşaltıp-veya çocuğun boşaltmasını sağlayın-oyunu tekrarlayın.

Çeşitlemeler

1. Pipet parçaları yerine kürdan kullanın. Oyunu zorlaştırmak amacıyla şişenin kapağını çıkarmayın ve kapağına kürdanların sığabileceği kadar bir delik açın.

2. Bebeğiniz burnuna ve kulağına sokmayacaksa pipet parçaları yerine lima fasulyesi gibi büyük kuru fasulyeler kullanabilirsiniz.

28. Oyun: Kutuları İç İçe Yerleştirme

Hedefler

Boyutlar arasındaki farkları fark edebilme
El-göz koordinasyonu

Materyaller

Keskinliklerini törpülemek adına kenarları preslenmiş farklı boyutlarda temiz, boş kutular (küçük domates salçası kutusu, orta büyüklükte bezelye kutusu ve büyük meyve kutusu)

Hazırlık

Kutuları en küçüğünden en büyüğüne iç içe yerleştirin. Siz bunu yaparken çocuğun da sizi izlemesini sağlayın.

Talimatlar

Bebeğinizin kutuları birbirinin veya en büyükten en küçüğe iç içe sıralamasını sağlayın. En büyüğü veya en küçüğü ile başlayın ve sonra kolay olacağına inandığınızda da orta boyuttaki kutuları gösterin.

Çeşitleme

Ölçü kaplarını iç içe yerleştirin.

29. Oyun: Dış Ses

HEDEFLER

İletişim
Tanımlayıcı sözcük bilgisini arttırma
Ardışıklığı anlama

TALİMATLAR

Yaparken ne yaptığınızı anlatın. "Anne suyu kahve makinesine katıyor. Şimdi öğütülmüş kahveyi filtreye koyuyorum. Şimdi makineyi çalıştırıyorum ve kahveyi yapıyorum. Dinle... kahvenin geldiğini duyuyor musun? Gördün mü? Anne kahve yaptı."

ÇEŞİTLEME

Çocuğun aktivitelerini o yaparken tarif edin. İzleyicilerin neler görmekte olduğunu anlatan doğa programcılarını düşünün. Hareket eden bir kedi veya herhangi bir şeyi anlatın. Girdi için çocuğa sorular sorun ("Örümcek ne yapıyor?") veya birinin veya bir şeyin ne yaptığını anlatmak yerine uydurma sözlerle şarkısını söyleyin!

30. Oyun: Fiş Bankası

HEDEFLER

İnce motor beceriler
El bileğini döndürebilme farkındalığı yaratma
Dikkat aralığını arttırma
Görevleri tamamlama
El-göz koordinasyonu

MATERYALLER

Büyük plastik bir kap, kareler halinde kesilmiş küçük karton parçaları veya yutulamayacak büyüklükte bozuk paralar ve kesme aleti

HAZIRLIK

Tıpkı kumbara gibi büyükçe plastik bir kabın kapağına bir kesik atın.

TALİMATLAR

Çocuğa karton parçalarını her seferinde bir tane olacak şekilde delikten nasıl atacağını gösterin. Kap dolduğunda veya hiç fiş kalmadığında kapağını açın, hepsini boşaltın, kapağını kapatın ve oyunu tekrar oynayın. Çocuk yapabilecek duruma geldiğinde kapağı açmasını ve karton parçalarını çıkarmasını söyleyin.

31. Oyun: Renk Eşleştirme

HEDEFLER

Renkler arasındaki farkları öğrenme
Benzer şeyleri eşleştirme

MATERYALLER

Nalburdan veya boyacıdan renk örnekleri (her birinden iki tane), kağıt (isteğe bağlı) ve yapıştırıcı (isteğe bağlı)

HAZIRLIK

Masanın üzerinde duran her bir rengin örneklerini eşleştirin veya örnekleri bir parça kağıt üzerine yapıştırın.

TALİMATLAR

Üzerinde renk örnekleri olan kağıdı çocuğunuzun önüne koyun veya çocuğunuzun masanın üzerinde duran örneklere bakmasını sağlayın. Çocuğunuza her defasında eşleşen örneklerin birini verin ve ondan bunları eşleşen örneklerin üzerine koymasını isteyin. İki veya üç seçenekle başlayın ve daha fazlasını ekleyin.

ÇEŞİTLEME

Yapışkanlı not kağıtlarını boya kalemleri ile boyayarak kendi renk örneklerinizi hazırlayın. Bunları hazırlarken çocuğunuzun size yardımcı olmasını sağlayın veya yaşça büyük bir çocuktan yaşça daha küçük olan bir çocuk için hazırlamasını isteyin.

Küçük Olan Aynı Zamanda İyidir

Çocuklarımızı övme şekillerimizden biri beni her zaman rahatsız etmiştir ve ben de bunu hep kullanıyorum. Çocuklarımızı büyük oldukları için öveceğimiz zaman şöyle diyoruz: "Ne kadar da BÜYÜK bir kızsın."

Bu sözcükleri duyduğu için bazı çocukların yüzü parıldar ama bu keyif halinin BÜYÜK olmaktan kaynaklanan herhangi bir içsel gururdan çok yaptığımız pozitif tonlamadan kaynaklandığından şüphe ediyorum. Büyük olmak gerçekten ne gerektirmektedir? Tek gerektirdiği şey birinin büyümüş olmasıdır ve büyümek kişisel bir başarı değildir. "Aman Allah'ım ne kadar da büyümüşsün" yorumu gibi bir şeydir ve bunu uzun süredir görmediğiniz bir çocuğa söylemeniz neredeyse dayanılması imkansız bir şeydir. Bir çocuk olarak bu ifadeden nefret ettiğimi ve kendi kendime alaycı bir şekilde düşündüğümü hatırlıyorum: "Peki ne yapsaydım büyümek yerine çekse miydim?"

"Aman Allah'ım ne kadar da büyümüşsün" ifadesi ne kadar sinir bozucu olursa olsun yine de "Ne kadar da BÜYÜK bir çocuksun böyle" ifadesi kadar incitici değildir. Bu ifadeler sözde harika bir şeyi ima etmektedir. Peki o zaman küçük olmakla ilgili bir ifade ne anlama gelir ki? Küçük olmak berbat veya en kötü ihtimalle büyük olmak kadar iyi bir şey olmasa gerek, değil mi?

Bu ifadenin ağzımdan çıkmasına izin verdiğim zamanlarda aslında sözel açıdan tembel hissettiğimi fark ettim. Daha genel olan "Ne kadar da BÜYÜK bir kızsın!" ifadesi yerine belki de "Dişlerini nasıl fırçalaman gerektiğini gerçekten iyi öğrenmişsin. En arkadakileri bile fırçalayabildiğini görebiliyorum!" ifadesi daha uygun bir ifade olabilirdi. Bu şekilde çocuğu büyüdüğü için kutlamak yerine herhangi bir becerisini geliştirdiği için onu tebrik ediyorum.

Ama bunu yapmayı hatırlayabilmek çok zordur. Öncelikle durup yaptığı şeylerle ilgili harika olan şeylerin neler olduğunu düşünmem ve sonra da, en kötüsü, otomatik olarak "büyük davranış" övgüsünü kırmam gerekir. Her zaman başarılı olamıyorum ve eskiden çocuklarımın "küçük iyi değildir" gizli mesajını almamalarını umuyordum. Ama bir gün en küçük çocuğum küçükken gizli mesajı net ve yüksek sesle duyduğunu söyledi.

O zamanlar aile yatağından kendi yatağında yatmaya geçiş dönemindeydi ve tüm geceyi orada geçirmesi için ikna etmeye çalışıyordum ve gece saat 2:00'da yolculuğunu sonlandırıp bizim yatağımıza alıyordum. "Büyük kızlar tüm gece kendi yataklarında uyurlar. Kız kardeşin tüm gece kendi yatağında uyuyor. O büyük bir kız" diye gereksiz bir şekilde ekledim.

"Ben de büyük bir kız" dedi iki buçuk yaşındaki kızım, aynı fikirde olduğunu göstermek için başını hevesle sallarken kıvırcık saçları zıplıyordu. "Tüm gece yatağımda uyuyacağım." diye söz verdi.

Birbirimize iyi geceler öpücüğü verdik; büyük mavi gözlerini kapattı ve tombul yanaklarını yastığına gömdü.

Düşüncelere boğuldum. Ya gerçekten geceleri yatağımıza yaptığı ziyaretleri gerçekten sonlandırırsa? Bana doğru sokulan o küçük bedeni, saçlarımı okşayan rahatlatıcı elleri, bana yumuşak bir şekilde gülümseyen dudakları özleyecektim. O gece zamanının nasıl geçtiğini ve her şeyin kaçınılmaz bir şekilde nasıl değiştiğini düşünerek yatağıma gittim. Yine o gece saat 2:00'da her zamanki gibi o küçük ayakların bana doğru ilerlediğini duydum.

Gözleri dolu dolu "Ben küçük bir kızım" diyerek özür diledi.

Onu kollarımın arasına alıp akan gözyaşlarını öperek "Çok mutluyum" diye fısıldadım "Çok mutluyum."

ÜÇÜNCÜ BÖLÜM

Üç-Yedi Yaşındaki Çocuklar İçin Gelişimsel Oyunlar

Bu bölüm plastik su şişesi gibi sadece tek tip materyal kullanarak üç-yedi yaşındaki çocuklar için gelişimsel oyunlar sunmaktadır. Gelişimsel oyunlar farklı becerileri zorlamak adına sürekli olarak değişmektedir. Çocuklarda iki şey hedeflenmektedir. Hedeflerden biri sosyal, duysal, bilişsel veya iletişimsel becerilerin bir veya birden fazlasını geliştirmektir. Diğer hedef daha büyüktür: toplumu oluşturmak. Topluma girmek, ait olma hissini yaşamak, olduğumuz kişiler olarak dahil olmak tüm insanoğlu için güçlü bir istektir. Hayatta kalmaya çalışan beyinlerimiz bağ kurmaya programlanmıştır.

Dünyayı farklı şekilde işlemden geçirmek veya fiziksel engellere veya farklı zihinsel kapasiteye sahip olmak bazen herkesin uyum sağlayabilmesini güçleştirir.

Bu bölümdeki her oyun herkesin aynı anda aynı şeye odaklandığı ortak dikkati teşvik etmektedir. Oyunlar herkese katılma ve süreç boyunca bağlantı kurma şansı tanımaktadır.

Öğretmen, Terapist, Yardımcı ve Bakıcılar İçin Tek Bir Hedef

Yetişkinler, yaygın eğitim ve özel eğitim öğretmenleri, yardımcılar, anne babalar, kamu çalışanları ve ilgili servis terapistleri için tek bir hedef vardır. Bu hedef sadece tek bir materyalle birçok beceri türünün harekete geçirileceğinin farkında olmaktır.

Dünyanın her yerindeki çocuklarla oyun oynamak dahil kırk yıllık tecrübelerime dayanarak çocukları sağlıklı bir oyun ortamına dahil etmenin zor bir şey olmadığını ve tüm çocukların aynı tür şeyleri sevdiklerini keşfettim. Mesela Laos'da bir sağır ve dilsizler okulunda çocuklarla çalışırken ana kaynaklarımız gazetelerdi. Onları yuvarlayıp "sopa" yaparak üzerlerinden atlardık, aralarından sıçrardık, hedeflere ve havaya fırlatırdık, dans ederken kullanırdık ve temel motor becerileri, duysal entegrasyonu ve dinamik sosyal etkileşimi sağlayan diğer yaratıcı, eğlenceli şekillerde kullanırdık.

Diğer bir örnek: Bir Head Start merkezinde çocuklarla çalışırken, otizm spektrumlu iki çocuğu ve dikkat eksikliği/hiperaktivite bozukluğu (DEHB) bulunan bir çocukla görme bozukluğu olan bir çocuğu dahil etmem gerekiyordu. Bir battaniyem vardı. Her defasında küçük gruplar bu battaniyeye sarılıp birlikte zıplıyordu. Bireysel olarak hepsi hem burritoya dönüşüyorlar hem de bir askıda sallanıyorlardı. Herkes içi doldurulmuş bir oyuncak bebek için trambolin şekline bürünüyor ve zıplamaları sayıyorlardı. Spektrumlu çocuklar derin dokunuşları seviyordu, DEHB'li çocuklar her türlü harekete gerçekten müteşekkir oluyordu ve görme bozuklukları olan çocuklar dokunsal uyaranlarla gerçekten eğleniyordu. Hepsi gülüyor, ciyaklıyor ve birlikte geçirdikleri anların tadını çıkarıyordu.

Bir sürü oyun ama tek bir materyal.

En İyi Materyaller Hangileridir?

Alüminyum kutular, ip ve plastik su şişeleri gibi bulması kolay malzemeler pratik ve bütçeye uygundur. Çeşitli şekillerde değerlendirilebilirler ve geri dönüştürülebildikleri ve yeniden kullanılabildikleri için çevre dostudur.

Fakat diğer birçok malzeme de oyunlarda kullanılabilirler, ev malzemeleri satan bir mağazada havluların konduğu ucuz bir bambu merdiven buldum. Bunu neden denemeyelim ki diye düşündüm. Merdivenin basamakları arasında zıplayabileceğimiz, sıçrayabileceğimiz ve üzerinde dengede durabileceğimiz birçok oyun ürettim ve bunlardın da farklı çeşitlemelerini yaratabileceğimi düşündüm. Sonra çocuklara ilave oyunlar için fikirleri olup olmadığını sordum ve bir dizi yeni oyun üreterek beni şaşırttılar.

Kendimden emin bir şekilde başka olasılıklar olmadığını düşünmüştüm ama oynadığımız oyunları görmeyen bir başka öğretmenin yepyeni bir fikirle çıkageldiğine şahit oldum! Ayrıntılara bakmak için merdiven oyunlarına bakınız ama burada önemli olan mesaj şu: birçok şey oyun materyali olarak kullanılabilir.

Kendi Eğitsel Oyuncaklarınızı Yapmanızın İyi Tarafı

İlk defa eğitsel bir oyuncak aldığım zamanı hatırlıyorum. Üzerindeki kare deliğe kare parçaların, yuvarlak deliğe topların vb. sığdığı bir şekil sınıflayıcısıydı. Sadece tek bir kare, tek bir top vb. olduğunu görünce endişelenmiştim çünkü çocuklarım kendilerinden beklenen davranışı sergileyerek bu şekilleri birkaç dakika içinde tükenecekti.

Roxanne kareyi çok geçmeden kaybetti ve köpeğimiz de topu çiğneyip bir kenara attı. Oyuncak imalatçısına hatalarını anlatan bir mektup yazdım. Şirketin üreteceği sonraki oyuncaklara daha fazla şekil ekleme niyetlerini gösteren ve şahsıma yönelik özür içeren bir mektup bekliyordum. Bunun yerine bana bir fiyat listesi gönderdiler. İki dolar artı kargo masrafı ile daha fazla parça alabilirmişim!

Bu olaydan sonra kendi mutfağımda makas, boya kalemi ve yapıştırıcı gibi karmaşık olmayan malzemelerle birçok eğitsel oyun yapabileceğimi keşfettim. Örneğin, çocuklarıma renkleri öğreteceğim zaman elişi kağıdı kullanarak her renkten iki kare kestim (Şablon olarak dizin kartı kullandım.). İki tane sarı, iki tane mavi, iki tane yeşil vb. kartım vardı. Başta masaya iki tane kart koyardım ve şöyle derdim: "İşte size iki tane kart. Bir kırmızı biri mavi. İşte size bir kırmızı kart daha. Lütfen bu kırmızı kartı diğer kırmızı kartın üzerine koyun." Durumu kavrayıncaya kadar ellerini tutarak doğru kartın üzerine götürürdüm. Sonra, masanın üzerine tüm renkleri dizer ve "kartları aynı rengin üzerine koymalarını" isterdim. Büyüdüklerinde "patlıcan rengi" ve "deniz mavisi" gibi renkleri göstermek istedim. Hırdavat dükkanından eşleşen boya örneklerini "ödünç" aldım. Çünkü yapboz bulmaca parçaları çoğunlukla eğriliyordu, bazen tahıl gevreği kutularının kenarlarını kullanarak kendi yapboz bulmacalarımı yapıyordum. Resimleri birkaç parçaya ayırıyordum-yaşları büyüdükçe parça sayısı da artıyordu-ve bunları bir araya getirmelerini istiyordum. Ev yapımı eğitsel bir oyun daire, kare ve üçgen gibi temel şekilleri kesip çıkarılarak da yapılabilir sonra oyuncularınızdan bu parçaları çizilmiş veya kesilip çıkarılmış şekillerin üzerine koymalarını isteyebilirsiniz.

Bu oyunlarla ilgili en güzel şey çocuklarımla kaliteli zaman geçirmemi sağlamalarıydı. Çocuklar bu anlardan gerçekten keyif alıyordu. Bunların sınav değil oyun olduğunu belirtmekte fayda var. Onlara cevapları sağladığım için çok mutluyum. Süreç esnasında gerçekleşmesine rağmen amaç sadece çocukların öğrenimlerine yardım etmek değil yine süreç esnasında gerçekleşeceği için amaç farkındalıklarını arttırmak da değil asıl amaç gerçekleştiğinde çok güzel etkiler yaratan, birlikte eğlenceli bir şeyler yapabilmektir.

Çocuklar Nasıl Organize Edilmelidir?

Oyunların çoğunda sırayla yapma olduğu için çocuklar en geleneksel haliyle birbirlerinin arkasında sırada bekleyebilirler fakat bu durum bazen itişmelere, güreşmelere ve sıra kapmalara yol açabilir.

Oyunlarda sırayla yapmanın başka yolları da mevcuttur:

- *Sırada bekleyen çocuklar oyuna doğru dönük olurlar.* Çocukları herkes neler olup bittiğine bakacak şekilde sıraya sokun. Örneğin, eğer mevcut alanı sınırlayan bir duvar varsa çocuklara: "Sırtınızı duvara verin ve halıya dönün." diyin. Her çocuk kendi sırası gelip oynadığında diğer tarafa geçer böylelikle sıra yanlara doğru hareket eder.

- *Herkes bir daire oluşturacak şekilde oturur.* Özellikle anne çemberi gibi aktivitelerdeki gruplarda işe yarar. Herkes ortadaki aktiviteyi izlemek için önde oturur.
- *Herkes sandalyede oturur.* Her çocuk için bir sandalye bulunsun. Sandalyede oturmak her çocuğa konuşabilecekleri kendi "evleri"

duygusu verir. Bu özelliklede grupta disiplin sorunları varsa işe yarar. Sandalyede oturmaları çocukların hareket ve etkileşime geçme imkanlarını kısıtlayarak ilgili heyecana dahil olmalarını sağlar. Oyunun başında her çocuğa birden fazla kez sıra geleceğini söyleyin. Bir sonraki sefere sadece oturan çocuklar arasından seçim yapılacağı kuralını belirtmenizde fayda var. (Örneğin, "Jilly sessizce oturuyor bu nedenle şimdi o kalkacak.) Ya da çocukların çemberin bir tarafından başlayarak diğer tarafına kadar sırayla kalkacağı kuralını kullanın. Bu sayede sıralarının geleceğini bilirler ve bu kural sabırlı olmayı öğrenmelerini sağlar.

Dikkat Nasıl Çekilir ve Sürdürülür?

- *İlk iş olarak dinleme becerilerini hemen geliştirin.* Örneğin, "Eğer beni dinliyorsanız küçük parmağınızı elmacık kemiğinize koyun." Sonra kimlerin verdiğiniz talimatları takip ettiğine bakın ve örneğin, "Liam beni dinliyor, Claire beni dinliyor. Çünkü küçük parmaklarını elmacık kemiklerine koymuşlar."

Tüm çocuklar dinleyinceye kadar bir dizi talimat vermeye devem edin. Bu "işaret parmağı kulak kepçesine" gibi talimatlarla vücut bölümlerini öğretmek için de harika bir fırsat olabilir veya sağdan sola ("Sağ dirseğinizi sol dizinizin üzerine koyun") kuvvet kazanma dersleri olarak da kullanılabilir.

- *İpucu verme.* Konuşma patologu Teresa Caraway'den öğrendiğim bir yönteme göre çocukların gerçekten dinlemelerini sağlamanın eğleneli yollarından biri sıradaki çocuğu verilen ipuçlarına göre seçmektir: "Ekoseli pantolon ve elma rengi gömlek giyen çocuğu seçiyorum." Herkes etrafa bakıp bu tanımlamaya kimin uyduğunu bulmaya çalışır. Bu da sosyal farkındalığı, bu örnekte olduğu gibi, renk ayırt etmeyi ve bazı kelimeleri ("ekoseli") mümkün kılar. Tanımlamalar sınırsızdır, "adında beş tane sessiz harf bulunan ve J harfi ile başlayan kişi

(Jennifer)" veya "basketbolu çok seven biri" gibi tanımlamalar da kullanabilirsiniz.

Bu metodu kullanarak çocuklar kendilerinin de çağrılma ihtimalleri olduğu için tanımlama için kullanılan sözcükleri pürdikkat dinlerler! Ayrıca sırada kimin olduğunu çözmeye çalıştıkları için birbirlerinin de çok iyi farkında olacaklardır.

Oyunlar Nasıl Organize Edilir?

Oyunun nerede başlayıp nerde bittiğini kesin bir şekilde anlatın. Bir mat veya elişi kağıdı çocukların başladıklarında nerede durmaları gerektiğini, aktifken aktiviteye nerede başlayacaklarını belirtmek için kullanılabilir.

Aktivitenin nerede bittiğini belirtmek için de mat veya bir parça kağıt kullanılabilir. Bu özellikle faydalı olmaktadır çünkü zıplayacakları veya hareket edecekleri yer konusunda çocukları özgür bırakmak yerine onlardan genellikle A noktasından B noktasına gitmelerini istiyorsunuz.

Herkes Sürece Nasıl Dahil Edilir?

Oyun devam ederken şarkı söylemek sıra bekleyen oyuncularında tetikte olmalarını ve herkesin sürece dahil olmasını sağlar.

Amigoluk da kullanılabilecek yollardandır. Bazen bir çocuğun adını marş gibi haykırmak en güzel cesaret verme şekli olabilir. Örneğin, Victor şişelerin üzerinden atlarken sınıf "Victor! Victor! Victor! Victor!" diye bağırıp sonra d başarılı olduğunda onu alkışlayabilir.

Oyun Nasıl Sonlandırılır?

Eğer çocuklar sıranın kendilerine gelmesini bekliyorsa ve her biri oyuna iki üç kez defa katılmışsa yerlerinde duramamaya başlayabilirler. Sıranı bekle sürecini bitirip herkesin oyuna aynı anda katılmasını sağlayabilirsiniz. Örneğin şişelerin üzerinden atlıyorsanız çocuklar beklemeden sürekli olarak atlayabilsinler diye şişelerden bir çember oluşturabilirsiniz. Çember ne kadar büyük olursa çocukların trafik sıkışıklığı yaşama ihtimalleri de o kadar düşük olur. Bir başka eğlenceli son da çocukların kullanılan malzemelerle kendi aktivitelerini yapmalarıdır. Onları küçük gruplara ayırabilir ve diğer arkadaşları için yeni fikirler üretmelerini isteyebilir veya her birinin sırayla tanıtacağı ve kendi başlarına bulacağı doğaçlama fikirler üretmelerini sağlayabilirsiniz. Daha sonra herkes bu yeni fikri uygulayabilir.

"Bana Getir" Oyunu

Çocuklarıyla birlikte geçirdikleri zamanlarına oyun dahil etmek isteyen birçok insan daha mevcuttur. Bunlardan biri sınıfındaki çocukların, dışarıdayken enerjilerinin bir kısmını atmasını isteyen ve onlara yapılacak farklı şeyler sunan Montessori öğretmeni Rita Bonnici'dir. Bir "hazine avı" oyununda olduğu gibi çocuklar keşfe çıkar ve saklanan değerli eşyaları bulur.

Bir büyükanne olarak bu oyunu çok seviyorum çünkü biz eski zaman insanları ne kadar enerjimiz olursa olsun ufaklıkların enerjileri bizden hep fazla oluyor. Bu çocukların ne kadar zeki olduklarına hayranlık duyarken biryandan da bize oturma, rahatlama ve biraz güneş banyosu yapma şansı vermektedir.

Yapılacak ilk şey bir ortaya bir meydan okuma sürmektir. Eğer birden fazla çocuk birbirine talimat veriyorsa "Bana dört tane yaprak getirir misin?" gibi basit bir ricada bulunulabilir. İstekleriniz ne kadar ayrıntılı olursa olsun çocuklara uygun olmalıdır ("dört küçük yaprak" "dört yaprağa" karşı) Çocuk dört veya bir avuç dolusu yaprakla döndüğünde dört tane sayıp çıkarın. "Çok güzel yapraklar bulmuşsun." veya "Çok çabuk buldun." gibi cümlelerle veya size o an uygun gelen herhangi bir cümleyle belirli övgülerde bulunun. Yaptığı işin değerli olduğunu göstermek için bulduklarını size getirdiğinde onları sergileyin. (Bunu sadece o etrafta koştururken bir dinlenme yolu olarak kullanmayın! Lütfen!)

Eğer yeni öğrenenleriniz size yanlış sayıda yaprak getirirse, hatalarını yüzlerine vurmayın. Sadece istediğiniz kadarını sayarak alın ve kalanını diğer fazla yaprakların bulunduğu yığının üzerine koyun. Bu yığını "Ekstra Yapraklar Yığını" olarak adlandırın ki hala belirli bir statüleri olsun.

Sonra biraz daha zorlaştırın. "Bana üç tane sopa getirebilir misin?" Kaya, çiçek, çim gibi çocukların sevebileceği türden şeyler veya artık çevrenizde toplayabilecekleri ne varsa onları isteyin.

"Bana bir tane sarı çiçek ve bir tane de kırmızı çiçek getirebilir misin?" ifadesinde olduğu gibi işin içine renk ayırt etmeyi de ekleyebilirsiniz.

Rita "Bana on tane motorsiklet getir" gibi imkansız şeyler de istediğini söylüyor çünkü küçük çocuklar anne babalarına veya öğretmenlerine isteklerinin ne kadar saçma olduğunu söylemeye bayılır!

Bu oyun konusunda erdemli bir şey yapıyormuş hissine kapılabilirsiniz çünkü çocuklara sayı sayma becerilerini geliştirmeleri ve ayrıca her rakamın bir nesneyi karşıladığı düşüncesini kavramaları konusunda yardımcı oluyorsunuz.

Eğer toplanan tüm nesneleri alıp onlardan bir kolaj oluşturursanız işin içine hayal gücü ve yaratıcılık elementlerini de dahil etmiş olursunuz.

Ve hala hareket etmek zorunda kalmadınız (gülümseyin).

Fasulye Kesesi Oyunları

Fasulye keseleri kolayca tedarik edilebilir veya kuru fasulye ve pirinç ile kısmen doldurulmuş çoraplardan da yapılabilir. Fasulye keselerini takip eden tüm oyunlarda dört veya altı fasulye kesesi iş görecektir veya "Renkli Kapların İçine Fırlatma" (8. Oyun) oyununda da farklı renkteki çoraplar kullanılabilir. Heyecanlı bir yenilik katmak için kurbağaya veya diğer canlılara benzeyen fasulye keseleri satın alınabilir.

Bu oyunlar içleri durulanmış süt veya meyve suyu kutularıyla da oynanabilir. Kutular renk eşleştirme veya sadece oyuna renk katmak adına elişi kağıdıyla kaplanabilir. Eğer karton kutu kullanıyorsanız, "Denge

Yürüyüşü" oyunu çocukların tam da kartonların üzerine adım atmalarını gerektirmektedir. Çocuklar kutulara basıp ezmeye bayılacaklar ve ezilmiş karton kutular üzerinde yürümeye çalışmak da ayrı bir zorluk olacaktır.

Oyuncuların oyuna başlarken nerede duracaklarını belirlemek için mat* veya sadece kağıt parçaları kullanılabilir.

Öğrendiklerimiz

Bu oyunlar aşağıdaki becerileri geliştirmek içindir.

Duysal Beceriler

Vestibüler dönüt: Zıplarken, sıçrarken ve sekerken denge açısından hep zorlanırız. İster tek bir fasulye kesesinin üzerinden zıplamak olsun ister hepsinin üzerinden sıçramak olsun bu dizideki neredeyse tüm oyunlar vestibüler farkındalığını uyarır. Fasulye keselerinin veya kutuların üzerine basarak yürümeye çalışıldığında denge açısından çok daha fazla zorlanırız.

Proprioseptif dönüt: Birinin vücudunu yanlara veya geriye doğru hareket ettirmesi, kas farkındalığı ve kas hafızasını uyaran motor kontrolü gerektirir. Çocuklar oyun dizisinin sonunda fasulye keselerini hedef kaplara atarlarken hareketleriyle görme yetilerini koordine etmeyi öğrenirler. Ve siz de fasulye keselerini ortadan kaldırırsınız!

Mekansal farkındalık: Plastik şişe oyunlarındaki gibi bu dizideki "İçeri ve Dışarı" oyunları da fasulye keseleri arasında içeri ve dışarı zikzak çizdiği için çocuğun yön ve mekanın farkında olmasını gerektirir.

Motor Beceriler

Zamanlama: En doğru anda koşma ve zıplama becerisi vücut farkındalığı ve zamanlama algısı gerektirir.

* Mat: hasır; paspas; altlık; keçe; palet, donuk, mat, donuklaştırmak.

Sosyal Beceriler

Sırayla yapma: Diğer oyunlarda olduğu gibi çocuklar sıralarının gelmesini beklemeyi öğrenirler. Kolay bir ders değildir bu. Sıra beklemek tüm sıraları kendi başlarına almaya alışkın ve diğer çocukların da sırayla oynamak isteyebileceğinin henüz farkında olmayan küçük çocuklar için, sıra beklemek zor bir kavramdır.

Diğerlerini fark etme: Çocuklar fasulye keselerinin üzerinden sıçramak için sıra beklerken hemen önlerindeki oyuncuyla çarpışmak istemiyorlarsa sıranın ne zaman kendilerine geleceğinin farkında olmak zorundadır.

Bilişsel Beceriler

Fasulye keseleri veya karton kutuların renklerini söylemek çocukların renk farkındalıklarını geliştirmelerini sağlar.

1. Oyun: Zıpla

Hazırlık

Fasulye keselerini aralarında boşluk olacak şekilde düz bir çizgi halinde dizin.

Talimatlar

Çocukların her bir fasulye kesesi üzerinden atlamasını isteyin. Atlayan oyuncu üzerinden atladığı her kesenin rengini söyleyebilir, tüm çocuklar renkleri hep bir ağızdan söyleyebilir veya her ikisi de yapılabilir.

Video

http://gameslady.com/video/beanbaggames/ljumps.asp

2. Oyun: Yanlara Doğru Zıplama

HAZIRLIK

Hazırlık aşaması bir önceki oyunun hazırlık aşamasıyla aynıdır.

TALİMATLAR

Çocuklara sol ayak önde olacak şekilde birinci fasulye kesesinin üzerinden yana doğru atlamalarını ve sonra diğer tüm fasulye keselerinin üzerinden atlamalarını söyleyin. Daha sonra geriye dönüp sağ ayak önde olacak şekilde tüm fasulye keselerinin üzerinden atlamalarını söyleyin. Proprioseptif sistemlerini ekstra uyarmak için çocukların geriye doğru zıplamalarını söyleyin.

VİDEO

http://gameslady.com/video/beanbaggames/2jump-sideways.asp

3. Oyun: İçeri ve Dışarı

HAZIRLIK

Fasulye keselerini aralarında geniş boşluklar olacak şekilde düz bir çizgi veya büyük bir oval şeklinde dizin. Fasulye keseleri arasındaki boşluklar bir çocuğun kolayca yürüyebileceği kadar geniş olmalıdır.

TALİMATLAR

Fasulye keselerinin etrafında zikzak yapma becerisini gösterin veya çocuklardan birinin bunu sizin adınıza yapmasını isteyin. Hareketlere yakışan sözcüklerle şarkı veya marş söyleyin ve sınıfın geri kalanını da size eşlik etmesi için motive edin.

Video

http://gameslady.com/video/beanbaggames/3-s-in-andout.asp

4. Oyun: Bir Kere Zıpla, Beş Kere Zıpla

Hazırlık

Zıplamaya başlanacak yeri belirlemek için yere bir mat (paspas) koyun. Çocukların üzerinden zıplaması için yere bir fasulye kesesi (veya karton) koyun ve zorluğunu arttırmak için elinizin altında daha fazla fasulye kesesi bulundurun.

Talimatlar

Çocukları sıraya sokun ve önce bir tane fasulye kesesinin üzerinden atlayıp sıranın sonuna tekrar geçmelerini ve daha fazla sayıda fasulye kesesinin üzerinden atlamasını isteyin. Bir sonraki aşamada bir başka fasulye kesesi koyup sayılarını ikiye çıkarın. Giderek artan daha uzun bir zıplama aralığı için dizide beş tane fasulye kesesi oluncaya kadar eklemeye devam edin. Uygun olduğunu düşündüğünüzde daha iyi motor kontrol deneyimleri için çocuklardan yanlara veya geriye doğru atlayarak hareketlerini çeşitlendirmelerini isteyin.

Çeşitleme

Fasulye keselerini dizmek yerine üst üste koyarak yığın. Eğer karton süt kutularını kullanırsanız, bu oldukça ilginç ve zor bir aktiviteye dönüşebilir.

Video

http://gameslady.com/video/beanbaggames/4jump-l-2-5.asp

5. Oyun: Koş ve Sıçra

Hazırlık

Fasulye keselerini üst üste yığın ve en az 150 cm uzağına bir mat (paspas) koyun.

Talimatlar

Çocuklardan koşup fasulye keselerinin üzerinden sıçramalarını isteyin. Başlama matını daha geriye çekerek sıçramadan önce tüm enerjilerini toparlamalarını sağlayın. Aynı zamanda bu zamanlamalarını yeniden ayarlamalarını isteyin.

Video

http://gameslady.com/video/beanbaggames/5leap.asp

6. Oyun: Denge Yürüyüşü

Hazırlık

Fasulye keselerini yan yana koyun. Düz bir çizgi halinde dizebilirsiniz ama çocukların istikametlerindeki değişikliklere uyum sağlamak amacıyla denge duruşlarını ayarlamak zorunda kalmaları adına fasulye keselerini kavisli bir şekilde dizmek çok daha ilginç olabilir.

Talimatlar

Çocuklardan doğrudan fasulye keselerine basmalarını isteyin. Eğer karton kutu kullanırsanız üzerine basarak kartonları ezen çocuklar denge açısından oldukça zorlanacaklardır. Ayrıca ezilmiş kartonlar üzerinde dengelerini korumaya çalışanlar da benzer şekilde zorlanacaktır.

7. Oyun: Müzikli Fasulye Keseleri

Hazırlık

Gruptaki her çocuğa bir fasulye kesesi verin. Sonra fasulye keselerinden birini alın. Eğer oynayan iki çocuk varsa, sadece bir tane kese olmalı. Eğer sekiz oyuncu varsa sadece yedi fasulye kesesi olmalıdır.

Talimatlar

"Daha dün annemizin" veya "Fış Fış Kayıkçı" gibi bir şarkının bilindik sözlerini söyleyin. Çocuklar daire oluşturup şarkı söylerken, bir yandan da ellerindeki fasulye keselerini elden ele geçirirler. Şarkı bittiğinde fasulye kesesi olmayan kişi bir şey yapmak zorundadır.

Yapılması gereken bu şey yaş seviyesine göre değişir. En basit seçenek saçma bir mimik yapmak veya zıplamak olabilir veya çocuk gruptan birinin adını söyler ve saçma mimiği birlikte yaparlar. Sonra herkes onları taklit eder. Ya da fasulye kesesi olmayan çocuğa bir çiçek türünün veya ulaşım aracının adını söylemek gibi bilişsel bir görev verilir.

8. Oyun: Renkli Kapların İçine Fırlatma

Hazırlık

Atıcının nerede duracağını göstermek adına yere bir mat (paspas) koyun. Matın (paspasın) birkaç cm önüne fasulye keselerinin atılacağı kapları koyun. Farklı renkteki kaplar koyun veya her kabın üzerine renkli elişi kağıtlarından yapıştırın. Kutulardan birkaç tane kap yapın veya farklı renkte kaseler kullanın.

TALİMATLAR

Oyunculardan kırmızı fasulye keselerini kırmızı kaba, mavileri mavi kaba vb. atmalarını söyleyin. Kaplar ve mat (paspas) arasındaki mesafeyi değiştirip fırlatma işini aşamalı olarak zorlaştırın. Ayrıca oyuncunun fırlatma eyleminde sol elini mi yoksa sağ elini mi veya her ikisini birden mi kullanabileceğine karar verin.

Battaniye Oyunları

Bir sınıf veya terapi merkezine elinizde ince bir battaniye ile girmeniz oturarak ve hatta uzanarak oynanan oyunlar oynatacağınızı düşündürebilir ama bu yanlıştır.

Erken Müdahale Oyunları adlı kitabımda battaniyenin bir denge ve kuvvet oyunu için kullanımından bahsetmiştim. O oyunda çocukların bir kısmı battaniyenin üzerine oturuyordu (veya battaniyenin üzerinde tek bir çocuk olabiliyordu) diğer çocuklar da onları odanın içinde çekerek gezdiriyordu. O battaniye oyunu battaniye üzerinde oturup üst vücut dengelerini sınayan çocuklarla, onları çekerek üst vücutlarını kuvvetlendiren çocuklar için eğlenceli bir aktivitedir.

Bu kitaptaki basit battaniye materyali de-her türlü sağlam ve geniş bir malzeme de işe yarayacaktır-eğlence sunmakta ve motor, sosyal ve duysal becerilerin gelişmesini sağlar. Örneğin, battaniyeyi iki çocuğa birden güzelce sarın ve aynı anda atlamalarını isteyin, bu sayede denge, zamanlama ve ortak dikkatlerini sınamış olurlar ve ayrıca yanı başlarındaki sarındıkları diğer kişiye dikkat ederek sosyal farkındalıklarını arttırırlar.

Öğrendiklerimiz

Bu oyunlar aşağıdaki becerileri geliştirmek içindir.

Duysal Beceriler

Vestibüler dönüt: Bu aktiviteler çocukların denge durabilme yetilerini zorlar ve dik pozisyonda durmayı sağlayan orta kulaklarındaki bilgilere dikkat etmeyi öğrenirler.

Proprioseptif dönüt: Etraflarına sarılan battaniye vücutlarının farkına varmalarını sağlar, kucaklanma gereksinimlerini giderir ve mevcut anda kalmalarını mümkün kılar. Battaniyeye sarılı veya bir arkadaşa bağlı bir şekilde ileri doğru hareket etmek motor planlama ve vücut farkındalığı da gerektirmektedir.

Motor Beceriler

Ritim ve zamanlama: Çocuklar ritim ve zamanlamalarını eşleştirerek bir başkasıyla senkronize olma şansı elde etmektedir. (Çocuklar aynı ritimde hareket etmeseler bile bu oyunlar yine de işe yarayacaktır ama bu daha fazla alıştırma yaparak kolayca ve istenilen seviyede öğrenilebilir.) Başka biriyle senkronize olabilmek sosyal farkındalığı da geliştirir.

Sosyal Beceriler

Başkalarını fark etme: Bu oyunların bazıları bireysel aktiviteler olarak başlar ve sonunda iki veya daha fazla çocuğun birbirine sarıldığı aktivitelere dönüşür. Çocuklar farklılıklara dikkat eder ve sınıf arkadaşlarını fark ederler ve dil olmadan başkalarına bağlanabilmenin sosyal hazzını yaşarlar.

Sırayla yapma: Birinin sırasını beklemesi ve başka insanların da sıra beklediklerini anlayabilmesi çocuklar için önemli ve gerekli kavramlardır.

Tüm Battaniye Oyunlarına Hazırlık

1. Her çocuk için bir sandalye bulun. Oturmaları çocukların heyecanlarını yaşamalarını kolaylaştırır. Çocuklara sıranın herkese sadece bir kez değil birden fazla kez geleceğini söyleyin. Çocuklar bir sonraki oyuncunun kendileri olmasını hevesle beklerken "Jilly yerinde sessizce oturuyor bu nedenle şimdi sıra onda" gibi ifadeler kullanarak oturmaları gerektiğini onlara hatırlatın.

2. Çocukların battaniye sarılı oldukları oyunlarda yere iki parça kağıt veya mat (paspas) koyun. Biri çocukların üzerinde dururken battaniyeye sarıldıkları "Başlangıç Noktası", bir diğeri de yaklaşık 3 m ilerisindeki "Dönüş Noktası"dır. Bu çocukların yürüyeceği ve daha sonra dönüş yapıp başlangıç noktasına dönecekleri noktadır.

1. Oyun: Sosis Yürüyüşü

Talimatlar

İlk turda çocuklardan birini battaniyeye güzelce sarın ve Başlangıç Noktasından 3 m uzaklıktaki Dönüş Noktasına kadar yürümesini isteyin. Dönüş Noktasına vardığında dönüş yapabilmesine ve baştaki noktaya geri dönmesine yardımcı olun.

İkinci turda, iki çocuğu birbirine sarın ve aynı hareketleri yapmalarını söyleyin. Önce ilerdeki noktaya yürüyecek ve sonra dönüp asıl noktaya gelecekler.

İki çocuk yan yana durabilir veya bir çocuk diğerinin arkasında durabilir.

Video

http://gameslady.com/video/blanketgames/l-sausage-side-side.asp

2. Oyun: Tombul Sosis Yürüyüşü

Talimatlar

Biri önde diğerleri arka duracak şekilde iki veya daha fazla çocuktan sıraya geçmelerini isteyin. Kaç tane çocuğun birlikte sıraya geçecekleri oyuna katılan çocukların koordinasyonuna veya herkesin düşmeyle başa çıkabilme becerisine bağlıdır. Çocuklar genellikle "düşmenin" en eğlenceli kısım olduğunu düşünürler. Çocukları birlikte battaniyeye sarın. Bir önceki oyunda olduğu gibi çocuklar birlikte Dönüş Noktasına yürüyecek ve ardından da yardım alarak dönüp geriye zıplayacaklar.

Video

http://gameslady.com/video/blanketgames/2-fat-sausage.asp

3. Oyun: Ejderha

Talimatlar

Biri önde diğerleri de onun arkasında duracak şekilde dört veya daha fazla çocuğun ayakta sıraya geçmelerini isteyin. Çocuklar kollarını önlerinde duran arkadaşlarının beline saracaklardır. Battaniyeyi en önde duran çocuk hariç tüm çocukların üzerine serin. Onlara bir ejderha olduklarını ve sadece ejderhanın başının nereye gittiklerini görebileceğini hatırlatın. Bu kişi, görebilen oyuncu, diğer oyuncularla birlikte belirlenen noktaya doğru yürür çünkü birbirlerine tutunuyorlar ve onunla birlikte yürüyorlardır.

Çeşitleme

Öncülük eden çocuğun oda içerisinde (veya belirlenen bir alanda) istediği yere yürümesine izin verin. Ejderhayı istediğiniz bir yerde durdurup battaniyenin altındaki çocuklara odada tam olarak nerede bulunduklarını sorabilirsiniz. Kapıya mı yakınsınız? Yoksa kitap raflarına mı yakınsınız? Oyunun bu özelliği boşlukta nerede bulunduklarına dair içsel algılarını zorlar.

Video

http://gameslady.com/video/blanketgames/3-dragon.asp

4. Oyun: Sallan ve Yuvarlan

Talimatlar

İki yetişkine ihtiyaç vardır. Battaniye ikiye katlanır. Her yetişkin battaniyenin bir ucunu tutar. Çocuklar tıpkı bir hamakmış gibi battaniyenin üzerine yatar. Yetişkinler battaniyeyi tutar ve şu şarkıyı söyleyerek sağa sola sallar:

Salla ve salla, salla ve salla
Salla ve salla ve yuvarla

Şarkının sonundaki "yuvarla" sözüne gelindiğinde yetişkinler battaniyeyi zemine yan yatırarak çocuğun yuvarlanmasını sağlar. Bu oyun için üzeri bir halı veya mat vb. ile kaplanmış yumuşak bir zemininiz olduğundan emin olun.

VİDEO

http://gameslady.com/video/blanketgames/4-rock-roll.asp

5. Oyun: Suşi ve Burrito

TALİMATLAR

Battaniyeyi yere serin ve çocuklardan birinin vücudu battaniyenin alt ucuna paralel şekilde uzanmasını sağlayın. Sonra diğer çocukların yardımıyla çocuğu tıpkı bir suşi veya burrito sarıyormuş gibi battaniyeye sarın. Çocuğu sardıktan sonra diğer çocuklar bu lezzetli yemeği yiyormuş gibi yapsın.

Sonra battaniyenin kenarını kaldırın çocuk becerilerine göre dikkatli ve hızlı bir şekilde yuvarlanarak battaniyeden çıkar. Yine, tıpkı bir önceki oyunda olduğu gibi zemine halı veya mat gibi yumuşak bir şey serebilirsiniz.

VİDEO

http://gameslady.com/video/blanketgames/5-a-sushi.asp

6. Oyun: Trambolin

Talimatlar

Battaniyeyi açarak yere yayın ve herkes battaniyenin etrafında ayakta toplanıncaya kadar tüm çocuklardan battaniyenin bir kenarından tutarak bel seviyelerine kadar çıkarmalarını isteyin. Battaniyenin ortasına içi doldurulmuş peluş bir oyuncak veya oyuncak bir bebek koyun ve çocukların battaniyeyi bir aşağı bir yukarı kaldırmasını sağlayarak ortadaki oyuncağı zıplatmayı öğretin. Çocuklar alıştırma yaparak hep beraber aynı anda kaldırıp indirip indirmeyeceklerini öğrenirler-birlikte yapılırsa işe yarar-bu sayede battaniyenin üzerinde yuvarlanmadan önce nesnenin ne kadar süre zıplatılabileceği konusunda daha fazla kontrole sahip olurlar.

Video

http://gameslady.com/video/blanketgames/6-trampoline.asp

7. Oyun: Etrafında Dans Etme

Talimatlar

Bir önceki oyunda olduğu gibi bu oyun da tüm çocukların battaniyenin kenarlarından tutmasıyla başlamaktadır. Herhangi bir şarkı açın ve çocukların bir çember halinde etrafta dolanarak dans etmelerini isteyin. Şarkının sonunda hepsi battaniyeyi kaldırır ve altına girer. Son.

Video

http://gameslady.com/video/blanketgames/7-dance-around.asp

İki-Dört Yaş Oyunları

Bu oyun serisi için gerekli olan tek şey ahşap tahta; içine kum veya fasulye doldurulmuş birkaç çorap ve eğer denge zorluğunu arttırmak istiyorsanız birkaç tane küçük tabure. Bu oyun serisi yaklaşık 120 cm uzunluğunda, ikiye 10 cm dört adet kereste parçası kullanmaktadır ve "Dükkana Gitmek" diye adlandırılan bilişsel bir oyuna dönüşen motor aktivitelerle başlamaktadır. Dükkan oyunu için gereken materyaller her zaman aldığınız market eşyaları ve her tür küçük nesne olabilir.

İdeal olanı burada sıralanan tüm materyalleri toplayıp hazırlamanızdır. Fakat eğer sadece tek bir ikiye dördünüz varsa birçok oyunu hala oynayabilirsiniz. Birinci oyunda olduğu gibi çocuklar tahtaların etrafında yürümek yerine sonlara doğru tahtaların üzerinden atlar ve başlangıç noktasına geri dönerler.

İçi doldurulmuş çoraplar, ister kumla ister fasulyeyle, çocukların denge becerilerini geliştirmek adına birkaç farklı şekilde kullanılabilir. İkiye dörtlüklerden birinin üzerine konduğunda üzerine basmak için bir engel teşkil eder ve altına konduğu zaman da tahtanın sağa sola sallanmasına neden olur.

Tahtalar "Tahtanın Üzerinde Kaç Farklı Şekilde Yürüyebilirsin?" adlı 1. Oyunda olduğu gibi hazırlanabilir. Bu düzen yatak odasının veya sınıfın bir köşesinde hazır şekilde bekletilebilir ve çocuklar günün farklı zamanlarında oynayabilirler.

Materyaller

- 10 cm (aşağı yukarı) uzunluğunda dört adet ikiye dört tahta
- İki adet küçük tabure
- Kum, pirinç veya kuru bakliyatla doldurulmuş iki veya daha fazla çorap
- Market eşyaları veya her türlü küçük nesne
- Bir masa

- Bir tepsi (isteğe bağlı)

Not: Eğer üzerinde dengede durmanın kolay olduğu keresteleriniz olsun istiyorsanız, tahtalardan ikisi, ikiye altı inç ve yaklaşık 120 cm uzunluğunda, geniş olabilir. Tahtalar ne kadar geniş olursa üzerinde yürümek de o kadar kolay olur.

Öğreneceklerimiz

Bu oyunlarda aşağıdaki beceriler geliştirilmektedir.

Duysal Beceriler

Vestibüler Dönüt: Bu oyunların hepsi denge ve dengeyi kontrol eden vestibüler sisteme yöneliktir. Hareket eden bir ikiye dörtlük tahta üzerinde yürümek (Tahterevalli Tahtasını Geçme adlı 3. Oyunda olduğu gibi) bu serideki en zorlu dengede durma görevidir.

Dokunsal Dönüt: O dar yerde yürüyebilmek için çocuklar kendilerine ekstra ipucu verebilmesi için tahtayı ayaklarıyla hissetmek ister.

Motor Beceriler

El-göz koordinasyonu: İçi doldurulmuş çorapların üzerine basarak bir denge kalası üzerinde yürümek denge konusunda olduğu gibi el-göz koordinasyonu konusunda da tecrübe sağlar.

Çeviklik ve kuvvet: Tahtaların uç kısımlarından veya üzerinden atlamak kuvvet, çeviklik ve zamanlama konusunda egzersiz yapılmasını sağlar.

Sosyal Beceriler

Birlikte öğrenme: Özellikle "Dükkana Gitmek" isimli 6. Oyun renkleri, şekilleri, sesleri ve vurguyu öğrenmek için birçok fırsat sunmaktadır.

Başkalarını fark etme: Herkes başlarını ellerinin arasına almak vb. aynı şeyi yaparken başkalarıyla tahtaların etrafında yürümek başkalarıyla birlikte olma hissi yaratır ve başkalarıyla saçma şeyler yapabilmeyi sağlar.

1. Oyun: Tahtanın Üzerinde Kaç Farklı Şekilde Yürüyebilirsin?

Hazırlık

Dört tahtayı dikdörtgen şeklinde dizin.

Talimatlar

Çocuklar aşağıdakilere benzer talimatları gerçekleştirip dengede duramaya çalışarak tahtaların etrafında yürürler:

1. Bir eliniz başınızın üzerinde ileri doğru yürüyün.
2. Kollarınız düz bir vaziyette başınızın üzerindeyken ileri doğru yürüyün.
3. Kollarınız çapraz birleştirilmiş şekilde ileri doğru yürüyün.
4. Elleriniz kalçalarınızda ve sağ ayağınız önde yanlara doğru yürüyün.
5. Elleriniz kalçalarınızda ve sol ayağınız önde yanlara doğru yürüyün.
6. Tıpkı bir ip cambazı gibi elleriniz yanlarda geriye doğru yürüyün.
7. Parmak ucunda yürüyün.
8. Ayağınızın topuğu diğer ayağın tam önüne koyarak ve parmak uçlarına değecek şekilde küçük adımlarla yürüyün.
9. Başınızda bir nesneyi dengede tutmaya çalışarak yürüyün.
10. Farklı duyguları göstererek yürüyün. Delirmişsiniz gibi yürüyün. Üzgünmüşsünüz (vb.) gibi yürüyün.

11. Elleriniz önünüzdeki diğer oyuncunun omuzlarında sıra halinde yürüyün. (Bu tek başlarına dengede durmada sıkıntı yaşayan çocuklar için harika bir çeşitlemedir. Böyle çocukları daha güçlü denge becerileri olan çocuklarla eşleştirin veya üç çocuğun birlikte yürümesini sağlayarak en zayıf denge becerilerine sahip çocuğu ortaya koyun.)

Ayrıca, herkes sırayla bir diğer oyuncunun nasıl yürüyeceğine dair bir yöntem bulabilir.

2. Oyun: Tahtanın Üzerindeki Kurbağalar

Hazırlık

Çoraplara kum veya fasulye koyun ve ikiye dörtlük tahtanın üzerine koyun. Eğer çorapların üzerine yüz çizerseniz onları kurbağa olarak adlandırabilirsiniz.

Talimatlar

Çocuklardan tahtanın üzerinde duran içine kum doldurulmuş "kurbağaların" üzerine basmalarını söyleyin. Ayrıca çocuklara boş bir tepsi verilerek kurbağaları toplamaları ve tepsiyi bitiş noktasına kadar taşımaları istenebilir. (Tepsi kullanmak aktiviteye ekstra zorluk katacaktır çünkü çocuklar bu şekilde yürürken ayaklarını göremez ve denge için tamamen vestibüler sistemlerine ve tahtayı ayaklarıyla hissetmeleri için de tamamen duysal sistemlerine güvenmek zorundadır.)

3. Oyun: Tahterevalli Tahtasını Geçme

Hazırlık

Kum, pirinç veya kuru bakliyatlarla doldurulmuş çorapları bir tahtanın tam ortasının altına yerleştirin. Eğer çorabınız yoksa sert bir yastık veya küçük bir tahta parçası kullanın.

Talimatlar

Çocuklar tahtanın bir ucundan yürümeye başladıklarında, tahta tıpkı bir rampada yürüyorlarmışçasına o yöne doğru yatacak. Tahtanın ortasına vardıklarında, ağırlık merkezi değişecek ve tahta karşı yöne doğru eğilmeye başlayacak. Çocuklar tahta hareket ederken dengelerini koruma konusunda cesaretlendirilmelidir. Ayrıca çocuklar tahtanın ortasında durup onu sağa sola sallayıp hareket ettirebilirler.

Not: Eğer bir çocuğun zorlandığını fark edersem, tahtanın ortasına veya eğildiği tarafa yakın bir yerde dururum. Bu sayede çocuk yardım istemek zorunda kalmadan veya öyle görünmeden bana uzanıp tutunarak dengesini korur.

4. Oyun: Küçük Atla, Kocaman Atla, Küçük Atla

Hazırlık

Dört tahtayı yatay bir şekilde zemine yerleştirin. İlk tahtayı tek başına, sonraki iki tahtayı birlikte ve dördüncü tahtayı da yine tek başına koyun.

Talimatlar

Çocuklar yatay duran tahtalara doğru dönsünler; önce birinci tahtanın üzerinden atlasınlar (küçük atlayış), sonra birbirine bitişik iki tahtanın üzerinden atlasınlar (büyük atlayış) ve sonra da tek başına duran son tahtanın üzerinden atlasınlar (küçük atlayış). Eğer isterseniz daha büyük atlayışlar için iki tahtayı birbirinden daha uzağa yerleştirebilirsiniz.

Ayrıca çocuklar tahtaların üzerinden geriye ve yana doğru da atlayabilirler.

Çocuklar sırayla her biri tek seferde olmak üzere atlayabilirler. Bunun yanı sıra iki veya daha fazla kişiden oluşan takımlar şeklinde el ele tutuşarak da atlayabilirler.

5. Oyun: Bitişe Kadar Zıplayarak Gitmek

Hazırlık

Yatay yerleştirmek yerine iki tahta birbirine paralel şekilde konur. Tahtalardan biri sondaki tahtalara dik bir şekilde yerleştirilir.

Talimatlar

Çocuklar iki tahta arasında tek ayakta sekerek zıplarlar ve sonra son tahta üzerinden atlarlar. Çocuklardan önce sol sonra da sağ ayak üzerinde sekmelerini isteyin.

6. Oyun: Dükkana Gitmek

Hazırlık

Masaya dik gelecek şekilde bir tahta yerleştirin. Tahta zeminde veya tabure üzerinde yukarı kaldırılmış veya içine kum doldurulmuş çorap veya yastık gibi engebeli bir nesne üzerine yerleştirilebilir. Masanın üzerine boş tahıl gevreği kutuları, meyve suyu kutuları, yoğurt kapları vb. bilindik bir grup market eşyası koyun. Ayrıca, özellikle küçük olanlar başta olmak üzere her tür nesneyi kullanabilirsiniz.

Talimatlar

Bir yetişkin "Anne" veya "Baba" rolü oynayarak çocuklara, teker teker, marketten ne almaları gerektiğini söyler. Bu oyunu sırayla kalkan bir grup çocuk veya tek bir çocukla oynayabilirsiniz! Çocuklara bir tepsi verilir ve "köprüyü" (tahta) geçmeleri ve "dükkana" (tahtanın sonunda duran masa) gitmeleri ve oradan örneğin şunları getirmeleri istenir:

- Belirli bir sesle başlayan eşyayı
- Belirli bir harfle başlayan eşyayı
- Belirli bir renge sahip eşyayı
- Belirli bir işlev ve harekete sahip nesneyi
- Belirli bir sözcükle kafiyeli olan bir nesneyi

Çeşitli ipuçları alan farklı bilişsel seviyelerdeki çocuklar bu oyunu birlikte oynayabilirler ve hepsi görevinde başarılı olabilir.

Örneğin bir süt kutusu:

- S harfi ile başlayan bir nesne
- "SSSS" sesi ile başlayan bir nesne
- İçinde beyaz sıvı bulanan bir nesne veya üzerinde kırmızı (veya başka bir renk) renk bulunan bir nesne
- Kemiklerimizi güçlendiren bir şey
- "küt" sözcüğü ile kafiyeli bir nesnedir.

7. Oyun: Kendinizinkini Yaratın

Hazırlık

İlgili olan çocuklardan birini size güvenli gelen istediği şekilde tahtaları yerleştirmesini isteyin. Çocuklar istediklerinde kendi başlarına oyun oynayabilsinler diye bazı öğretmenler tahtaları sınıfta belirli bir yere bırakırlar.

Talimatlar

Tahtaları düzenleyen çocuk nasıl yürünmesi, atlanması ve zıplanması gerektiğini söyler.

Hulahop Oyunları

Hulahoplar yetişkinlik yıllarımda büyük bir çılgınlıktı ve eğer hulahopu kalçalarınızda sonsuz bir şekilde çevirebiliyorsanız çok havalı biriydiniz.

Hulahopla yapılabilecek birçok şey olduğunu biliyorum. Eğer bir performans sanatçısıysanız hulahopu boynunuz dahil vücudunuzun her uzvuyla çevirebilirsiniz. Ama eğer bir çocuksanız oynanabilecek çok daha havalı oyunlar mevcuttur. Çocuklar hulahopların içinden emekleyerek geçebilir, ortalarına atlayabilir, onları yuvarlayabilir, tekmeleyebilir ve daha birçok şey yapabilirler. 1'den 6'ya kadar olan oyunla hulahopların konumlarında küçük değişiklikler yapılarak sırayla oynanabilir.

Burada hulahop kullanan oyunlarla ilgili on iki çeşitleme bulunmaktadır ve bunlardan biri sadece hulahopu hızlı bir şekilde çevirmeyi gerektiren geleneksel bir çeşitlemedir.

Öğreneceklerimiz

Bu oyunlarda aşağıdaki beceriler geliştirilmektedir.

Duysal Beceriler

Vestibüler dönüt: Çocuklar parmak ucunda yürürken, tekme atarken, atlayıp zıplarken dengelerini koruma ihtiyacı hissettikleri için vestibüler sistem bu oyunların birçoğunda uyarılmaktadır. Örneğin, "Hulahoplar Arasında Parmak Ucunda Yürüme" adlı 1. Oyunda çocuklar ayaklarından birini kaldırdıklarında veya halkaların üzerine basmadan parmak ucunda manevra yaparak yollarına devam etmeye çalışırlarken vestibüler sistemlerini devreye sokarlar. "Yuvarlan ve Tekmele" adlı 9. Oyunda halkalara ayaklardan birinin kenarıyla vurmak dengenin sağlanmasıyla mümkündür.

Proprioseptif dönüt: Bu serideki oyunların büyük bir kısmı vücut hareketleri farkındalığını geliştirmektedir. "Halkayı Yuvarla" adlı 7. Oyun ve "Bumerang" adlı 8. Oyunda ellerden birini nereye koyacağını bilmek diğeriyle de halkayı yuvarlamak yuvarlamanın yönü üzerinde kontrolü sağlamak adına gereklidir. Doğru yöne hedeflenen başarılı bir yuvarlama onu doğru yaptığınızın işaretidir.

Motor Beceriler

Zamanlama: Halkayı tamda doğru anda tekmelemek ve havada uçup gelirken doğru anda yakalamak bu farkındalığı geliştirir.

Kuvvet: Hulahop halkalarını atlama ve zıplama oyunları için zemine yerleştirmenin birçok farklı yolu mevcuttur bu da bacakların kuvvetlenmesini sağlar.

Sosyal Beceriler

Başkalarını fark etme: Çocukların bir oyun arkadaşı ile çalıştığı "Halkayı Yuvarla" adlı 7. Oyunda partnerler birbirlerine dikkat etmek, partnerlerinin kolayca yakalayıp geri yuvarlayabilmeleri için halkalarını doğru yöne hedeflemek zorundadırlar. Ayrıca grup oyunları da sosyal farkındalığı arttırır çünkü çocuklar birbirlerinin arkasında dururlar ve eğer birbirlerine dikkat etmezlerse bu durum trafik sıkışıklıklarına veya yığılmalara neden olabilir.

Sosyal destek: Kendi başlarına bir labirentten zıplayıp geçemeyecek kadar utangaç olan çocuklar bir başka çocukla eşleştirilebilirler bu sayede verilen görevleri birlikte yapabilirler.

1. Oyun: Hulahoplar Arasında Parmak Ucunda Yürüme

Hazırlık

Bu oyun iki şekilde oynanabilir. Daha kolay olan versiyonunda, her halka diğeriyle üst üste binecek şekilde yere konur. Daha zor olan versiyonundaysa, yetişkinler hulahop halkalarını yerden dört inç yukarıda yatay bir şekilde tutar. Çocuklar parmak ucunda labirenti geçtikten sonra son halkayı terk edip ilk halkaya dönüp en baştan tekrar başlamalarını sağlamak için trafiği yönetecek birini bulundurmak faydalı olacaktır.

Talimatlar

Çocuklardan ilk halkadan başlayarak son halkaya kadar boş olan kısımlara basarak parmak ucunda yürümelerini söyleyin. Halkalar buzdan yapılmış gibi davranıp ve eğer yuvarlak buzlara basılırsa ayak parmaklarının buzlu dondurmaya dönüşeceğini farz edip oyuna daha fazla eğlence katabilirsiniz!

Daha zor olan versiyonundaysa, halkalar zemin seviyesinden yukarıda tutulduğunda çocuklar halkalardan geçmek ve boş olan yerlere ayak basabilmek için ayaklarını yukarı kaldırmak zorunda kalacaklar.

2. Oyun: Tünelden Emekleyerek Geçme

Hazırlık

Bu oyunda hulahop halkaları bir tünel oluşturacak şekilde yere temas ederek dikey konumda tutulur. Halkaları iki veya daha fazla kişi tutabilir. Vücut farkındalığı ve motor kontrolde değişiklik yaratmak adına bir veya iki halka diğerlerine nazaran daha yukarıda konumlandırılarak emekleyerek üzerlerinden geçmeleri sağlanacak bir bölüm oluşturulabilir.

Talimatlar

Çocuklar tünelden emekleyerek geçer. Çocuklara trafiğin tek yönlü aktığını ve tünelin sonuna vardıklarında geriye dönmemeleri gerektiğini hatırlatın. Tünelden çıkan bazı çocukların göreve devam etmelerini ve başa dönmelerini sağlamak adına kendilerine yardımcı olunabilir.

Video

http://gameslady.com/video/hoopgames/2-tunnel.asp

3. Oyun: Labirentten Zıplayarak Geçme

Hazırlık

Atlama ve zıplama becerilerini geliştirmek için hulahop halkalarını düzenlemenin farklı birçok yolu bulunmaktadır. İşte size bu olasılıklardan bazıları:

- *Düz çizgi:* Bu en basitidir ve çeşitli hareketler yapmayı mümkün kılar.
- *Seksek motifi:* Bu örüntü çift ayakla zıplamadan tutun da tek ayakla zıplamaya kadar çeşitli hareketleri kapsar.
- *Çember:* Bu örüntü beklemeden herkesin oynamasını mümkün kılmaktadır.
- *Dalgalı çizgi:* Bu örüntü istikametteki hafif değişikliklere ayak uydurmayı sağlar.
- *Kutu şekli:* Bu örüntü bir yönden diğerine istikamette ani değişiklikler yaratır.

Talimatlar

Çocukların verdiğiniz talimatlara göre farklı biçimlerde hareket etmelerini sağlayın. Çocuklar:

- Bir halkadan diğerine doğrudan büyük bir atlayış gerçekleştirebilir
- Bir halkadan diğerine gitmek için küçük zıplamaları kullanarak her halkanın içinde birkaç kez zıplayabilir
- Bir halkadan diğerine sekerek zıplayabilir
- Geriye veya yanlara doğru atlayıp zıplayabilir
- Vücutlarıyla bir halkayı hızlı bir şekilde çevirerek bir halkadan diğerine zıplayabilirler
- Bir halkadan diğerine ileri ve geri topluca uygun adım yürüyebilirler.

Ayrıca çocuklardan diğerlerinin uygulaması için talimat vermelerini isteyebilirsiniz.

4. Oyun: Kombinasyon-Dikey ve Yatay

HAZIRLIK

Hangi beceriler üzerinde çalışmak istediğinize karar verin ve halkaları buna göre dizin. Örneğin, zıplama becerilerini tam denge isteyen parmak ucunda yürüme ile kombine etmek isteyebilirsiniz. Ya da çocuklardan etap değiştirip zıplamadan tünelde emeklemeye geçmelerini isteyebilirsiniz. Çocuklar içinden geçmek için iyice aşağı doğru eğildikleri için değişen etaplar daha fazla vücut farkındalığı gerektirmektedir. Üst üste binmiş yatay halkalar ayak ucunda yürüme ve denge gerektirir. Dikey ve alçakta tutulan halkalar emekleme ve dokunsal farkındalığı gerektirir. Daha önce "Labirentten Zıplayarak Geçme" oyununda sıralanan herhangi bir örüntü kullanılarak yere dizilen halkalar atlama, zıplama ve vücut farkındalığı gerektirmektedir.

Bu her çocuğun verilen görevi sırayla yaptığı bir oyundur ve diğerleri sıranın geldiği oyuncu etabı bitirinceye kadar bekler ve sonra sıradaki başlar.

TALİMATLAR

Arzu edilen hareketlere karar verin ve buna göre talimatlarınızı verin. "Üzerinden atlamak, içinden geçmek, altından geçmek" vb. yer yön edatlarını kullanarak hareketlerin sırasını açıklayın. Çocuklar sırayla etapları hazırlayabilir ve halkaları dikey tutabilir.

5. Oyun: Geriye Doğru

HAZIRLIK

4. Oyundaki farklı kombinasyonlardan birini hazırlayın.

TALİMATLAR

Çocukların bundan önceki oyunu geriye doğru oynamalarını isteyin. Geriye doğru gitmek büyük bir zorluktur çünkü çocukların arkalarında ne olduğunu dokunsal sistemleriyle hissetmelerini gerektirir.

6. Oyun: Şimdi Hep Birlikte

HAZIRLIK

4. Oyundaki kombinasyonlardan herhangi birini kullanın.

TALİMATLAR

Bu çocukların birbirinin peşi sıra gittiği ve hiç beklemedikleri bir oyundur. Herkes kendi başına bir veya iki tur attıktan sonra uygulanması uygun bir oyundur ve enerjiyi bekleyen bireylerden hareket eden herkese olumlu şekilde değiştirir. Ayrıca bu oyun hareketleri tek başına yapamayacak kadar utangaç olan çocuklar için de güzel bir metottur; yanında bir arkadaşıyla birlikte gider.

7. Oyun: Halkayı Yuvarla

HAZIRLIK

Halkayı yuvarlama doğru tekniğin gösterildiği bir veya iki dakikalık bir süre gerektirmektedir. Bazı çocuklar doğru pozisyon almayı öğrenebilmek için elinden tutup gösterme tekniğine gereksinim duyabilir. Temelde halka alt kısmı zemine değecek şekilde dikey olarak tutulur. Ellerden biri açılır ve halkanın üst kısmından elin iç kısmı aşağı bakacak şekilde düz ve sabit tutulur. Diğer al halkanın arkasına yerleştirilir ve halka ileri doğru itilir.

Talimatlar

Kardeşler, komşu çocukları veya sınıf arkadaşları vb. iki çocuğu partner yapın ve birbirlerinin yanında ayakta durmalarını (yaklaşık 60 cm uzaklıkta) durmalarını söyleyin. Bir çocuk halkayı diğerine yuvarlar sonra diğeri de halkayı geri yuvarlar. Oyunu anladıklarında aralarındaki mesafe arttırılabilir. Eğer tüm çocukların oynamasını istiyorsanız veya grup için sadece birkaç tane halkanız varsa oyuncuların çember oluşturmasını sağlayın bu sayede oyuncular tek bir halkayı çemberde karşılarında veya yanı başlarında duran oyuncuya yuvarlayabilirler.

Video

http://gameslady.com/video/hoopgames/7-roll-to-each-other.asp

8. Oyun: Bumerang

Hazırlık

Bu bireysel oyunda kullanılan teknik halka yuvarlama tekniği ile aynıdır, sadece halka yuvarlanarak gelmek yerine, size tıpkı bir bumerang gibi geri geliyor. Çocuk halkayı dikey bir pozisyonda bir eli halkanın üzerinde diğeri de arkasında olacak şekilde tutar.

Talimatlar

Halkayı ileri yuvarlamak yerine çocuk geriye doğru döndürerek atar. Bu sayede halka önce ileri doğru gitse de sonra bumerang gibi geri döner.

Video

http://gameslady.eom/video/hoopgames/8—boomerang.asp

9. Oyun: Yuvarlan ve Tekmele

Hazırlık

İki çocuk birbirine 150 cm mesafede durur. Çocuklardan biri "Yuvarlayıcı" diğeri de "Tekmecidir."

Talimatlar

Yuvarlayıcı halkayı Tekmeciye yuvarlar. Tekmeci de ayağının yan tarafını kullanarak halkanın alt kısmına tekme atar. Halka havada uçarken Yuvarlayıcı halkayı tutmaya çalışır.

10. Oyun: Halka Atma

Hazırlık

Bir nesne koyup halkayı atıp nesneye geçirmeye çalışın. Bu küçük bir sandalye, bir trafik konisi veya ellerini yanlarına sıkıca yapıştırmış bir insan bile olabilir.

Talimatlar

Her çocuk halkayı iki elleriyle yatay pozisyonda tutup sırayla belirlenen nesneye atıp geçirmeye çalışır. Zorluğunu arttırmak için çocukların belirlenen nesneye giderek daha uzak durmalarını isteyin.

Video

http://gameslady.com/video/hoopgames/10-toss.asp

11. Oyun: İp Atlama

Hazırlık

Oyuncu halkanın içinde ayakta duru ve bel hizasında tutar. Halkanın ön kısmı oyuncunun belinin ön kısmına değer. Halkanın geri kalan kısmı sırtının arkasındadır.

Talimatlar

Oyuncu halkayı başının üzerinden geçirip öne doğru getirir ve üzerinden zıplar. Zıplama bir ayak önde olacak şekilde de olabilir iki ayak da aynı anda hareket edecek şekilde de gerçekleştirilebilir.

Video

http://gameslady.com/video/hoopgames/ll-jump-rope.asp

12. Oyun: Hulahop Çevirme-Hızlı ve Daireler Çizerek

Hazırlık

Oyuncu hulahop halkasını geleneksel bir şekilde belinin etrafına yerleştirir.

Talimatlar

Oyuncu halkayı belinin etrafında yavaş bir şekilde hareket ettirmeye ba, daha sonra bunu giderek hızlandırır. Ayrıca halka dönerken oyuncu da dai çizerek dönebilir.

Video

http://gameslady.com/video/hoopgames/12-hula-.asp

Az Maliyetli Çok Memnun Eden Sıra Dışı Hediyeler

Kızım Marissa dört yaşındayken, gözlerini yakışıklı tüm erkeklerden ayıramaz ve büyüyünce Cinderella olmak istediğini söylerdi. Benim aklında olan bu değildi; ben daha çok astrofizikçi veya bir baş balerin hayal ediyordum. Yerel bir çiçekçiyi arayarak doğum gününde ona küçük, pembe bir buket siparişi verdim tabi bu diğerlerine beklentilerimi empoze etme yollarımdan biri değildi. Heyecanlandı ve Cinderella elbisesi olarak adlandırdığı beyaz, dantelli kıyafetini giydi ve tüm o kostüm takıları ve pembe çiçekleriyle, kabul etmeliyim ki, masallardan fırlama bir prenses gibi görünüyordu.

Bunu size belki sizinde bir Cinderellanız vardır da ona buna benzer bir hediye alırsınız diye anlatıyorum.

Doğru hediyeyi bulmak yorucu olabilir. Mağazaları dolaşıp pahalı ve doğru olmadığını düşündüğüm bir hediye almak yerine zamana yayıp önceden bir şeyler düşünmenin daha kolay olduğunu düşünüyorum.

Bu nedenle eğer fikir istiyorsanız işte size denediğim ve iyi sonuçlar aldığım birkaç tane ucuz hediye fikri:

- *Renkli kurdele:* Her renkten yaklaşık 1 metre ve farklı türde kurdeleler alın. Saten, kadife ve örme gibi farklı kumaşlar seçin. Bunları içine koymak için çiçek desenli bir kutu alın.
- *İş gereçleri:* Ataş, zımba, delgeç, klasör, dizin kartları (kutularıyla birlikte), büyük defter, bant, cetvel, karbonlu bir makbuz defteri, ıstampa ve damga gibi gereçler alın. Bunları boş bir bot kutusunun içine koyabilirsiniz. Bu gereçler çocukları saatlerce meşgul tutacaktır, zaten çalışmak da böyle değil midir?

- *Pamuk:* Bir kutu pamuk veya pamuk topları harika bir hediye olabilir. Çocuklar bazen ellerini tüm o yumuşaklığın içine daldırmayı seviyor veya bazen de küçük yastıklara pamuk doldurmayı ve resimlere yapıştırıp bulut ve sakal yapmayı tercih ediyorlar.

- *Çok amaçlı pelerin:* Eğer dikiş nakışta iyiyseniz, çocuğunuz bir süper kahraman, prens veya büyücü olabilsin diye kadifeden, parlak satenden veya diğer göz alıcı kumaşlardan ona bir pelerin yapın. Eğer dikiş konusunda iyi değilseniz, şatafatlı denizci kostüm takıları ve harika kıyafetler bulmak için ikinci el eşya satan dükkanlara gidebilirsiniz.

- *Ayakkabı kutusu sanatı:* Eğer ayakkabıcılara sizin için ayakkabı kutularını biriktirmelerini isterseniz size istemediğiniz kadar çok ayakkabı kutusu ayıracaklardır. Ayakkabı kutularıyla küçük çocuklarlar için harika trenler yapılabilir: Ön tarafta çekmek için büyük bir parça bırakarak onları iple birbirine bağlayın. Tekerlek, hayvan ve boya vb. ekleyebilirsiniz. Büyük bot kutuları süslenip kişiselleştirilerek çocuğunuzun "hazinesini" koyabileceği bir sandığa dönüştürülebilir.

- *Büyüteç:* Bir keresinde bir yerlerde: "Özsaygısı olan beş yaşındaki her çocuğun bir büyüteci olmalıdır." diye bir cümle okumuştum. Bunu ciddiye almıştım ve küçük bir büyüteç camına bir parça ip bağlayarak beş yaşındaki çocuğum için bir kolyeye dönüştürmüştüm. Bu kolyeyi tüm dünyaya yakından ve kişisel olarak bakarak haftalarca ve haftalarca boynundan hiç çıkarmadı.

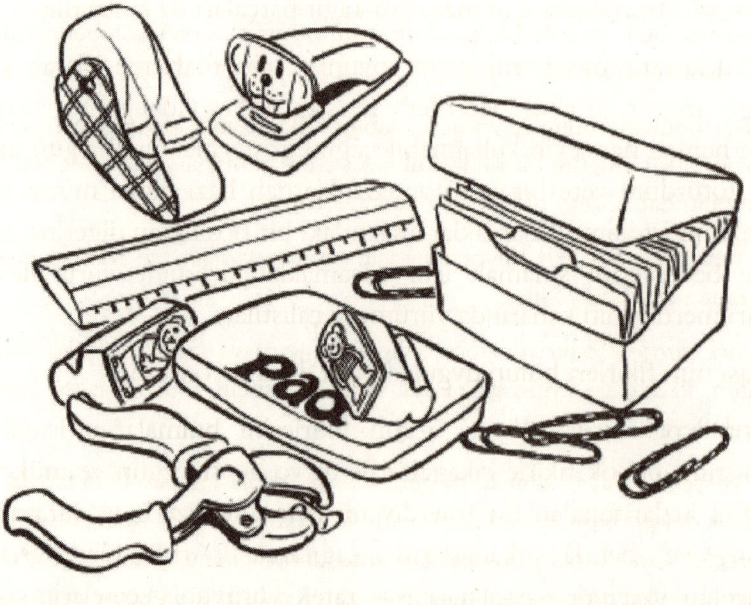

♦ *Bir top kağıt ve bir kutu kalem:* Beş yüz tane kağıdı sevmeyecek gelecek vaat eden bir sanatçı, yazar veya yazar bozuntusu hayal edemiyorum!

♦ Kitaplar: Kitap, her zaman kitap. Bir çocuğun gelişiminde kitapların önemini azımsamak imkansızdır. Strickland Gillilan adlı bir adam bu konuyu çok güzel izah etmiştir:

Anlatılamayacak kadar çok servetiniz olabilir
Kutu kutu mücevherleriniz ve sandık dolusu altınlarınız olabilir
Ama ben senin olamayacağın kadar çok zenginim
Çünkü bana kitap okuyan bir annem vardı.

Merdiven Oyunları

Bu oyunlarda, evde dekorasyon malzemeleri satan bir dükkanda bulduğum bambu bir merdiven kullandım. Sanırım üzerine havlu asmak için tasarlanmıştı. Bambu bir merdiven bulmak kolay değildir sürgülü bir merdivenin bir parçası da kullanılabilir. Ayrıca oyuncuların oyuna başlaması gereken yeri belirlemek için mat veya kağıt parçaları da kullandım.

Bu dekoratif merdiveni çeşitli oyunlar için malzeme olarak kullanma sebebim motor, duysal becerileri ve sosyal farkındalığı geliştirmek için hemen hemen her şeyin kullanılabileceğini göstermektir. Bir gün merdiveni okula götürdüm yere bıraktım ve çocuklardan bazı temel motor becerileri yapmalarını istedim. Basamaklar arasındaki bir boşluktan diğerine zıpladılar. Denge becerilerini sınamak için basamaklar üzerinde yürüdüler ve bir ayakları merdivenin kenarında yürümeye çalıştılar.

Olası tüm fikirleri bulup uyguladığımı düşünüyordum.

Sonra çocuklardan kendi özgün fikirlerini bulmalarını istedim. Çok şaşırmıştım, birçok fikirle çıkagelmişlerdi ve hepsi özgün ve mükemmeldi. Örneğin, kızlarımızdan biri merdiveni kenarının üzerinde duracak şekilde çevirmiş ve belirli arkadaşlarını çağırarak (Artık bir öğretmendi!) merdivenin üzerinden bacaklarını ayırarak yürüyüp geçmelerini istiyordu.

Daha sonra bu oyunu vestibüler sistemi gerçekten uyaran bir oyun haline getirerek merdiveni birlikte sağa sola salladılar! Bir başka oyunda da çocuklardan bir sağa bir sola giderek merdivenin üzerinden atlamaları isteniyordu. Bir başka çocuk da oyuna yaklaştırıcı ve uzaklaştırıcı kasları dahil ederek iki ayakla birden boşluklara sonra yine iki ayakla birden merdivenin dışına zıplamayı önerdi.

Kendimden emin bir şekilde bir merdivenle başka oyun olamaz diye düşünüyordum.

Sonra yanıldığımı anladım.

Öğleden sonra sınıfa girdim. Öğretmen oyun oynamak için merdiveni kullanıyordu ve daha farklı çeşitlemeler bulmuştu. Bunlardan birinde merdiven yan çevrilmişti ve çocuklardan boşluklardan emekleyerek geçmeleri isteniyordu. Çocukların hareketleri konusunda daha dikkatli davranmalarını sağlamak için merdivenin çok sıcak olduğunu ve eğer dokunurlarsa yanacaklarını söyleyerek işin içine hayal gücünü de eklemişti. Benim favorim altı yaşındaki çocuğa merdivenin boşluklarından birinin içinde durarak, eğilip merdiveni bel seviyesine kadar çıkarmasının istendiği çeşitlemeydi. Sonra çocukların hep beraber ileri ve geri yürümelerini sağladı ve daha sonra çocuklardan aynı anda çalışan ve yürüyen bir çember oluşturmalarını istedi. Başkalarının farkında olarak ve dikkat ederek çalışmanın en güzel yollarından biri diye düşündüm. Etkilenmiş ve bundan öğretmene de bahsettim.

"Bunlar çok yaratıcı çeşitlemelerdi." dedim. Şaşırmış görünüyordu. "Ama... bu sabah merdivenle oyun oynadığınızı biliyordum ve bunlar sizin oynadığınız oyunlardır diye düşündüm!" dedi.

Bu olay, herkesin farklı fikirleri olabileceğini ve bunların hepsinin de işe yarayabileceğini göstermektedir!

Öğreneceklerimiz

Bu oyunlar aşağıdaki becerileri geliştirmektedir.

Duysal Beceriler

Vestibüler dönüt: Özellikle de merdiven basamakları arasındaki boşluklar kadar sınırlı alanlarda atlarken, zıplarken ve parmak ucunda yürürken kişinin dengesi gerçek anlamda sınanır.

Proprioseptif dönüt: Farklı görevleri gerçekleştirmek için kişinin vücudunu nasıl hareket ettireceğinin farkında olması vücut farkındalığını gerektirmektedir.

Dokunsal farkındalık: Kenarlara dokunmadan boşluklardan geçmek hareketin her bir bölümünde kişinin uzuvlarının nerede bulunduğunun farkında olmasını gerektirmektedir.

Motor Beceriler

Motor planlama: Bir merdivenin bir ucundan diğerine iki, üç veya dört adımda atlamak bunun nasıl yapılabileceğine dair planlama yapma farkındalığı gerektirmektedir.

Ritim: Yapılan iki, üç veya dört atlayışı taklit etme ritmik duyuları uyarır.

Sosyal Beceriler

Sırayla yapma: Diğer oyunlarda olduğu gibi, çocuklar sabırla sıranın kendilerine gelmesini beklemek zorundadır.

Başkalarını fark etme: Bacaklarını ayırarak merdivenin üzerinden yürüdüklerinde veya basamaklar arasında durduklarında çocuklar merdiveni hareket ettirmek için başkalarıyla birlikte çalışma fırsatına erişirler.

Yaratıcılık: Başkasının başına hafifçe vurarak veya karnını ovarak veya bir şarkıyı mırıldanarak zıplamak gibi diğer olasılıkları hayal etme fırsatını yakalamak kalıpların dışında düşünmeyi mümkün kılmaktadır.

1. Oyun: Basamaklar Arasında Zıplama

HAZIRLIK

Merdiveni yere yatırın. Başlangıç noktasını belirlemek için matlardan birini bir ucuna diğerini de diğer ucuna yerleştirin.

TALİMATLAR

Çocuklardan baştan başlamalarını söyleyerek merdivenin bir ucundan diğerine boşluktan boşluğa zıplamasını isteyin. Daha sonra çocukların her iki veya üç boşluktan birine zıplamasını söyleyin. Bir uçtan diğerine üç atlayışta gidebildiler mi? Yoksa iki atlayışta mı? Yoksa bir mi? Geriye doğru zıplayabildiler mi?

VİDEOLAR

http://gameslady.com/video/laddergames/l-ladder-jump.asp

http://gameslady.com/video/laddergames/3-ladder-backward.asp

2. Oyun: Basamaklar Arasında Sekme

HAZIRLIK

Tıpkı 1. Oyunda olduğu gibi merdiveni ve matları yere koyun.

TALİMATLAR

Çocuklardan önce sağ ayaklarıyla sonra da sol ayaklarıyla basamaklar arasında bir uçtan diğerine zıplamaları söyleyin.

VİDEO

http://gameslady.com/video/laddergames/2-ladder-hopping.asp

3. Oyun: Basamaklar Arasında Parmak Ucunda Yürüme

Hazırlık

Önceki iki oyunda olduğu gibi merdiven ve matları (paspasları) yere koyun.

Talimatlar

Çocuklardan boşlukla arasında parmak ucunda yürümelerini isteyin. Daha sonra oyunu değiştirerek topukları üzerinde yürümelerini söyleyin.

Video

http://gameslady.com/video/laddergames/4-ladder-tip-toe.asp

4. Oyun: Basamaklar Üzerinde Yürüme

Hazırlık

Önceki oyunlarda olduğu gibi merdiven ve matları (paspasları) yere koyun.

Talimatlar

Çocuklardan bir uçtan diğerine basamaklar üzerinde yürümelerini isteyin. İleriye ve geriye doğru yürüyebilirler. Çocuklar bir sirkte gösteri yapıyorlarmış gibi yaparak ve "Şimdi Julien basamaklarda yürümeye çalışacak. Evet şimdi başladı! Bayanlar ve baylar düşmeden basamakların yarısını tamamladı! Evet başardı! Muazzam bir olay!" gibi ifadelerle bir yandan da olan biteni yorumlayarak oyuna daha fazla heyecan katabilirsiniz.

Video

http://gameslady.com/video/laddergames/7-ladder-rungs.asp

5. Oyun: İçeri ve Dışarı Zıplama

Hazırlık

Önceki oyunlarda olduğu gibi merdiven ve matları (paspasları) yere koyun.

Talimatlar

Çocuklardan her iki ayaklarıyla birlikte basamaklar arasındaki boşluğa sonra da merdivenin her iki yanına zıplamasını söyleyin. Bu şekilde merdivenin bir ucundan diğerine kadar zıplasınlar.

Video

http://gameslady.com/video/laddergames/9-ladder-jump-in-and-out.asp

6. Oyun: Pencerenin İçinden Geçme

Hazırlık

Merdiveni yan yatırın ve bir yetişkin veya bir çocuktan tutmasını isteyin.

Talimatlar

Çocukların her birinin basamaklar arasındaki boşluklardan emekleyerek geçmesini sağlayın. Merdivenin sıcak olduğunu ve eğer vücutları değerse yanabileceklerini söyleyerek hayal güçlerine katkıda bulunup daha dikkatli hareket etmelerini sağlayabilirsiniz. Eğer çocuklardan biri bu açıklamalarınızı gerçek zannederse ona bunun sadece bir "varsayımdan" ibaret olduğunu söyleyin ve emin olması için de merdivene dokunmasına izin verin.

Bu aktiviteyi aynı anda iki veya daha fazla çocuk yapabilir ya da tek bir çocuk merdivenin bir başından başlayıp içeri ve dışarı zikzaklar çizerek merdivenin sonuna erişebilir.

Video

http://gameslady.com/video/laddergames/5-ladder-thru-window.asp

7. Oyun: Tekneyi Sallama

Hazırlık

Bir önceki oyunda olduğu gibi merdiveni yan yatırın.

Talimatlar

Herkes binip bacağını ayırıp ata oturur gibi oturduktan sonra merdiveni sağa sola sallanmalarını isteyin. Ayakları yere değmeli ve sağa sola eğilerek birlikte hareket etmeleri gerekir. "Fış Fış Kayıkçı" şarkısını veya hareketlerini koordine etmelerini sağlayacak herhangi bir şarkıyı söyleyebilirler.

Video

http://gameslady.com/video/laddergames/12-rock-the-boat.asp

8. Oyun: Birlikte Çalışma

Hazırlık

Merdiveni yere yatırın.

Talimatlar

Her biri bir boşlukta olacak şekilde çocukların basamaklar arasındaki boşluklara girip ayakta beklemelerini sağlayın.

Sonra yere doğru eğilip merdiveni alıp birlikte geri, ileri ve daire çizerek yürümelerini söyleyin.

Video

http://gameslady.com/video/laddergames/13-ladder-circles.asp

9. Oyun: Ritim

Hazırlık

Merdiveni yere yatırın.

Talimatlar

Merdivenin ilk üç boşluğuna üç kere zıplama ve sonra son ikisinde de tek ayakla sekmek gibi ritmik bir hareket gösterin. Çocukların her birinin diğerlerinin yapması için kendi ritimlerini oluşturmasını isteyin.

Video

http://gameslady.com/video/laddergames/15-ladder-rhythm.asp

10. Oyun: Yeni Oyunlar Yaratma

Hazırlık

Her çocuk kendi adına karar verir.

Talimatlar

Çocuklar merdivenle veya sınıfta veya evde bulabileceğiniz herhangi bir nesneyle hangi hareketleri yapmak istediklerine karar verirler. Oyuncular kendi hareketlerini kendileri oluşturabilir veya diğerlerini katılmaları için davet edebilirler. Bir doğum günü partisinde kullanılabilecek "İçinden Geleni Yap" oyunu olarak değerlendirilebilir.

Video

http://gameslady.com/video/laddergames/14-ladder-creative.asp

Dergilerden Yapılan Borularla Oynanabilecek Oyunlar

Dergiler parlak, renkli ilanlarıyla tekrar kullanmadan atılmayacak kadar güzeldir. İster ailenizle ister sınıfınızla oynayın, bu oyunlarda, iki veya daha fazla sayfa yuvarlanarak oldukça havalı bir nesneye, boruya dönüştürülür. Çocuklardan sayfaları yuvarlamalarını ve bantla sağlamlaştırmalarını istemek başlı başına etkili bir ince motor görevdir. Sonuçta ortaya çıkan borularla çeşitli oyunlar oynanabilir. Onları küçük kılıçlar olarak kullanmak başta küçük çocuk aklı gibi (eğer bunun yanlı bir ifade olduğunu düşünüyorsanız küçük çocuklarla çalışmazsınız.) gelebilir fakat yapacağınız zekice rehberlikle onlara yapılabilecek diğer eğlenceli aktiviteleri gösterebilirsiniz. Çok fazla olasılık olduğu için çok fazla kontrole sahip olursunuz. Eğer çocuklar flüt oyununu oynarken çok fazla huysuzlanırlarsa aktivitede değişiklik yaratmak adına birkaç tane ritim bandı yapıştırın veya aktiviteyi tamamen değiştirip bir fırlatma veya zıplama oyununa dönüştürün. Anın enerjisini hissederek bir çeşitlemeden diğerine ne zaman geçeceğinize karar verebilirsiniz. Eğer daire şeklinde yere oturup bir süredir el-göz koordinasyonlarını çalıştırıyorlarsa ve yerlerinde duramamaya başladılarsa oyunu hem yürüyüp hem de flütlerini çalabilecekleri bir geçit törenine dönüştürün.

Öğreneceklerimiz

Bu oyunlarda aşağıdaki beceriler geliştirilmektedir.

MOTOR BECERİLER

El-göz koordinasyonu: Fırlatma ve yakalama eylemleri atılan şeyi gözle takip etme ve ellerinizin nerede olduğunu bilmeyi içermektedir. Nesneyi yakalayabilecek pozisyondalar mı? Bu kişinin vücudunun nerede durduğuna ve ellerinin ne yaptığına dikkat etmeyi gerektirir.

Zamanlama: Boruları havaya atma ve ellerinizi doğru zamanda doğru yere koyma, el-göz koordinasyonuyla birlikte, zamanlama duyusu gerektirmektedir.

SOSYAL BECERİLER

Farkında olma: Fırlatma oyunları oynamak, bu dizideki oyunlardan bazıları böyledir, atışı kaçırmamanız için dikkat ve odaklanma gerektirir.

Kendini grubun parçası olarak hissetme: Bu oyunların çoğunda sıra beklemek yok, herkes aynı anda çabalıyor. Boru oyunları zıplama, hayal kurma veya ritim oyunlarına dönüştüğünde, çocuklar sosyal farkındalık ve sırayla yapma tecrübelerini yaşamaya başlar.

Bilişsel beceriler: Fırlatma oyunları esnasında bilişsel öğeler de ekleyebilirsiniz. Çocuklardan kare şeklinde bir nesne, belirli bir harf veya duvardaki bir renk gibi adı verilen bir eşyaya fırlatmasını söyleyin. Oturup boruyu fırlatırken çocuklardan kaç kere fırlatıp yakaladıklarını saymalarını isteyebilirsiniz.

Yaratıcılık: Çocuklar “Başka Ne Olabilir?” oyununda sırayla yaratıcı cevaplar verirler. Dergiden yapılmış boru bir tarak da olabilir bir teleskop da.

Dergilerden Yapılan Borularla Oynanabilecek Tüm Oyunlara Hazırlık

Eski dergi ve maskeleme bandına ihtiyacınız olacak. Çocukların bir dergiden iki veya üç sayfayı koparmasını ve yuvarlayarak boru haline getirmelerini sağlayın. Boruyu bant yardımıyla sağlamlayın. Bazı çocuklar borunun sıkı olması için yuvarlamaya başlama sürecinde yardıma ihtiyaç duyabilir. Boruyu bantlama konusunda yardıma ihtiyaç duyan çocuklar için doğru bandı doğru boyutlarda kesin.

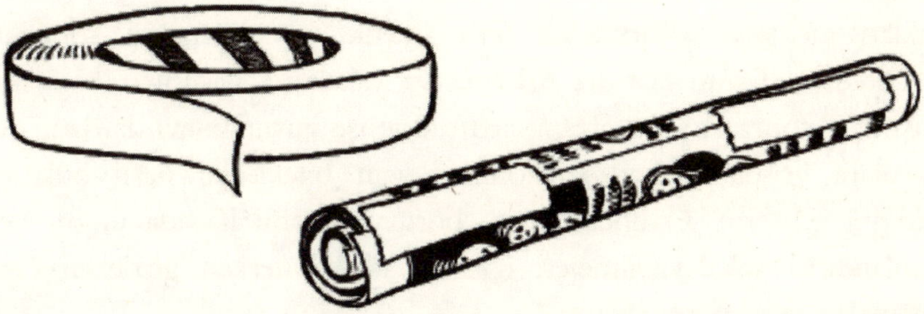

Video

http://gameslady.com/video/magtvibe/l-make-own-tube.asp

1. Oyun: Flüt

Talimatlar

Çocuklara boruya üfleyerek nasıl ses çıkarılacağını gösterin. Çocukların istedikleri sesleri çıkarmalarına izin verebilir veya "Daha Dün Annemizin" gibi bir aile şarkısıyla başlayabilirsiniz. Ara ara boruya üfleyip bazen de boruyu yere vurarak flüt çalmayı ritimle süsleyebilirsiniz. Fareli Köyün Kavalcısı masalında olduğu gibi herkesin ayağa kalkıp flüt çalarak odanın içinde gezinmesini isteyebilirsiniz. Hatta yapabilirseniz zıplama ve yuvarlanma gibi bazı hareketler de ekleyebilirsiniz.

VİDEO

http://gameslady.com/video/magtube/2-tube-flute-copy.asp

2. Oyun: Fırlatması Kolay

TALİMATLAR

Çocuklardan dergiden borularını avuçları yukarı bakacak şekilde iki elle tutmalarını söyleyin. Flütlerini iki elle hafifçe nasıl fırlatacaklarını gösterin. Çocukları mesafeyi arttırmadan önce küçük atış yapmaları konusunda cesaretlendirin. Oyuncularınız fırlatma ve yakalama becerileri konusunda ustalaştıktan sonra atış mesafesini arttırın ve işe yuvarlamayı da dahil edin. Oyunculara boruların havada dönmesi için bileklerini nasıl bükmeleri gerektiğini gösterin. Oyuncularınızı, boruyu ellerini havada doğru yerde konumlandırıp yakalayabilmeleri için havada dönerken gözlerini ondan ayırmamaları gerektiğini anlatın.

Havada ne kadar yükseğe atıp yakalayabilirler?

VİDEO

http://gameslady.eom/video/magtube/3—tube-easy-throwasp

3. Oyun: Elden Ele

TALİMATLAR

Çocuklardan borularını tek elle dik bir şekilde tutmalarını isteyin. Boruları elden ele nasıl atacaklarını gösterin. Başta ellerin birbirine yakın durmasını sağlayın sonra eller arasındaki mesafeyi aşamalı bir şekilde arttırın.

Video

http://gameslady.com/video/magtube/4-tube-hand-to-hand.asp

4. Oyun: Refleks Düşüşü

Talimatlar

Çocuklardan borularını tek elle havada dik bir şekilde tutmalarını isteyin. Düşen boruyu yakalamak için diğer ellerini doğrudan boruyu tuttukları elin altında hazır bekletirler. Boruyu en yukarıda ellerinden bırakırlar ve diğer elle de düşen boruyu yakalamaya çalışırlar. Çocuklardan iki el arasındaki mesafeyi giderek arttırmalarını isteyin. Sonra elleri değiştirin ve: "Bu el daha mı hızlı?" diye sorun.

Video

http://gameslady.eom/video/magtube/5—reflex-drop.asp

5. Oyun: Kafadan Düşüş

Talimatlar

Çocuklardan borularını yatay bir şekilde başlarının üzerine koymalarını isteyin. Boruyu yakalamaya hazır olmak için ellerini göğüslerinin üzerinde nasıl kavuşturacaklarını ve başlarını öne doğru eğip boruyu bekleyen ellerinin içine nasıl düşüreceklerini gösterin.

Video

http://gameslady.com/video/magtube/7-tubr-head-drop.asp

6. Oyun: Bir Hedefe Fırlat

Hazırlık

Odanın içinde farklı şekil ve renkler arayın veya önceden duvara farklı şekil ve renkleri bant yardımıyla yapıştırın. En başta herkesin başarılı olabilmesi için hedef büyük olabilir. Becerilere göre hedef giderek küçültülebilir ve bu durum da daha iyi nişan almayı gerektirecektir.

Talimatlar

Oyunculardan borularını tıpkı bir cirit gibi hedefe fırlatmalarını isteyin. Bu üçe kadar sayarak yapın: "Bir, iki, üç-fırlat!"

Video

http://gameslady.eom/video/magtube/8—throwasp

7. Oyun: Boruların Üzerinden Atlama

Hazırlık

Çocuklardan tüp boruları alın ve aralarında sekiz-on iki inçlik mesafe olacak şekilde, yatay bir pozisyonda yere sıralayın.

Talimatlar

Çocuklardan her borunun üzerinden atlayarak hemen arkalarındaki boşluğa ayak basmalarını isteyin. Oyuncular önce birinci borunun sonra da ikinci borunun üzerinden atlayıp oyuna bu şekilde devam ederler. Yönteminizi sürekli değiştirin. Kullanabileceğiniz olasılıklar ileriye ve geriye doğru veya yana doğru atlamak; tek ayak üzerinde sekmek; sırayla her birinin üzerinden atlamak; en baştan başlayarak sondaki boruya kadar hepsinin üzerinden atlamak; yere ayak basmadan önce havada yarım daire çizerek zıplayıp dönmek; gözler kapalı ve eller başın üzerinde atlamak vb. olabilir.

Eğer tekerlekli sandalyede oturan bir çocuk varsa patron olup herkese ne yapması gerektiğini söyleyebilir ve hatta kendi çeşitlemelerini de ekleyebilir. "'Mini mini bir örümcek' şarkısını söylerken bir yandan da her birinin üzerinden atla." Ya da çocuklar dizilip atlama sırasının kendine gelmesini bekleyebilir ve sırada hemen arkalarında duran kişi atlama yöntemlerine karar verebilir (Örneğin: "Sadia, başını kaşırken bir yandan da geriye doğru atla.").

Video

http://gameslady.com/video/magtube/9-jump-over.asp

8. Oyun: Başka Ne Olabilir?

Hazırlık

Çocuklar bir daire oluşturacak şekilde oturur. Sadece tek bir boru vardır.

Talimatlar

Şu sözleri bir melodi eşliğinde söyleyin:

"Bir boru, boru başka ne olabilir ki?"

Eğer birinci çocuk onun bir teleskop olduğunu gösterirse, şarkıyı değiştirin:

"Bir teleskop, bir teleskop başka ne olabilir ki?"

Eğer sıradaki çocuk onun bir sopa olduğunu gösterirse şarkı sözlerini buna göre değiştirin:

"Bir sopa, bir sopa başka ne olabilir ki?" (ve herkese sıra gelinceye kadar oyuna bu şekilde devam edin.)

9. Oyun: İçimizde Bir Ritim Var

Talimatlar

Çocuklara boruyu bir tarafından tutup zemine vurarak nasıl ses çıkaracaklarını gösterin. Oyuncular boruları yere vurarak herkesin dinleyip aynısını taklit etmek zorunda oldukları bir ritim oluştururlar. Herkes yıldız olma şansını yakalayacak!

Plastik Şişe Oyunları

Başlarda bu kadar çok insanın soda içmek yerine su içmesi harika bir olay gibi görünüyordu ama aşırı sayıdaki plastik şişe çevre için sorun teşkil etmeye başlamıştı ve insanlar su içmek için onları yeniden kullanmamaları konusunda uyarılıyorlardı.

Onları tabi ki de geri dönüştürebilirsiniz ama ayrıca onları harika çocuk oyunları yaratmak için de kullanabilirsiniz. Çocuklar onlarla bowling oynayabilir, üzerlerinden atlayabilir ve aralarında zikzak çizerek hareket edebilirler. Ve bunlar çok sayıdaki olasılıklardan sadece bazıları. Daha fazlasını düşünüp bulma işini çocuğunuza bırakın!

Öğreneceklerimiz

Bu oyunlarda aşağıdaki beceriler geliştirilmektedir.

Duysal Beceriler

Vestibüler dönüt: Bu oyunlarda da bulunduğu üzere bir şeyleri fırlatan veya vücudunu engellerin arasında zikzak çizerek hareket ettiren bireyin vestibüler sistemi uyarılır.

Proprioseptif dönüt: Bir engeli aşmak için ne kadar uzağa ve yükseğe sıçrayacağını bilmek görevi tamamlamak için hangi kasların kullanılması gerektiğini bilmeyi kapsar. "Devirme" ve "Engel Parkuru" bu becerileri kullanmaktadır.

Dokunsal farkındalık: "İçeri ve Dışarı" oyunu yön belirleme yeteneği ve dokunsal farkındalığı anlamakla alakalıdır. Şişelerin arasında içeri ve dışarı zikzak çizmek kişinin bu hareket örüntüsünü gerçekleştirmek için hangi yöne gitmesi gerektiği duyusuna ihtiyaç duyar.

Motor Beceriler

Başkalarını fark etme: Başkalarını sıraları geldiğinde izlemek ve başarılı olduklarında onlar adına sevinme fırsatına erişmek kişinin sınıf arkadaşını fark etmesini sağlar.

Sırayla yapma: Bu oyunlarda kişinin sırasını beklemesi oldukça kolaydır çünkü sıra çok çabuk gelir. Ayrıca hızlı tempo diğerlerinin hareketleri nasıl yaptıklarını görmeyi mümkün kılar, eğer bekleme süresi fazla olursa çocukların dikkati dağılabilir.

Bilişsel Beceriler: Kaç şişe devrildi? Çocuklardan dikkat etmeleri ve saymaları istenir.

1. Oyun: Şişe Devirmece

Hazırlık

Şişeleri hazırlama: Şişeleri devirmenin ne kadar zor veya kolay olacağı iki şeye göre değişir: Şişlerin birbirlerine ne kadar yakın olduklarına ve ne kadar ağır veya hafif olduklarına. Şişeleri ağırlaştırmak için su, kum veya çakıl koyun. Ağırlılığı ne kadar malzeme etkileyecek ve düşmeyi kolaylaştıracaktır? Eğer şişeler şeffafsa içlerine renk katarak çocukların da hazırlık aşamasına dahil olmasını sağlayabilirsiniz. Sürece çocukların şişelere gıda boyası katmasını sağlamakla başlayabilirsiniz (Bu çocuklara, örneğin, bir damla kırmızı boya ile bir damla sarı boyanın ortaya turuncu bir boya çıkardığını öğretmek için iyi bir fırsat olabilir.). Eğer su ekliyorsanız, devrilirken olası bir sızıntının önüne geçmek için ağzını güvenli bir şekilde güzelce sıkın, etkili bir tutkalla mühürleyin veya bantla sarın.

Oyun alanını hazırlama: Atıcının nerede durması gerektiğini belirlemek için yere mat veya bir parça kağıt koyun. Bu size mevcut görevi zorlaştırmak veya kolaylaştırmak için matı ileri veya geri hareket ettirme şansı verir. Çocuklar her turda topu iki kez atma şansına sahip oldukları için daha az becerikli çocuklar için ikinci atıştan önce matı biraz daha yaklaştırabilirsiniz. Ayrıca daha becerikli çocukları zorlamak için de matı uzaklaştırabilirsiniz.

Topun boyutunu seçme: Bu oyunda topun boyutu tenis topundan tutunda futbol topuna kadar çeşitlilik gösterebilir. En büyük topla başlayın. Daha küçük boyutlu topları kullanırken eğer daha yakında olurlarsa şişeleri devirmenin daha kolay olacağını unutmayın.

Şişeleri düzenleme: Şişeleri düzenlerken iki seçeneğiniz vardır:

- Şişeleri atıcının tam karşısına uzun ve tek bir sıra halinde dizin. Şişelerin birbirlerine ne kadar mesafede yerleştirileceği istenilen zorluk seviyesine göre çeşitlilik gösterebilir. Şişeler birbirine ne kadar yakın olursa, devrilmeleri o kadar kolay olur.
- Şişeler bowling lobutlarının dizildiği tipik bir piramit düzeninde yerleştirilebilir.

TALİMATLAR

Çocuklardan şişeleri devirmelerini isteyin. Bowling oyununda olduğu gibi topu yuvarlama tercihiniz gösterirsiniz. Topu omuz hizasının altından atma becerisini henüz kazanamamış bazı çocuklar aradaki farkı anlayıncaya kadar topu omuz hizasının üstünden çıkarabilirler.

Çocuklardan kaç tane şişenin devrildiğini saymalarını isteyin.

ÇEŞİTLEMELER

1. Bir veya iki çocuğa şişeler devrildikten sonra onları tekrar dizme görevi verilir. Her bir çocuğun atışından sonra şişeler tekrar düzeltilir.
2. Devrilen şişeler herkes bir defa atış yapıncaya kadar yerde kalır. Bu sırada bekleyen son çocuklar için oyunun zorluğunu arttırır çünkü topu kalan şişelere çarptırabilmek için daha iyi nişan almaları gerekir.

VİDEO

http://gameslady.com/video/bottlegames/l-Bottle-throw-ball.asp

2. Oyun: İçeri ve Dışarı

HAZIRLIK

Şişeleri geniş oval bir yuvarlak şeklinde dizin. Şişeler arasındaki boşluk bir çocuğun yürüyebileceği genişlikte olmalıdır.

TALİMATLAR

Şişelerin arkasından geçerek dairenin hem iç hem de dış kısmında nasıl yürünmesi gerektiğini gösterin. Engellerin etrafında gezinen bir araba görüntüsü verebilirsiniz. Hareketlere uyan marş veya şarkılar söyleyin ve sınıfın geri kalanını sizle birlikte söylemeleri için cesaretlendirin. Ben basit bir melodiyle birlikte şu sözleri söylüyorum:

Şişelerin içine gir ve dışına çık
Şişelerin içine gir ve dışına çık
Şişelerin içine gir ve dışına çık
Bunları güzel bir günde yapıyorsun

ÇEŞİTLEMELER

1. İki öğrencinin birlikte yapmasını isteyin. Bir kamyonet taklidi yaparak dairenin içinde ve dışında yürümelerini sağlayın. Bu özellikle de eğer bir çocuk hareketleri tek başına yapacak dokunsal becerilere sahip değilse oldukça işe yarar. Diğer çocuk öncülük edebilir ve daha az deneyimli olan çocuksa ellerini lider öğrencinin omuzlarına veya beline koyabilir. Ekstra bir oyuncuyu daha dahil etmek için daireyi büyüterek şişeler arasındaki mesafeyi genişletebilirsiniz.

2. İki çocuk birlikte hareket ederlerken lider çocuğun omzuna veya bel kısmına bir ip, atkı veya kurdele sararak hayaldeki kamyonet görüntüsünü at taklidine dönüştürebilirsiniz. Takip eden oyuncu at kendisini şişelerin arasında gezdirirken yularlarını tutar.

3. Bunların yanı sıra birbirine tutunan çocuklardan oluşan küçük bir trende şişelerin arasında dolaşabilir. Üç çocuktan fazla olması durumunda şişeler kolayca devrilir ve şişelerin daire veya oval şekli ortadan kalkabilir. Eğer daha uzun bir tren oluşturmak ve üçten fazla oyuncu

kullanmak istiyorsanız, şişeleri daire veya oval yerine düz bir çizgi halinde yerleştirin. Şişelerin arasında yeterince boşluk olduğundan emin olun.

4. Çocuğun dairenin içine girip çıkarken vücudunu sağa sola döndürmek zorunda kalmasına neden olacak şişeleri birbirine daha fazla yaklaştırma işlemini gerçekleştirip vücut farkındalığını da oyuna ekleyerek zorluğunu arttırabilirsiniz. Ama önce şişeleri devrilmeden etraflarında yürünecek kadar boşluk olduğundan emin olun. Devrildiklerinde bir sonraki oyuncu veya oyuncular için düzeltilmelidir ve bu durum da normal akışı sekteye uğratacaktır.

Video

http://gameslady.com/video/bottlegames/2-Bottle-in-out.asp

3. Oyun: Engel Parkuru

Hazırlık

Matı (veya bir parça kağıdı) oyun alanın sonuna koyarak başlangıç noktasını belirleyin. Matın hemen önüne iki şişeyi yan yana yere yatırın. İki şişenin üzerinden atladıktan sonra oyuncunun ayak basabileceği bir boşluk bırakın veya bir mat koyun. Sonra yere oyuncunun üzerinden atlayacağı üç şişe koyun. Bu şişeler de yana yatırılmış olmalı ve birbirlerine değmeli. Yine ayak basmak için bir boşluk veya bir mat bırakın. Sonra oyuncunun aralarından geçeceği iki şişeyi yere dikin. Daha sonra yere engel parkurunun bittiğini gösteren son bir mat koyun.

Talimatlar

Oyunculardan yatay durumdaki iki şişenin üzerinden atlamalarını ve diğerlerinin etrafında zikzak çizerek hareket etmelerini isteyin. Oyuncuları son matın üzerine zıplamaları konusunda cesaretlendirin.

Çocuklar bu engel parkurunu sırayla yapıp son kısımda herkes oyuncuyu alkışlayabilir. Ayrıca çocuklar bir sıra oluşturup engel parkurundan birbirinin peşi sıra da geçebilir.

Çeşitlemeler

1. Bu aynı motorsal elementleri kullanarak engellerin sırasını değiştirebilirsiniz:
   - *Uzun atlama:* Bir-dört şişe üzerinden atlanması için yere yan şekilde yatırılır.
   - *Dokunsal farkındalık:* Şişeler aralarında zikzak yapmak için yere dik bir şekilde konur.
2. İlgiyi canlı tutabilmek için, herkes bir tur döndükten sonra ilave bir şişe daha koyun. Şöyle bir ifade kullanmayı seviyorum: "İki şişenin üzerinden gayet iyi atladınız, üç tane şişenin üzerinden atlayıp dört tanesinin arasından da zikzak yaparak geçebileceğinizi düşünüyor musunuz?" Çocukların bu meydan okumayı duyduklarında heyecanlandıklarını ve bana yapabildiklerini kanıtlamak için oldukça mutlu olduklarını fark ediyorum!
3. Uygun gördüğünüzde çocuklardan hareketlerini yana ve geriye doğru zıplayarak çeşitlendirmelerini isteyin. Denge kalası, denge tahtası gibi öğeleri ekleyerek çemberi genişletin. Çocuklar büyükçe bir daire oluşturarak parkuru hep birlikte tamamlayabilirler. Sıra beklemeye son! Herkes ikişer tur attıktan sonra bu versiyonunu yaparım. Yeterince sabırlı bir şekilde beklediklerini ve sadece hareket etmek istediklerini anlarım!
4. Bir veya daha fazla çocuğun engel parkurunu kendi seçimlerine göre düzenlemelerine müsaade edin.

Video

http://gameslady.com/video/bottlegames/5-Bottles-obstaclel.asp

İp Oyunları

İp, ne kadar uzun olursa o kadar iyi, birçok kaba motor becerileri geliştirmek içinde kullanılabilir. Evinizde de çocuklarınızla kullandığınız bir ip mutlaka vardır veya eğer seyahat eden bir terapistseniz, çantanıza tıkıştırmanız ve yanınızda götürmeniz olasıdır. Bu tek malzemeden birçok aktivite gerçekleştirebilirsiniz. Bu oyun serisi koşma, zıplama ve sıçrama gibi birçok aktiviteyi içermektedir bu nedenle evde kardeşleri okulda da sınıf arkadaşlarının katılımını sağlamak oldukça basittir. Eğer ipiniz yoksa, endişe etmeyin, atkı, kurdele ve hatta birbirine bağlanmış spor çoraplarını bile kullanabilirsiniz.

1'den 9'a İp Oyunlarına Hazırlık

Eğer sınıftaysanız bu oyunların her biri için tercihen üç yetişkin bulundurmalısınız. İkisi ipin iki ucundan tutarken diğeri de trafiği yönetir. Eğer ipin uçlarından tutacak iki yetişkin yoksa, ipin bir ucunu masanın bir ayağına bağlayın, bu işinizi görecektir. Ayrıca çocuklardan birini ipin ucunu tutması için seçebilirsiniz veya ipi sırayla tutmalarını isteyebilirsiniz. Örneğin, tekerlekli sandalyedeki bir çocuk bu açıdan önemli ve ihtiyaç duyulan bir katılımcı olabilir.

Aynı yönde akışı sağlamak ve olası kafa kafaya çarpışmaları ve trafik sıkışıklıklarını önlemek için trafiğin kontrol edilmesi gerekir. Bazen çocuklardan biri iki kez geri dönmek ister ve sıradaki çocuğun sırasını alarak onunla çarpışır. Bu nedenle her turdan sonra hareketleri tamamlayan çocuğun sıranın en arkasına geçtiğinden emin olun. Bir çocuktan ipin üzerinden atlamayı göstermesini ve sonra sıranın en arkasına geçmesini isteyebilirsiniz.

Öğreneceklerimiz

Bu oyunlarda aşağıdaki beceriler geliştirilmektedir.

Duysal Beceriler

Vestibüler dönüt: Denge sınandığı için koşma, atlama, zıplama ve sıçrama hepsi vestibüler sisteme dahildir. Çocuklardan bazılarının ipin üzerinden atlayıp diğer tarafa düşer gibi yaptığına şahit olacaksınız. Bu çocuklar "kendilerine özgü şeyi" yapıyor olabilirler ama bu kamuflaj dengelerinin pek de sağlam olmadığını saklamak için de kullanılıyor olabilir. Bu durumu kamuflajı teşvik etmeyecek bir şekilde görmezden gelebilir veya çocuktan aktiviteyi yavaş hareketlerle yapmasını isteyebilirsiniz. Bu beceriyi gerçekleştirebilmesi için ona daha fazla zaman tanıyacaktır.

Proprioseptif dönüt: Giderek yukarı kaldırılan bir ipin üzerinden atlamanın ne kadar enerji gerektirdiğini kestirmek vücut farkındalığı geliştirmektedir. Ayrıca ipin üzerinden atlamakla sıçramak arasındaki farkı anlamak kişinin vücudunu farklı şekillerde nasıl hareket ettireceğini fark etmesini mümkün kılar.

Dokunsal farkındalık: Çocuklar giderek alçaltılan bir ipin altından geçmek için vücutlarını eğmek zorunda kaldıklarında vücutlarının ne kadar yer kapladığının farkında olmaları gerekir. Basit bir eğilme hareketi yetecekken ipin altından geçmek için karnı ile emekleyen çocuklara veya yeterince eğilmediği için başı veya sırtı sürekli ipe çarpan çocuklara dikkat edin. Bu çocuklar vücut farkındalıklarını arttırmak için ayrıca aktivitelere (tünelden emekleyerek geçme, bazı şeylerin altından geçeceği engel parkurlarını tamamlama vb.) tabi tutulabilir.

Sosyal Beceriler

Başkalarını fark etme: Bu oyunlar hızlı bir şekilde akıp gider yani çok fazla bekleme olmaz. Yine de başkalarını fark etme vardır çünkü, daha önce de açıkladığımız gibi, çünkü arkadaşlarının adımlarını takip etmeyen çocuklar arkadaşlarıyla çarpışırlar.

1. Oyun: İpi Yükseltme

Hazırlık

Oturan iki yetişkin tarafından tutulan ip önce zemine yerleştirilir. Herkes sırayla üzerinden atlar ve iki ayağı üzerinde yere iner. Bir sonraki etapta ip yuları kaldırılır. Oyun bu şekilde devam eder, ip güvenli bir şekilde üzerinden geçilemeyecek yüksekliğe eriştiğinde oyun sonlandırılır.

Talimatlar

Çocuklardan ipin üzerinden atlamalarını isteyin. Hepsi bir kez atladıktan sonra, onlara ipi daha yükseğe çıkaracağınızı ve herkesin tekrar atlayacağını söyleyin. Tüm çocukları daha yüksek olan ipin üzerinden atlama başarıları sebebiyle övdükten sonra onlara: "Daha yükseğe çıkarayım mı?" diye sorun. Eğer şuana kadar ki tecrübelerimde yanılmıyorsam, çocuklar hevesli bir şekilde: "Evet!" diye haykıracaklar. İpi yükseltmeden önce her defasında aynı soruyu tekrar sorun. İpin daha yukarı çıkmasını istemeleri konusunda olaya kuşkuyla yaklaşıyormuş gibi davranmayı eğlenceli buluyorum. "Emin misiniz?" diye bir soru yöneltip ardından "Ama bu gerçekten yüksek." diyebilirim. Çocuklar ipin yüksekliği sebebiyle zorlanmaya başladıklarında bir diğer oyuna geçin.

İpin ne kadar yüksekte olacağı grubunuzdaki çocukların beceri seviyelerinc bağlıdır. Yaklaşık olarak 25 cm normal bir sınırdır. Eğer çocuklardan biri düşecek gibi olursa, yetişkinler hemen ipi alçaltıp gerekirse çocuğun ellerinden tutmalıdır.

Video

http://gameslady.com/video/ropevid/l-raising-up.asp7

2. Oyun: İpi Alçaltma

Hazırlık

Bir sonraki safhada, ip çocukların altından geçmesi için önce yüksekken daha sonra kademeli bir şekilde alçaltılır.

Talimatlar

İpi çocukların sadece başlarını eğerek altından geçecekleri bir yükseklikte tutarak başlayın. Her turdan sonra ipi biraz daha alçaltacaksınız ve bu durum çocuklar bellerini büküp ipe dokunmadan altından geçinceye kadar devam edecek. Daha fazla eğlence için çocuklara ipin sıcaktan cızırdadığını söyleyin. İpin altından geçerken kendi "güvenlikleri" için vücutlarının hiçbir yeriyle ipe dokunmamaları gerektiğini söyleyin. İpin altından teker teker geçmelerine rağmen onları "Dikkatli olun!" diye uyarmaya devam edin. (Eğer grupta fazlasıyla somut düşünen bir çocuk varsa gruba numara yaptığınızı ipin gerçekte sıcak olmadığını anlatın. Ve emin olabilmesi için o çocuğun ipe dokunmasına izin verin.)

Video

http://gameslady.com/video/ropevid/2-lowering.asp

3. Oyun: Üzerinden ve Altından

Hazırlık

Bu oyunda en az iki ipe ihtiyacınız var. Ya da eğer uzun bir ipiniz varsa onu ikiye (hatta üçe) bölüp kullanabilirsiniz. İpler aralarında yaklaşık otuz cm olacak şekilde birbirine paralel tutulur.

Bir ip diğerinden daha yüksekte tutulur. İki tane değişken vardır: biri iplerin ne kadar alçak veya yüksek tutuldukları; diğeri de hangi hareketin önce yapılacağı, üzerinden atlama veya altından geçme.

Talimatlar

Çocuklardan yüksek olan ipin altından geçmelerini ve alçak olan ipin de üstünden atlamalarını isteyin. Herkes bir hareket dizinin bir ya da iki kez yaptıktan sonra değiştirin. Yüksek ipi alçaltıp diğerini yükseltin.

Çeşitleme

Üçüncü bir ip daha fazla olasılık yaratır. Çocuklar üç iple üzerinden-altından-üzerinden, altından- üzerinden-altından veya üzerinden- üzerinden-altından gibi örüntüleri takip edebilirler. Devam etmek için vücutlarında, örneğin eğilmekten ayağa kalmaya ve zıplamaya yaptıkları geçişler motor kontrol gerektirir.

Video

http://gameslady.com/video/ropevid/3a-over-under.asp

4. Oyun: İki Kere Zıpla-İleri, Yana ve Geriye

Hazırlık

Bir önceki oyunda olduğu gibi iki ip yan yana tutulur. İpler arasında beş ve sekiz inçlik mesafe bırakılır. Ipleri zemine koyarak başlayın. Çocukların daha zorlu bir göreve hazır olduklarını fark ettiğinizde hafifçe yukarı kaldırın.

Talimatlar

Çocuklar iplerin üzerinden sırayla giderek iki kez zıplar. Onlara ritim kazandırmak için bir yandan "zıpla, zıpla" sözcüklerini tekrar etmenin oldukça faydası olur. Önce çok aşina oldukları ileri doğru zıplama hareketi ile başlayın. Sonra, yanlara doğru iki kez zıplamalarını isteyin. Yana doğru zıplayacaklarında önce vücutlarının sağ tarafıyla başlasınlar. Sonra vücutlarının soluna doğru zıplasınlar. Her iki ipin de üzerinden önce ileri sonra da yanlara doğru zıpladıktan sonra, geriye doğru iki kez zıplamalarını sağlayın.

Video

http://gameslady.com/video/ropevid/4-bkwrds-sideways.asp

5. Oyun: Bir Kere Sek, İki Kere Sek

Hazırlık

Birinci safhada tek bir ip kullanın. Çocukların iki kez zıpladığı ikinci safhadaysa aralarında yaklaşık otuz cm veya daha fazla mesafe bulunan iki ip kullanın.

Talimatlar

Çocuklar önce tek ayak üstünde bir ipin üzerinden bir kez zıplar. İkinci seferde iki ip birbirinden ayrı tutulur ve çocuklar iki kez seker.

Daha az tecrübeli ve daha az koordine çocuklar için, ayrıntılı bir şekilde ayaklardan birini yukarı çekip diğer ayakla nasıl zıplayacaklarını gösterebilirsiniz. Kaldırılan ayak tüm süreç esnasında bükülü vaziyette tutulur. Yeni sekmeye başlayanlar zıpladıktan sonra yere inerken bükülüp kaldırılan ayağın üzerine basma eğilimindedirler. Bazen çocuğun büküp kaldırdığı eliyle tutması yere inerken o ayağı kullanmaması gerektiğini hatırlatma konusunda faydalı olabilir. Birkaç zıplamadan sonra ayak değiştirin.

Video

http://gameslady.com/video/ropevid/5-hop.asp

6. Oyun: Dereden Atla

Hazırlık

İki ipi birbirinden 15 cm mesafede yere serin. Oyun ilerledikçe "dere" iki ip arasındaki mesafeyi arttırarak büyütün.

Talimatlar

Dilerseniz çocuklardan üzerinden atlamaları gereken derenin veya çayın resmini zihinlerinde canlandırmalarını isteyebilirsiniz. Daha fazla yağmur düşmeye ve dere daha da genişlemeye başlar ve üzerinden atlaması giderek daha da zorlaşır. Hikayeyi anlatırken bir yandan da ipler arasındaki mesafeyi giderek arttırın. Her seferinden küçük miktarlarda, 15 cm diyelim, yapın-dere üzerinden atlanamayacak bir genişliğe erişinceye kadar bu işleme devam edin.

İpin uzunluğuna göre aynı anda üç veya daha fazla çocuk atlayabilir. Atlayış esnasında "Bir, iki, üç-atla!" veya "Evet, hazır, atla." gibi ifadelerle yönlendirebilirsiniz.

Video

http://gameslady.com/video/ropevid/6-leap-wide-creek.asp

7. Oyun: Koş ve Eğil

Hazırlık

İpten 180 cm veya daha fazla mesafeye bir mat koyun. Mat çocuğun koşmaya başlayıp ipin üzerinden atlamadan önce durması gereken yeri belirtir. İpi zeminden yukarıda tutun. Ne kadar yüksekte olacağı çocuklarınızın beceri seviyesine bağlıdır. Yükseklik her seferinde değişebilir ama çocuklar ipi sıyırır ve takılırsa ve yeterince yükseğe zıplayamazlarsa ipi alçaltmaya hazırlanın.

Talimatlar

Çocuklar matın (paspas) olduğu yerden başlar ve sonra koşabildikleri kadar hızlı koşup bir ayakları önde ipin üzerinden atlarlar. Bir ayakları önde sıçrama ve zıplayıp iki ayakla yere inme gibi farklı hareketleri tecrübe ederler. Sıçramanın hissiyatını ve keyfini tadabilmek için koşarak başlamak şarttır. Çocuklar için bir ritim yaratma ve zamanlamayı belirtmek için hızlı davul sesi çıkarabilir veya "Koş, koş, koş, koş, koş, SIÇRA!" diyebilirsiniz.

Video

http://gameslady.com/video/ropevid/7-run-leap.asp

8. Oyun: Hareketli İp

Hazırlık

İki yetişkin veya sorumluluk sahibi yaşça büyük iki çocuk ipi zemin hizasında tutup ileri geri hareket ettirirler. Daha küçük ve daha az tecrübeli çocuklar için bu oyunda ipi yukarı kaldırmayın çünkü hareket eden ipe odaklanmak bile başlı başına büyük bir dikkat gerektirir.

Talimatlar

Oyuncular dokunmadan hareket eden ipin üzerinden atlamaya çalışırlar. Çocukların dokunmamak için üzerinde durmadan zıplamaları gereken hayali bir yılan fikrini kullanabilirsiniz. Her ne kadar bazıları gönülsüz oyuncuların hızlı bir şekilde zıplamalarını sağlamak için zehirli olduklarını söyleseler de bu yılan tabi ki arkadaş canlısı bir yılandır.

Video

http://gameslady.com/video/ropevid/8-wavy-snake-.asp

9. Oyun: Sallanan İp

Hazırlık

İki yetişkin geleneksel ip atlama oyunundaki gibi bir ipin iki ucundan tutar. İpin daireler çizerek dönmesi yerine yetişkinler onu sağa sola hafifçe sallarlar.

Talimatlar

Bu oyun ipin başlarının üzerinden geçtiği geleneksel ip atlama oyununa hazır olmayan çocuklar içindir. Bu oyunda, ip hafifçe sağa sola sallanır.

Çocuklar ip kendilerine yaklaştığında zıplayabilmek için zamanlamalarını ayarlamalıdır. İpin ne kadar yavaş veya hızlı sallanacağı çocuklara bağlıdır. Herkesin başarılı olabilmesi için ipin hassaslık ve hızı değiştirilebilir. İpin üzerinden doğru zamanda-ip uzağa doğru giderken değil yakındayken-nasıl atlamaları gerektiğini gösterin. "Hazır...Atla!" gibi bazı sözel yönlendirmeler de yapabilirsiniz.

Video

http://gameslady.com/video/ropevid/9-swinging.asp

10. Oyun: Yaratıcı Zıplama

Hazırlık

Bir veya iki ip hazırlayın. Eğer iki ip kullanacaksanız birbirlerine paralel olmasına dikkat edin. İplerin yerden ne kadar yüksekte olacağı çocukların beceri seviyelerine ve boylarına bağlıdır. Bu oyun motorsal olarak sınanmaktan daha çok yaratıcılıkla alakalı olduğu için, genel bir ip yüksekliği dizlerinin altında veya daha aşağıda olabilir.

Talimatlar

Çocuklara iplerin üzerinden istedikleri şekilde geçebileceklerini söyleyin. Atlayabilir, zıplayabilir, kenarlara doğru gidebilir, parende atabilir, karate tekmesi atabilir ve buna benzer şeyler yapabilirler. Bir süre sonra, çocuklar hareketlerine bir de ses ekler. Mesela, ipin üzerinden hızla dönerek geçerken bir yandan da dilleriyle harekete uygun ses çıkarırlar.

Video

http://gameslady.com/video/ropevid/10-creative.asp

11. Oyun: İpte Yürüme

Hazırlık

İpi açarak yere koyun.

Talimatlar

Çocuklardan cambazların üzerinde yürüdüğü sıkı gerilmiş bir ipmiş gibi ipin üzerinde yürümelerini isteyin.

12. Oyun: Halat Çekme

Hazırlık

Sınıfı iki takıma ayırın. Takımlardan biri ipin bir ucundan diğeri de öbür ucundan tutsun.

Talimatlar

Bu son oyun çocukların enerjilerini son damlasına kadar kullanacaktır. Her iki takımda ipi çekip diğer takımı kendilerine doğru sürüklemeye çalışır. Bu her iki takımında tüm gücünü kullanarak birbirini çekmeye çalıştığı ve eğlendiği hedefsiz bir oyun olmalıdır. Alternatif olarak, yere bir çizgi çizin ve diğer takımı çizginin berisine kadar çeken grup oyunu kazansın.

Denge Tahtası Oyunları

Denge tahtası veya denge kalası satın alınabilir veya kolayca yapılabilir. Temelde altında sağa sola sallanmasını sağlayan ayaklar veya küp bulunan bir kontrplak parçasıdır. Bu tahtaların amacı dengeyi sınayarak vestibüler sistemi hareket geçirmektir.

Bireysel kullanım için tasarlanmış birçok tahta bulunmaktadır ama eğer denge için olduğu kadar sosyal becerileri de geliştirmek istiyorsanız aynı anda iki veya daha fazla çocuğun üzerinde durabileceği daha büyük olanlarını kullanın. Eğlence başlasın!

Öğreneceklerimiz

Bu oyunlarda aşağıdaki beceriler geliştirilmektedir.

Duysal Beceriler

Vestibüler dönüt: Denge tahtası üzerinde sallanmak çocukların nasıl dik durabileceklerinin farkına varmalarını sağlar. Hareketli tahtadan atlamak için çocuklar denge merkezlerini bulabilmek ve tahtadan zıplayarak ayaklarının üzerine inmek zorundadır.

Proprioseptif dönüt: Tahtayı iki farklı yönde hareket ettirmeyi bilmek-sağa sola ve ileri geri-kalça ve diz kaslarını nasıl hareket ettirildiğinin farkında olmayı gerektirir.

Motor Beceriler

Çocuklar gerekli olan hareketlerin inceliklerini öğrenirler. Örneğin, dizleri daha çok bükmek daha heyecanlı bir sallanma hareketi sağlar ve bu bükme hareketinin derinliğinin sürekli olarak ayarlanması daha iyi bir denge ile sonuçlanır. Hareket eden bir yüzey üzerindeki bu pozisyon dengeyi sağlamak için üst gövde ve merkezi kontrolü çalıştırır.

Sosyal Beceriler

Başkalarını fark etme: Bu oyun serisi bireysel oyunlarla başlar. Çocukların hepsi nasıl hareket edeceklerini ve dengelerini nasıl sağlayacaklarını öğrenirler. Sonra, dengede durmayı zorlaştırmak ve çocukların uyumlu olabilmek için birlikte hareketlerini nasıl ayarlamaları gerektiğini öğretmek adına oyuna başka çocuklar da eklenir.

Ritim ve zamanlama: Ritmi sağlamak için söylenen şarkılar vardır. Bu şarkı veya marşlar farklı seviye becerilerini dahil etmek ve zorluğu arttırmak için hızlı veya yavaş söylenebilir.

Sırayla yapma: Çocuklar sıranın kendilerine gelmesi konusunda sabırsız davranıp zıplamak isteğine karşı koyamayarak "Ben! Peki ya ben ne!" diyebilirler. Diğer oyuncuları seyrederken biryandan şarkı söylemeleri hem onları aktif tutar hem de sabırlı olmayı öğretir.

Yaratıcılık: Bu oyun serisinin sonunda kullanılan materyaller çocuklara verilerek kendi çeşitlemelerini yaratmaları için fırsat sunulur. Yaratıcılık sürecine katılanlar işbirliği ve fikir birliğine varma konusunda tecrübe sahibi olurlar.

Tüm Denge Tahtası Oyunlarına Hazırlık

Çocukların rahatça zıplayabilmeleri için denge tahtasının etrafında yeterince boşluk olmalıdır. Yer belirlemelerine ve dengelerini gerektiği gibi düzenlemelerine yardımcı olarak atlama esnasında düşme risklerini minimize edebilirsiniz. Oyunlardan birinde çocuklar tahtadan bilerek kayıyor ve oturur vaziyette düşme ve toparlanmayı tecrübe ediyorlar. Tahtanın üzerine çıkmadan önce durulması gereken yeri belirtmek için tahtanın hemen arkasında yere bir mat veya işaret koyun.

1. Oyun: Sallan ve Yuvarlan

Talimatlar

Çocuklar yüzleri ileri dönük bir şekilde gerek duydukları ve diledikleri kadar yardım alarak sırayla tahtanın üzerine çıkarlar. Ayakları birbirine paralel bir konumda durur. İlk turda çocukların bir elini, ellerini tutabilir veya ellerinizi kalçalarına koyabilirsiniz. Denge duyusu arttıkça verdiğiniz desteği azaltın. Çocuklar yalnız başına yapacak duruma geldiklerinde size ya sözle ya da vücut hareketleriyle bunu anlatırlar.

Hem onlara yapılması gereken şeyleri bildirmek hem de bir ritim oluşturmak adına şarkı söyleyin: Kendi şarkınızı uydurmakta ve melodi eşliğinde belirli bir ritim oluşturmakta özgürsünüz:

Sallan ve Yuvarlan, Sallan ve Yuvarlan
Sallan ve Yuvarlan, Sallan ve Yuvarlan
Sallan ve Yuvarlan, Sallan ve Yuvarlan

Sallan ve yuvarlan ve atla. Çocukların her biri sırayla denge tahtasına çıktığında, bacaklarını bükerek tahtayı sallamaları konusunda yönlendirin. Sonra bütün çocukların yukarıda verilen şarkıyı söylemelerini ve "ve atla" sözlerine gelindiğinde de tahta üzerinde olan oyuncuyla birlikte zıplamalarını sağlayın.

Video

http://gameslady.com/video/rockerboard/l-r-side-to-side-copy.asp

2. Oyun: İleri ve Geri

Talimatlar

Çocukların yüzleri yanlara dönük olacak vaziyette ve ayaklarından biri rahatça diğerinin topuğunun hemen arkasında duracak şekilde tahtanın üzerinde durmalarını sağlayın. Bir önceki oyunda, oyuncunun yüzü ileri dönüktü ve ayakları birbirine paraleldi ve tahtayı sağa sola sallıyordu. Ama bu oyunda, oyuncu vücudunu 180 derece döndürüyor ve tahtayı ileri geri hareket ettiriyor. Her seferinde vücudunu döndürmek yerine oyuncuya ağırlığını sürekli olarak ön bacağından arka bacağına aktararak tahtayı ileri geri sallanmasını söyleyin.

Video

http://gameslady.com/video/rockerboard/2-r-back-and-forth.asp

3. Oyun: İkisi Birden

Talimatlar

Çocuklardan birini diğerinin arkasına konumlandırıp birlikte sallanmalarını sağlayın. Bu oyunda, her iki çocuk da ileriye dönüktür ve tahtanın sağa sola sallanmasını sağlarlar. Diğer çocuk tahtaya çıkmadan birinci çocuğun dengesini sağlamasına yardımcı olun. Ya da iki çocuk da rahatça tahtaya çıkıncaya kadar tahtayı sabit bir şekilde tutun. Çocukların ya kollarını bellerine dolama veya elleri omuzlara atma vasıtasıyla birbirlerine tutunduklarından emin olun. Bu dokunma hali başka birinin hareketlerine uygun bir şekilde davranma farkındalığını arttırır. Çocuklar birbirlerinin arkasında durmak yerine ayrıca yan yana da durabilirler. 1. Oyundaki şarkıyı söylemeye başlayın ve eğer oyunda başka çocuklar da varsa onların da şarkıyı söylemlerini sağlayın. Çocuklara birlikte sallanmalarını söyleyin. Atlama anı geldiğinde her iki oyuncu da ayrı ayrı atlayabilsinler diye "ve atla" dizesini iki kez söyleyin.

Video

http://gameslady.com/video/rockerboard/3a-r-two-together.asp

4. Oyun: Denge ve Pistin Dışına Çıkma

Talimatlar

Ayakta durup her iki elini de dizlerinin üzerine koymak yerine çocuklardan tahtanın üzerine bağdaş kurup oturmalarını söyleyin. Tahtayı ne sertlikte ve ne kadar yavaş veya hızlı sallayacağınız üzerinde duran çocuğun beceri seviyesine ve oyuna katmak istediğini zorluk seviyesine bağlıdır. Çocuk kendini ritim ve denge konusunda daha güvende hissetmeye başladığında sallama miktarı giderek arttırılabilir.

Çocukları sallarken aşağıdaki şarkıyı söyleyin. Çocuklar öğrendiğinde de herkesin söylemesini sağlayın.

Dengede durabilir misin?
Dengede, dengede
Dengede durabilir misin?
Yoksa düşecek misin?

Oyun "Yoksa düşecek misin?" sözlerinden sonra tahtanın sallanması ve oyuncunun tahtanın üzerinden kaymasıyla sürpriz sonla biter. Bu her seferinde çocuklar için sürpriz bir sondur. Genellikle bunun kasten yapıldığının farkına varmazlar. İkinci oyuncunun sırası geldiğinde tüm çocuklar gerçeği öğrenir ve sıranın kendilerine gelmesi için sabırsızlanırlar.

Devrilmenin yönünü değiştirin. Tahta sadece sağa sola sallanmasına rağmen hafifçe kaldırıp çocuğun ileri veya geri kayıp düşmesini de sağlayabilirsiniz. (Bazen tahtayı kaldırma konusunda diğer çocuklardan yardım alın.) Son satırı söylemeden önce bir süre durup susabilir veya son satırı söylerken hızı arttırıp azaltarak çeşitlendirebilirsiniz. Bu beklenmedik oyuna eğlence katar. Çocuklar düşeceklerini bilirler ama hangi yöne ve ne zaman düşeceklerini tahmin edemezler.

Video

http://gameslady.com/video/rockerboard/4-r-balance-and-slide-off.asp

5. Oyun: Grup Olarak Sallanma

Talimatlar

Tahtaya birden fazla çocuğun çıkmasına ve iki veya daha fazla çocuğun tahtayı sallamasına izin verin. Tahtanın üzerine kaç çocuğun çıkacağı ve kaç çocuğun tahtayı sallayacağı çocukların başkalarını fark etme yetilerine bağlıdır. Çok sayıda çocuk ve çok sallanan bir tahta oyunun şarkıyla birlikte bitmeyeceği anlamına gelebilir. Yönüne çocuklar karar verebilir ve siz de başka yetişkinlerle birlikte çocukları gözlemleyerek oyunun kontrol dışına çıkmasını önleyebilirsiniz.

Video

http://gameslady.com/video/rockerboard/5-r-group-rock.asp

6. Oyun: Tümüyle Yeni Yöntemler

TALİMATLAR

Sıra çocuklara birkaç kez geldikten ve çocuklar kendilerini kullanılan denge tahtası konusunda güvenli ve rahat hissettiklerinde, tahtayı kullanma konusunda kendi yenilikçi yöntemlerini bulmalarına izin verin. Çocukların birçok arkadaşına ve hatta oyundaki öğretmenlere bile yer verdiği ve onları dahil ettiği oldukça yaratıcı ve yenilikçi fikirlerle çıkageldiklerine şahit oldum. Yeni buluşlar için sağlanan bu özgürlük oyunların işlerlik kazanması için birbirine yardım etmeyle ilgili yaratıcılıklar konusunda fırsatlar sunar. Çocuklarımızın bulduğu bazı çeşitlemeleri görmek için videoya bakınız. Bir önceki oyunda olduğu gibi, işimiz yaratıcılığa izin vermek ama bir yandan da güvenliği sağlamak olmalıdır.

VİDEO

http://gameslady.com/video/rockerboard/6-new-ways.asp

Acele Etme Arnold

Arnold Down sendromlu bir çocuktu. Üç yaşındaydı fakat yaşına göre daha küçük gösteriyordu ve ayrıca down sendromlu çocuklarda görülen eklem bağlarındaki gevşeklik Arnold'da da vardı. Eski bir dansçı olarak Arnold'ın bacaklarını 180 derece açmasını kıskanıyordum. Arnolda Gandi'nin kıskanacağı başka bir beceriye daha sahipti: Tam bir pasif direniş uzmanıydı. Gandi, Martin Luther King Jr. Ve diğer bazı barış temsilcileri protestoculara kavga etmek yerine direnişlerini gevşeyerek devam ettirmelerini istemiştir. Gevşek bir vücudu hareket ettirmek oldukça güçtür.

Arnold'un annesi onu her gün Head Start merkezine getirirdi ve her gün sabah oluşturulan dairede arkadaşlarına katılması için davet edilirdi. Verdiği yanıt sınıf içinde başka bir yere gidip arkasını dönmek ve sessizce bir oyuncakla oynamak şeklinde olurdu. Sabah oluşturulan bu daireye katılmak Head Start merkezinde isteğe bağlı değildi bu nedenle öğretmen Arnold'ı alır ve daireye taşırdı. İşte böyle bir anda Arnold'ın vücudunu sıvıya dönüştürüp kolayca sıvaşa bildiğini fark ettik. Yerine döner ve gruba tekrar sırtını dönerdi.

Arnold aynı pasif direnişi oyunlara da gösterirdi. Onu denge kalasından, engel parkurundan geçirmeye veya kareden kareye zıplama aktivitesini yaptırmaya çalışmak deveye hendek atlatmaktan daha zordu. Herkes eğlenirdi fakat Arnold katılmazdı.

Biz pes ettik. Ama Arnold zaman içinde değişmeye başladı. Sırtını dönmeyi bıraktı ve grubu uzaktan seyretmeye başladı. Bir gün gruba tamamen katılıncaya kadar yavaş yavaş yaklaşmaya devam etti. "Mini mini bir örümcek" şarkısını söylüyorduk ve Arnold herkese tıpkı arkadaş canlısı yaratıklarmış gibi bakıyordu. Diğerlerinin yaptıklarını kendisinin de taklit edebileceğinin henüz farkında değildi. Ama Arnold daireye katılıp oturduğu için hepimiz sevinçten havalara uçtuk! O sabah bir video çektik ve daha sonra bu videoyu bir atölye çalışmasında izlettiğimizde biri Arnold'ın katılmadığını söyledi. Biz de ona: "Yanılıyorsun. Bu Arnold'ın gerçekten katıldığını gösteriyor." dedik.

Yıl içinde Arnold giderek daha ve daha cesur bir çocuk haline geldi ve tüm aktivitelere katıldı, güldü, eğlendi ve gurubun bir parçası oldu. Yıl sonunda "mezun" olan öğrenciler yan binada bulunan ilkokul bünyesindeki anaokulunu ziyarete gitti. Arnold'ın bu yeni ortamda nasıl davranacağını merak ediyorduk. Sınıfa girdik ve tüm çocuklar halının üzerinde bir daire içinde oturuyordu. Yanlarına gidip ilk oturan ve sanki bunu hayatı boyunca hep yapmış gibi davranan Arnold oldu.

Arnold bana önemli bir ders vermişti: Her çocuk kendi özgü bir hıza ve zamanlamaya sahiptir. Benim görevim tercihlerine saygı duymak ve sürece inanmaktır.

DÖRDÜNCÜ BÖLÜM

Üç-On İki Yaşındaki Çocuklar İçin Terapi Oyunları

Karen Beardsley

Aşağıdaki terapi oyunları becerilere göre gruplara ayrılır, bazıları tek bir çocukla oynanabilirken bazıları da bir düzine çocukla oynanabilir. Sosyal Beceri Oyunları bölümünü de dahil ettim çünkü bu kitap özünde kaynaştırmayla ilgilidir. Özellikle otizm spektrumlu çocuklarda sosyal entegrasyon birçok anne babanın mücadele verdiği alandır. Sonuçta hepimiz çocuğumuzun arkadaş edinmesini, mutlu olmasını ve başka çocuklarla oynayabilmesini isteriz.

Ben ve çocukların sevdiği birçok oyun seçtim ve rahatça bulabildiğim basit malzemeler sundum. Örneğin, eğer bir çocuğun el koordinasyonu konusunda sıkıntı yaşadığını fark ediyorsanız, mesela çizim yapmak için bir kalemi veya yemeğini yiyebilmek için kaşığı doğru bir şekilde tutamıyorsa veya çoraplarını yukarı çekmek için bile olsa parmak uçlarını kullanamıyorsa, İnce Motor Beceriler bölümündeki "Gökkuşağı Pizza" oyununa göz atmalısınız. Bu oyun yazı yazma, yeme ve giyinme gibi eylemler için gerekli çocuğun ellerinde ve parmaklarındaki küçük kıstırma kaslarının gelişimini özellikle sağlamaktadır. Ayrıca çocuklara renk öğretimini de sağlamaktadır. Benzer şekilde, eğer çocuğunuz başkalarıyla oyun oynama sorun yaşıyorsa veya göz teması kurmakla ilgilenmiyorsa veya etrafındaki yetişkinlere veya çocuklara bile bakmıyorsa, Sosyal Beceri Oyunları bölümündeki "Sihirbaz" oyununu seçebilirsiniz. Bu oyunda sırayla yapma, kaybetme ve kazanma kavramlarını tecrübe etmenin yanı sıra başka bireylere dikkat etme ve pürdikkat izleme gibi eylemleri yaparak bir yandan da eğlenecektir. Bunların hepsi çocukların başkalarıyla olan ilişkilerini geliştirme ve başkalarıyla yardımlaşarak oyun oynama becerilerini öğrenmede hayati öneme sahip sosyal ve duygusal yapıtaşlarıdır. Bu terapi oyunlarının hepsi sadece zihindeki belirli becerileri geliştirmek için değil aynı zamanda ve en önemlisi gelişirken ve büyürken çocukların özgüven ve özsaygılarını desteklemek için seçilmiştir.

Bu kitabın ek bölümünde ev temelli hizmetlerin klinik ve okullardaki hizmetlerden farkları dahil evde terapi, bu basit oyunları evde kullanmanın faydaları, katılan herkes için seanslarınızın yararlarını maksimum seviyeye çıkarabilmeniz için bazı tüyolar hakkında bilgiler sunmaktadır.

İnce Motor Beceri Oyunları

1. Oyun: Pingpong Havuzu

Hedefler

Elin kavrama gücü
El-göz koordinasyonu
Görsel izleme becerileri
Sırayla yapma
Sayı sayma
Kaba motor beceriler (eğer zemin boyunca emekliyorsa)

Materyaller

Kişi başına bir damlalık veya burun aspiratörü, iki veya üç tane pinpon topu, maskeleme bandı veya tebeşir ve iki veya daha fazla oyuncu

Hazırlık

Çocuklar bu oyunu masa yüzeyinde veya düz zemine uzanarak oynayabilir. Bir iki adım genişliğinde kale direkleri için çizgiler çizin veya işaretler koyun. Her oyuncuya bir damlalık (veya burun aspiratörü) verin ve iki veya üç tane pinpon topunu oyun alanının ortasına bırakın.

Talimatlar

Üçe kadar saydıktan sonra her iki oyuncu da damlalıklarını sıkarak pinpon toplarına hava üfler. Oyuncular toplara dokunamaz, onları sadece damlalıktan çıkan havayla hareket ettirebilirler. Oyuncular tüm toplar kalelerden birinin içine girinceye kadar hava püskürtmeye devam ederler. Her oyuncunun kaç gol attığını kaydedin.

Değişiklikler

1. Oyuncular birbirlerine paralel bir şekilde yarışabilir ve kimin topunu daha hızlı hareket ettirdiklerini görebilirler.

2. Oyuncular sırayla oynayabilir ve her biri damlalılığı sadece beş kez sıkabilir. Toplar kale çizgisini geçinceye kadar değişiklik yapmaya devam edin.

3. İki veya daha fazla oyuncu top kale çizgisini geçinceye kadar damlalığı sırayla sıkabilir. Damlalığı toplamda kaç defa sıktıklarına bakın.

2. Oyun: Delme Kurcalama

Hedefler

Üst sınır koordinasyonu
El-göz koordinasyonu
Üçayaklı kavrama
Görsel algısal beceriler

Materyaller

Bilgisayar yazıcı kağıdı (ikiye bölünebilir), kağıdın altına konabilecek büyüklükte bir parça halı veya karton bir kutudan kesilmiş büyükçe bir parça, fosforlu kalem, ince uçlu bir tükenmez kalem veya ucu sivri bir kurşun kalem ve bir veya daha fazla oyuncu

Hazırlık

Bir fosforlu kalem yardımıyla bir resmin basit bir taslağını çizin veya kağıdın üzerine koyarak kalemle etrafından geçin (örneğin, bardak gibi bir nesneyi koyup kalemle etrafından geçin veya bir hayvan, araba veya çocuğunuzun ismindeki bir harfin basit bir çizimini yapın). Kağıdı çizim yaptığınız yüzü yukarı bakacak şekilde bir parça halının veya karton parçasının üzerine koyun. Kağıdı bir parça bant yardımıyla yapıştırın.

Talimatlar

Çocuklardan çizilen şeklin çizgilerini takip ederek ve kalem ucuyla bastırıp, batırarak kağıdın üzerine küçük delikler açmasını isteyin. Sonra kağıdı ışığın veya pencerenin önünde tutarak ışığın deliklerden süzülmesini seyredin.

Değişiklikler

1. Çocuğun omzunu ve kolunu tam anlamıyla kullanabileceği daha iyi bir pozisyon sağlamak için halıyı veya kartonu bir tuvale sabitleyin veya duvara bantlayın.

2. Çocuklar diğer çocukların takip etmesi için bir labirent veya yarış pisti çizebilir.
3. Bazı çocuklar üçayaklı kavramaları konusunda sorun yaşayabilirler. Daha işlevsel bir kavrama sağlamak için kalemlerin uçlarını tutulabilecek şekilde yapılandırabilirsiniz ve bantla veya bir parça kille sarabilirsiniz.

3. Oyun: Gökkuşağı Pizza

Hedefler

İkili motor koordinasyon
Kavrama kuvveti
Beceri eşleştirme
Sırayla yapma

Materyaller

Kişi başı birer tane büyük, beyaz karton tabak, sekiz renkli fosforlu kalem, boya kalemi veya pastel; her tabak için sekiz tane çamaşır mandalı; sekiz küçük kağıt parçası (kenarları 2,5 cm uzunluğunda kare parçalar) ve iki veya daha fazla oyuncu

Hazırlık

Sekiz tane üçgen oluşacak şekilde her tabağı bölecek dört tane düz çizgi çizin (pizza kesmek gibi). Sekiz ayrı rengi temsil etmesi için her dilimin üzerine bir daire çizin veya bir nokta yapın. Oyunculardan kendi kişisel tabaklarındaki her üçgeni farklı bir renge boyamalarını söyleyin. Sekiz renkli kağıt parçasını boyalı kısımları yere bakacak şekilde ortaya koyun.

Talimatlar

Her oyuncu sırayla bir kağıt parçasını çevirip ortaya koyar ve renginin ne olduğuna bakar. Kağıdı çeviren kişi o renkli dilimi bir mandal yardımıyla tabağına sabitler ve ortada ters duran kağıt parçalarına geri döner. Sonra sıradaki oyuncu aynı işlemi tekrarlar. Eğer bir oyuncu halihazırda çektiği bir rengi tekrar çekerse, onu kağıt yığınına geri koyar ve sıra sonraki oyuncuya geçer. Oyunculardan biri tüm renklerden bir dilim alıp pizzasını tamamlarsa "Gökkuşağı Pizza!" diye bağırır.

Değişiklikler

1. Yaşça daha küçük çocuklar için pizzadaki renkleri azaltabilirsiniz veya mandalların üzerine renkli noktalar koyup mandalları pizza dilimleriyle eşleştirebilirsiniz.

2. Bazı çocuklar beceri ve kuvvet açısında yetersiz olabilir ve bu çocuklar başparmaklarının içini işaret parmaklarının kenarlarına bastırdıkları

yanal bir kavram kullanıyor olabilirler ama neticede siz, başparmaklarının ucunun diğer parmakların ucuna değdiği çimdik kavramayı geliştirmek istiyorsunuz.

3. Ayrıca çocuklardan kullandıkları eli değiştirip çamaşır mandallarını takmak için kullanmalarını isteyerek oyunu biraz daha zorlaştırabilirsiniz.

4. Oyun: Çırpma Çırpma Kırpma

Hedefler

Prehensil (kavrayıcı) kavrama
İnce motor kuvvet
İkili motor koordinasyon
Sayı sayma
Takip etme, boyama ve kesme için gerekli algısal motor beceriler
Kişisel gelişim becerileri

Materyaller

Çocuk başına iki adet karton tabak, renkli fosforlu kalemler veya kurşun kalem, makas ve küçük bir tırnak makası

Hazırlık

Çocuk veya çocuklara ellerinin her birini tabaklardan birinin üzerine koyup kalemle etrafından giderek kopyasını çıkarmalarına ve daha sonra bunları makasla kesip çıkarmalarına yardımcı olun.

TALİMATLAR

Çocuklara her parmağın ucuna renkli tırnakları nasıl çizebileceklerini gösterin. Çocuklar her tırnağı bir renge veya hepsini tek bir renge boyayabilirler. Bittikten sonra çocukların tırnak makası yardımıyla tırnakları kesmelerini sağlayın.

ÇEŞİTLEME

Bu oyunu her tırnağı ayrı bir renge boyayarak renkleri öğretmek için kullanın sonra on fosforlu kalemi (veya boya kalemini) çantanın içine koyup saklayın. Çocuk elini çantaya daldırıp bir boya kalemini çeker ve eşleşen tırnağı keser. Ya da rengi siz belirlersiniz ve çocuk çantadan o rengi bulmaya çalışır.

DEĞİŞİKLİKLER

1. Karton tabak türlerini denemelisiniz çünkü bazı türleri diğerlerinden daha çok işe yarar. Bazı kağıt tabaklar da işe yarayabilir.
2. Çocuklar aynı anda kağıdı tutup tırnakları keserken zorlanırlarsa ellerini dengede tutmanıza ihtiyaç duyabilirler.
3. Eğer çocuklardan biri küçük tırnak makasını kullanamazsa, küçük kıvrımlı bir tırnak makası da deneyebilirsiniz.

5. Oyun: Krepleri Fırlatıp Çevirme

HEDEFLER

İnce motor önkol koordinasyonu: etrafında dönme ve içe dönme
Motor planlama becerileri: hız ve maharet
İkili el koordinasyonu
Algısal motor beceriler
Sayı sayma
Soldan sağa sıralama

MATERYALLER

Her oyuncu için bir spatula, bir kağıt destesi, bir yatak veya rahat bir kanepe, bir kronometre (yuvarlak bir kronometre, kol saati, lav kabarcık sayacı veya kum saati) ve iki veya daha fazla oyuncu

HAZIRLIK

Bu oyun aynı anda oynayan iki oyuncuyla daha eğlencelidir ama oyuncular sırayla da oynayabilir. Oyuncuların her biri yatağın karşı kenarlarında ayakta durur (veya diz çöker) ve tüm kağıt destesini ister açık veya kapalı bir şekilde yatağın üzerine yayın (Oyuna başladığınızda hepsi aynı yöne bakmalı.).

TALİMATLAR

Çocuklara bir dakika içinde en fazla "krepi" kimin çevirebileceğini sorun. "Evet, hazır, başla" dediğinizde bir yandan kronometreyi de başlatabilirsiniz ve çocuklar spatula yardımıyla çevirebildikleri kadar çok kağıdı çevirirler. Bir dakika dolduğunda, "Zaman doldu" veya "Krep zamanı" diyebilirsiniz ve çevrilen krepleri sayarsınız.

Çocukların ayaklarını ve vücutlarını çok fazla hareket ettirmelerinin önüne geçin ve onlara kollarını kullanmaları konusunda cesaret verin.

DEĞİŞİKLİKLER

1. Eğer bir dakika çoksa süreyi azaltın.
2. Bazı çocuklar spatulayı kullanmakta zorlanabilir. Ayrıca spatula yerine maşa ve krep yerine "hamburger" de kullanabilirsiniz. Tek elle kullanıma küçük maşalar daha uygundur ve bu da bu oyundaki temel hedeftir.
3. Oyunu zorlaştırmak için çevirme işlemini iki elleriyle birden veya sadece sağ elleriyle veya iki spatula kullanarak aynı anda iki elleriyle yapmalarını isteyin.
4. Ayrıca kartları dizip soldan sağa sırayla çevirmelerini isteyebilirsiniz. "Şef Krep Çevirici" haline gelecekler.

6. Oyun: Yağmur Ev

HEDEFLER

İnce motor beceriler
El-göz koordinasyonu
İnce çimdik kavrama
İkili motor koordinasyon
Algısal motor beceriler

MATERYALLER

Çocukların altına oturabilecekleri kadar büyük bir masa, gazete parçaları (veya her türlü büyük gazete parçası-kuşekâğıdı, krepe kağıdı, eski hediye ambalajlama kağıdı), maskeleme bandı, makas ve fosforlu kalem (isteğe bağlı)

HAZIRLIK

Kağıtları masanın kenarlarından sarkacak şekilde bantlayın.

TALİMATLAR

Çocuklardan masanın altına veya yanına, yere oturmalarını veya diz çökmelerini isteyin. Çocuklardan makas yardımıyla alt kısımların başlayarak en üstüne kadar kağıtların üzerinde ince uzun şeritler kesmelerini isteyin. Çocuklar tüm kağıtlar şeritler halinde kesilinceye kadar kesme işine devam eder ve sonra çocuklarla birlikte masanın altına oturarak yağmurun yağışını seyredebilirsiniz!

DEĞİŞİKLİKLER

1. Kesme becerilerini öğrenmek için çabalayan bazı çocuklar için bu harika bir aktivitedir: Ön kol ve elleri başparmak yukarıda olacak bir pozisyona sokar bu sayede makasla kesim yapma işlemi daha da kolaylaşır.
2. Ayrıca çocuklara görsel anlamda rehberlik etmek için kağıtların üzerine dikey çizgiler çizebilirsiniz.
3. Eğer çocuklardan biri makas kullanımı konusunda gerçekten zorlanıyorsa, ellerini kullanarak kağıtta ince şeritler yırtmasını isteyin.

7. Oyun: Maşa ve Cımbız

Hedefler

İnce motor koordinasyon
İnce çimdik kavrama
İkili motor koordinasyon
Sayı sayma

Materyaller

Bir adet büyük mutfak maşası veya bir adet cımbız, boş yumurta kartonu, boş su şişesi veya kavanoz, renkli ponpon toplar veya renkli kağıtlardan yuvarlanarak yapılmış küçük toplar, kil topları veya hatta pamuk topları

Hazırlık

Tüm topları bir kavanozun içine yerleştirin ve zeminde çocukların rahatça çalışabileceği bir alan açın. (Alternatif olarak bir masa çalışma alanı olarak kullanılabilir.)

Talimatlar

Kavanozdaki topları sallayın ve yere boşaltın. Çocuklardan seçtikleri maşa veya cımbızla topları tek tek tutup boş bir yumurta kartonunun içindeki yuvalara yerleştirmelerini veya tekrar kavanoza koymalarını isteyin. Çocuklardan koydukları topları saymalarını isteyin veya eğer gerek duyarsanız onlarla birlikte siz de sayın.

Değişiklikler

1. Bazı çocuklar maşa ve cımbızları kullanmak için iki ellerini kullanabilirler.

2. Çocukların topları ne kadar sürede toplayacaklarını görmek için bir çalar saat kurarak oyunu biraz daha zorlaştırabilirsiniz.
3. Ayrıca iki yemek çubuğunu küçük bir silgiyi yarıp üçte birlik kısmının içine yerleştirerek siz de bir maşa yapabilirsiniz ve sonra silgi rahat bir şekilde tutulabilsin diye yemek çubuklarının etrafını bantla sıkıca sarın.

8. Oyun: A, B, ... Bana C'den Örnek Verir Misin?

Hedefler

İnce çimdik kavrama
El yazısı
Görsel algısal beceriler
Soldan sağa sırlama
Dokunsal işleme

Materyaller

Bir adet düz kağıt (en azından bilgisayara yazıcı kağıdı boyutlarında) veya mukavva veya karton buna ek olarak bir adet boş kağıt, fosforlu kalem, cetvel veya benzer büyüklükteki küçük bozuk paralar (hepsi aynı) ve kurşun kalem

Hazırlık

Kağıt parçasına veya mukavva üzerine (yedi tanesi dikey yedi tanesi yatay olmak üzere) ızgara çizgileri çizerek kırk dokuz adet kare elde edin. Alfabedeki tüm harfleri karelere rastgele dağıtarak yazın (Bazı harfleri iki defa kullanmanız gerekecek.).

TALİMATLAR

Çocukların telaffuz edecekleri sözcüğe önceden karar verin. O sözcükteki harflerden ilkini söyleyin ve çocuklardan o harfin üzerine bozuk paralardan birini koymasını ve sonra o harfi ayrı bir kağıda yazmalarını isteyin. Sözcük bitinceye kadar bu işleme devam edin.

DEĞİŞİKLİKLER

1. Çocukların beceri seviyelerine göre gerektiği kadar çizgi ve harf ekleyebilirsiniz. Kullanılacak kelimeler "KEDİ" gibi çok basit sözcükler de olabilir veya "MUHTEŞEM" gibi karmaşık sözcükler de olabilir.
2. Harfleri bir parça kağıt üzerine yazıp çocuklardan bu harfleri eşleştirmelerini isteyerek oyunu basitleştirebilirsiniz veya sözcüğü fonetik olarak seslendirip veya çocukların sırtına veya gözleri kapalı bir şekilde avuçlarına yazıp oyunu daha da zorlaştırabilirsiniz.
3. Eğer oyuncularınız kelimeleri çok hızlı telaffuz ediyorsa, altı dikey ve beş tane de yatay çizgi çizerek otuz kare oluşturun.

9. Oyun: Kabak Kafa

HEDEFLER

El-göz koordinasyonu
Görsel algısal beceriler
İnce motor beceriler
Tasarıyı kopyalama
Göz takibi
Dokunsal uyarım

Materyaller

Büyükçe bir balkabağı veya sukabağı veya bir parça strafor (hatta bir karton bile iş görecektir), kalın uçlu bir fosforlu kalem, küçük bir tahta veya plastik çocuk çekici veya ahşap tokmak, en az on beş-yirmi golf topu tutacağı ve cep feneri

Hazırlık

Çocuklardan balkabağının (veya strafor parçasının veya kutunun) yüzeyine fosforlu kalem yardımıyla bir yüz çizmelerini isteyin. Çizim esnasında yardımcı olabilirsiniz. Eğer balkabağı kullanıyorsanız, çocuklardan balkabağının içini boşaltmanıza yardımcı olmalarını isteyin.

Talimatlar

Çocukların çizilen yüzün çizgilerinin üzerine çekiçle golf topu tutacaklarını çakmalarını sağlayın. Eğer yeterli golf topu tutacağınız varsa onları çakıldıkları yerde bırakabilirsiniz ama eğer yoksa çocukların size yardımcı olmalarını isteyin ve birlikte tutacakları sökerek geriye sadece delikleri bırakın.

Değerlendirmeler

1. Bazı çocuklar çizgileri takip etmekte güçlük çekebilir. Çizimi basitleştirebilir veya birçok küçük çocuğun sevdiği gibi tutacakları istedikleri yere çakmaları konusunda özgür bırakın.
2. Çizim yapmak yerine harf veya rakam yazabilirsiniz veya çocukların kendi tasarımlarını yapmalarına da izin verebilirsiniz.
3. Eğer uzun saplı bir çekici kullanmak zor oluyorsa, çocuklar golf topu tutacaklarını bir tenis topu veya bir taşla bile çakabilirler.
4. Bazı çocuklar balkabağı içinin ellerinde bırakacağı hissi sevmeyebilirler bu nedenle içini temizlerken onlara büyükçe bir kaşık verebilirsiniz.

10. Oyun: Bozuk Para Yarışı

Hedefler

İnce motor kullanım ve maharet
Ellerle dokunsal işleme
İkili motor koordinasyon
Soldan sağa sıralama
Görsel algısal sıralama

Materyaller

Bir parça kağıt (30 cm'lik), kurşun kalem ve 100 kuruşluk bozuk para (veya benzer 25 kuruşluk bozuk paralar)

Hazırlık

Çocukların bozuk paraları koyup kalemle etrafından geçmelerini sağlayarak 30 cm'lik kağıtta, yaklaşık 2,5 cm aralıklarla, on tane daire oluşturmalarını sağlayın ve gerekirse yardımcı olun.

Talimatlar

Çocukların ellerinde beş tane bozuk parayla başlamalarını isteyin. Oyunu başlattığınızda o ellerindeki bozuk paraları yine sadece o ellerini kullanarak soldan sağa mümkün olduğunca hızlı bir şekilde dairelerin üzerine yerleştirecekler. Eğer birden fazla bozuk parayı düşürürse işleme baştan tekrar başlar. Kaç saniye sürdüğüne bakın. Sonra aynı şeyi on tane bozuk parayla başarıp başaramayacaklarını deneyin. Sonra diğer el değiştirip oyunu diğer elleriyle oynamalarını sağlayın. Daha sonra çocukların on tane bozuk parayı her iki el arasında beşer beşer bölüştürerek oyunu aynı anda iki elle birden oynamalarını isteyin. Çocuklardan kendi rekorlarını kırmalarını isteyin!

Değişiklikler

1. Ayrıca barbunya, küçük bilyeler veya çakıl taşları da kullanabilirsiniz. Kullanacağınız nesnelerin büyüklüğü çocukların gerçek anlamda bu nesnelerden kaç tanesini ellerinde tutabileceklerine bağlıdır. Bazı çocuklar sadece üç nesne ile başlayabilir.
2. İki ellerini birden kullanmak bazı çocuklar için çok zor olabilir, böyle bir durumda "Sol sonra sağ, sonra sol, sonra sağ" ve buna benzer ifadeler kullanabilirsiniz.

Kaba Motor Beceri Oyunları

1. Oyun: Uçan Göktaşı

Hedefler

İkili üst sınır koordinasyonu
Orta çizgiyi geçme
Algısal motor beceriler: gözle takip ve derinlik algısı
Denge ve denklik

Materyaller

Bir adet frizbi, bir tane top, topu ağaç dalı veya kiriş gibi belirli bir noktadan asmaya yetebilecek uzunlukta ip ve iki oyuncu

Hazırlık

İpin bir ucuna topu güvenli bir şekilde bağlayın. İpin diğer ucunu bir ağaç dalı, araba sundurmasındaki bir kiriş veya salıncak demiri gibi bir yere bağlamalısınız, bu sayede top havada asılı kalacak ve çocuğun göğüs hizasında sallanacaktır.

TALİMATLAR

Topu farklı yönlere doğru hafifçe sallayın. Çocuklar frizbilerini geniş yüzeyi topa çarpıp itecek şekilde iki elle birden tutarlar. Buradaki fikir meteorları tekrara ve tekrar geri püskürterek dünyaya ve ayrıca vücutlarının herhangi bir yerine de çarpmalarını önlemektir. Bu sürekli hareket etme, kaçınma, dönme ve topa vurmayı gerektirir. Bir dakikadan sonra, oyuncular değişir, her oyuncunun topa kaç kere vurabildiklerini "meteorlara vurup dünyayı kurtardıklarını" sayın!

DEĞİŞİKLİKLER

1. Frizbi yerine sağlam plastik bir tabak veya yüzeyi düz herhangi sert bir nesne kullanabilirsiniz. Ayrıca bir paddleball veya tenis raketi de kullanabilirsiniz ama iki elle kullanmalarını sağlayın. Buradaki kilit nokta kullanılacak nesnenin iki elle tutulabilecek kadar büyük olmasıdır.

2. Çocukların beceri seviyelerine göre daha küçük veya daha büyük bir top kullanabilirsiniz. Plaj topu hafiftir ve daha yavaş hareket eder öte yandan tenis topu oyunun zorluğunu arttırır.

2. Oyun: Sirk Halkası

Hedefler

Algısal motor beceriler
Gözle takip
Kaba motor koordinasyon
Motor planlama
Kavrama ve bırakma
Sayı sayma

Materyaller

Bir hulahop, beş adet top veya beş tane fasulye kesesi, tebeşir veya bant ve iki veya daha fazla oyuncu

Hazırlık

Yere çocukların üzerinde durarak topları (veya fasulye keselerini) fırlatacakları bir çizgi çizin. Oyundaki yetişkinler hulahop halkasını yerdeki işaretten biraz uzakta, zemine değecek şekilde yanlamasına tutar. Çocuklar işaret konulan yerde durarak topları fırlatırlar.

Talimatlar

Çocuklar topları atarak hulahop halkasının içinden geçirmeye çalışırlar. Elinde halka bulunan oyuncu beş topun beşi de atılıncaya kadar her defasında yerden bir adım daha yukarı kaldırır. Toplar atılınca biryandan çocuklardan saymalarını isteyin.

Değişiklikler

1. Çocukların durdukları nokta beceri seviyelerine göre daha ileri veya daha geri taşınabilir.

2. İki elle kavramayı gerektiren daha büyük toplar (23 cm'lik toplar veya plaj topları) veya tek elle fırlatmayı geliştiren daha küçük toplar da kullanabilirsiniz.

3. Oyun: Ateş Gösterisi!

Hedefler

İkili koordinasyon
Sol-sağ ayırımı
Motor planlama
Yön belirleme
Talimatlara uyma

Materyaller

Her çocuk için: bir çift yemek çubuğu, iki adet 1. Adımlık ip, bir gazete kağıdı, maskeleme bandı ve kırmızı bir flama veya kurdele (isteğe bağlı) ve bir-iki çocuk

Hazırlık

Her oyuncu için gazeteyi yuvarlayarak top haline getirin ve dilerseniz her birine kırmızı bir flama bantlayın veya bağlayın. Kağıttan her bir topa bir flama bağlayın ve flamanın diğer ucunu da bir adım mesafede sarkıp havada sallanacak şekilde iki yemek çubuğunun ucuna bağlayın.

Talimatlar

Tüm çocukların yemek çubuklarını boştaki uçlarından tutarak bir omuz boyu mesafede durmalarını sağlayın. Önce sağ kollarını dışarıya doğru açıp sağ ellerini hafifçe döndürmelerini bu sayede topu zemine doğru tıpkı bir sarkaç gibi saat yönünde hareket ettirmelerini sağlayın. Sonra sağ kollarını aşağı indirmelerini ve sol kollarını dışarıya doğru açıp topu saat yönünün tersine döndürmelerini isteyin. Daha sonra da her iki ellerini de açıp iki topu birden zıt yönlerde çevirmelerini sağlayın.

Değişiklikler

1. Beceri seviyelerine göre çocukların bir ellerini veya iki ellerini birden kullanmalarını isteyebilirsiniz. "Sağ kol dışarıda, sol kol içerde, her ikisini de sağa doğru döndürün, her ikisini de sola doğru döndürün." gibi farklı talimatlar verebilirsiniz.
2. Bunlara aynı anda yürüme, tel ayak üstünde durma, denge tahtası üzerinde durma, gözler kapalıyken oynama vb. eylemler de ekleyerek daha da zorlaştırabilirsiniz.

4. Oyun: Çuf Çuf Treni

Hedefler

Proprioseptif "ağır iş"
İkili motor koordinasyon
Algısal motor beceriler
Kaba motor beceriler

Materyaller

Çamaşır sepeti, bir atlama ipi veya bir parça güçlü şerit, içi doldurulmuş oyuncak hayvan ve oyuncak bebek

Hazırlık

Çamaşır sepetinin çekilerek dolaştırılabileceği kadar geniş bir alan (zemini çizilmeyecek) bulun. İpin veya şeridin uçlarını sepetin her iki kulpuna ayrı ayrı bağlayın. Sepetin içine birkaç tane ağır kitap yerleştirin veya bunların yerine oyuncak hayvanları veya oyuncak bebekleri üzerine koyacağınız oturakları da kullanabilirsiniz. Oyuncak hayvanları ve bebekleri stratejik bir şekilde odanın içindeki "tren duraklarına" yerleştirin.

TALİMATLAR

Çocukları sepeti çekerken yüzü ileriye dönük olacak şekilde iple sepet arasında oluşan boşluğa geçmesini ve her iki eliyle ipi kavramasını sağlayın. "Tren kalkıyor!" diye bağırmalarını ve ilk yolcularını (içi doldurulmuş oyuncak hayvan veya oyuncak bebek) almalarını isteyin. İlk yolcularını aldıktan sonra "Tren kalkıyor!" diye tekrar bağırmalarını ve bir sonraki durağa hareket etmelerini isteyin ve tüm yolcular bitinceye kadar bu işleme devam etmelerini sağlayın.

DEĞİŞİKLİKLER

1. Eğer iki oyuncunuz varsa iki ip bağlayabilirsiniz bu sayede sepeti aynı anda çekebilirler veya birbirlerinin arkasına geçip tek bir iple de çekebilirler.
2. Çocuklardan geriye doğru yürümelerini isteyebilirsiniz.
3. Sepetin içindeki nesneleri çocukların gücüne göre değiştirebilirsiniz hatta çocuklar kendi arkadaşlarını bile çekebilirler!

5. Oyun: Ayakkabıları Unutma!

HEDEFLER

Takım çalışması
İkili ve ince motor koordinasyon
Kaba motor beceriler
Sıralama
Talimatları uygulama
Dokunsal uyarım

MATERYALLER

Her takım (en az dört-altı çocuktan oluşan) için: bir takım büyük beden kıyafet (Örnek: gömlek, pantolon, çorap, ayakkabı vb.)

HAZIRLIK

Bu bir giyinme koşusudur ve en iyi dört veya altı çocukla oynanır ama çocuk sayısı ne kadar fazla olursa o kadar eğlenceli olur. Çocukları iki takım (veya çocukların sayısına göre daha fazla takım) oluşturacak şekilde eşit olarak bölün ve her takımın yarısının odanın her iki ucuna geçmelerini isteyin. Her takımdaki ilk oyuncunun önüne bir takım kıyafet koyun. Bu ilk oyuncular odanın en sonunda bulunmalıdır.

TALİMATLAR

"Başla!" diye bağırdığınızda tüm takımlardaki ilk oyuncular mümkün olan en hızlı şekilde bütün kıyafetleri giyecekler ve sonra odanın diğer ucunda duran diğer oyuncu sırasına doğru koşacaklar. Kıyafetleri çıkaracak ve bu kez o sıranın başında duran oyuncu tüm kıyafetleri giyecek. Takımdaki en son oyuncu tamamen giyindikten sonra "Bitti!" diye bağırır ve ilk bitiren takım oyunu kazanır.

DEĞİŞİKLİKLER

1. Eğer oyunculardan biri kıyafetleri giyerken veya çıkarırken zorluk yaşarsa gerektiğinde takım arkadaşları kendisine yardımcı olabilir.
2. Eğer bir dizi kıyafet zor gelirse, çorapları veya ayakkabıları saf dışı bırakabilir veya askı kayışlar veya (fermuarlı pantolonlar veya düğmeli gömlekler yerine) bel kısımları esnek pantolonlar ve kazak kullanılabilir. Benzer şekilde oyunu daha zor kılmak adına da şapka, eldiven, ceket, ip veya tokalı kemerler kullanabilirsiniz.

6. Oyun: Helikopter Pilotu

Hedefler

Kaba motor beceriler: denge ve motor planlama
İkili koordinasyon: zıplama, sekme ve zıplama
Vestibüler girdi
Duysal motor gözle takip etme
Sayı sayma

Materyaller

Üç veya 120 cm uzunluğunda ip veya atlama ipi, tebeşir ve iki veya daha fazla oyuncu

Hazırlık

Tercihen kaldırım, garaj yolu veya dışarıda bulunan düz ve geniş herhangi bir yüzeye tebeşirle çapı yaklaşık 180 cm uzunluğunda bir daire çizin. Çocuklardan birine çizilen daire içinde herhangi bir yerde durmalarını söyleyin, bu kendi alanlarını belirlemelerini sağlayacaktır. "Helikopter Pilotu" dairenin ortasında yer çökmüş veya ayakta duran ve elinde ip bulunan bir yetişkindir. Eğer birden fazla çocuk varsa çocuklar işaretli dairede herhangi bir yerde durabilirler.

Talimatlar

"Geri sayım: üç, iki, bir, başla!" dediğinizde dairenin ortasında duran kişi ipi yavaşça, yere yakın bir şekilde ve etrafında çevirmeye başlar ve daire içinde bulunan diğer çocuklar da ip ayaklarına doğru gelince zıplar. Oyunculardan düşmeden ve ipe dokunmadan kaç kez zıpladıklarını saymalarını ve bazen yer değiştirmelerini isteyin.

Değişiklikler

1. İpi sallayan kişi zıplayan oyuncuların beceri seviyelerine göre hızı arttırabilir veya azaltabilir.
2. Zıplayan çocuklar başta ipin üzerine basabilir sonra zıplayabilir, sekebilir veya ayak değiştirebilirler. Zorluğu arttırmak için çocuklardan geriye doğru zıplamaları da istenebilir.
3. Eğer birden fazla oyuncunuz varsa, ip hareket halindeyken üzerine basıp atlarken dairenin içinde yürüyebilirler.
4. İp yerine uzun bir plaj havlusu kullanabilirsiniz.

7. Oyun: Yukarı Doğru Sörf Yap!

Hedefler

Vestibüler girdi
Kinestetik duyu
Pozisyon kontrolü: denge ve muvazene
İkili koordinasyon
Motor planlama

Materyaller

Bir-üç adet minder, yaklaşık 60 cm uzunluğunda bir tahta parçası veya üzerinde durulabilecek sağlam bir pano veya küçük bir ütü masası, yüzücü tahtası veya yarım sörf tahtası, bitkileri sulamakta kullanılan içi su dolu bir sprey (isteğe bağlı), eğlenceli ve hızlı bir şarkı! (isteğe bağlı) ve bir veya daha fazla çocuk

Hazırlık

Minderleri yere istifleyin ve yığının en üzerine denge tahtasını yerleştirin (küçük bir tahterevalli gibi).

TALİMATLAR

Çocuklardan tahtanın üzerine çıkıp "dalgaların üzerinde sörf yaparken" ileri geri hareket ederek, düşmeden dengede durmaya çalışmalarını isteyin. Dilerseniz çocuklar sörf yaparken müzik de açabilirsiniz. Ayrıca isterseniz çocuklar sörf yaparken bir yandan siz de spreyle onlara su atıp sudan kurtulmaları için sağa sola doğru eğilmelerini isteyebilirsiniz. Oyuncu yere düşerse "Temiz!" diye bağırın. Çocuklar sırayla sörf yapıp su sıkabilirler.

DEĞİŞİKLİKLER

1. Çocukların ağırlıklarına göre minderlerin üzerine daha fazla minder koyabilirsiniz. Daha ağır bir çocuk için daha kalın veya fazla sayıda minder istiflemeniz gerekebilir. Eğer tahtayı sağa sola eğmek zor oluyorsa ortadaki mindere ilave olarak tahtanın her iki ucunun da altına minder koyabilirsiniz. Eğer sağlam bir tahtanız varsa minder yerine ortaya bir tuğla veya kalın bir tahta parçası koyabilirsiniz.
2. Çocuklardan ayaklarını zıt yönlerde değiştirmelerini, eğilmelerini, dizlerinin üzerine çökmelerini, ayaklarını birbirine yapıştırmalarını veya daha birbirinden daha uzağa koymalarını, ellerini yana doğru açmalarını veya kalçalarına yapıştırmalarını vb. isteyerek oyunu daha da zorlaştırabilirsiniz. Küçük çocuklar için büyükçe bir kesme tahtası, sert kapaklı bir kitap veya beyaz tahta veya denge kalası kullanabilirsiniz.

8. Oyun: Dolu Fırtınası

HEDEFLER

El-göz koordinasyonu
Görsel duysal beceriler: gözle takip etme ve derinlik algısı
Denge
İkili koordinasyon

MATERYALLER

Bir şemsiye (veya büyükçe bir plastik kase veya kova), en az yirmi gazete yaprağı, maskeleme bandı (isteğe bağlı), dışarıda bir oyun alanı ve iki veya üç oyuncu

HAZIRLIK

Gazeteleri küçük toplar halinde yuvarlayın (Eğer sıkı bir şekilde kalmalarını istiyorsanız bantlayabilirsiniz.).

TALİMATLAR

Oyunculardan biri açık olan şemsiyeyi iki eliyle tutar. Ona "Dolu fırtınası hızlı bir şekilde yaklaşıyor" deyin. Diğer oyuncular gazete toplarını omuz hizasının altından yukarı gökyüzüne doğru atar. Şemsiyeyi tutan oyuncu gazete topları yere çarpmadan önce hızlı bir şekilde yağan "doluların" altına doğru koşmak zorundadır. Tüm toplar atıldıktan sonra oyuncular dolu tanelerini hep birlikte toplayıp istedikleri kadar veya şemsiyeyi tutan oyuncu on tane dolu tanesini engelleyinceye kadar oynamaya devam edebilir.

DEĞİŞİKLİKLER

1. Çocuklar şemsiyeyi ters tutarak dolu tanelerini şemsiyenin içine doldurmaya çalışabilirler.

2. Gazete yapraklarını kullanmak yerine ve çeşitliliği arttırmak adına kabuklu fıstık veya diğer küçük, hafif nesneleri kullanabilirsiniz. Çocuklar için fıstıkların havadan yağması oldukça eğlenceli bir durumdur.

9. Oyun: Hazır, Nişan Al, Fışkırt!

Hedefler

Elle kavrama gücü
İkili koordinasyon
Görsel algısal beceriler: derinlik algısı
Talimatları uygulama
Kaba motor beceriler

Materyaller

Tebeşir, kişi başına bitkileri sulamakta kullanılan içi su dolu birer sprey, zeminine çizim yapılabilecek dışarıda bulunan bir oyun alanı ve iki oyuncu

Hazırlık

İki kişinin içinde ayakta durabileceği büyüklükte bir daire çizin. Sonra dairenin içinden yanlara doğru açılan ve her biri 300 cm uzunluğunda olan iki düz çizgi çizin. İki oyuncu dairenin ortasında yüzleri dışarı bakacak şekilde, sırt sırta ayakta dururlar.

Talimatlar

Üçe kadar saydıktan sonra, her iki çocuk da kendi çizgilerinin diğer ucuna doğru koşturur, oldukları yerde döner ve spreyleriyle diğer oyuncuyu beş atışta vurmaya çalışırlar.

Çeşitlemeler

1. Çocuklardan, dönmeden önce, her iki ayakları üzerinde ardışık şekilde zıplamalarını ve "ateş etmelerini" veya tek ayak üzerinde zıplamalarını veya ayak ucunda yürümelerini isteyebilirsiniz.

2. Oyuna daha fazla oyuncu eklenebilir. Oyuncu ekledikçe daireye de çizgi eklemeye devam edin bu sayede daire sonunda bir güneş gibi görünecektir. Daha fazla arkadaş daha fazla ıslanmanızı sağlayacaktır!

10. Oyun: Otur, Üzerinde Yuvarlan ve Zıpla!

Hedefler

Kaba motor planlama
İkili koordinasyon
Kinestetik vücut farkındalığı
Talimatları uygulama
Vestibüler girdi

Materyaller

Özgürce hareket edebileceğiniz genişçe bir alan, tebeşir veya bant, köpek yavrularına ziyafet çekeceğiniz "kemikler" olarak kullanılacak jeton gibi küçük nesneler ve en az üç oyuncu

Hazırlık

Tebeşir yardımıyla her çocuk için zemine bir işaret koyun, bu noktaları en az iki kol arayla konumlandırın.

Talimatlar

Biri haricinde tüm çocuklar köpek yavrusu ve çocuklardan biri de köpek eğitmeni olacaktır. Tüm köpek yavrularının dört ayakları üzerinde zemindeki yerlerini almaları için harekete geçmelerini sağlayın. Köpek eğitmeni köpek yavrularının öğrenmelerini istediği farklı eylemleri (Örneğin: "Oturmak, zıplamak, koşmak, uyumak, yuvarlanmak, topu getirmek") yüksek sesle söyleyecek. Her numaradan sonra, köpek yavrularının her birine yiyecek verilir ve tekrar yerlerine dönerler.

Değişiklikler

1. Yapılmasını istediğiniz eylemleri önceden gösterebilirsiniz veya çocukların yapılacak eylemlere kara vermesine izin verebilirsiniz.
2. Üzerinden atlamaları için yastık veya altından geçmeleri için masaya koyabilirsiniz.
3. Köpek yavruları aldıkları yiyecekleri oyunun sonunda sayabilirler. Gerçekten yemeleri için küçük nugget veya diğer bazı yiyecekleri de kullanabilirsiniz!

Duysal Oyunlar

1. Oyun: Kulüp Sandviçi

Hedefler

Dokunsal girdi
Proprioseptif derin basınç
Sıralama
Sayı sayma

Materyaller

Yerde rahatça uzanılabilecek kadar geniş bir alan; battaniye, havlu veya her ikisinden farklı boyutlarda; sünger; yastık; küçük minderler ve iki-üç oyuncu

Hazırlık

Tüm sandviç malzemelerini hazırlayıp yanınıza koyun.

Talimatlar

Çocuklardan biri minderlerin üzerine sırt üstü uzanarak en alttaki ekmek olur. Bu çocuk sandviçinde hangi malzemeleri istediğine karar verir. Örneğin: Tereyağı (Bir sünger yardımıyla tereyağını kol ve bacaklarına, ellerine, ayaklarına, omuzlarına ve karnına "yayın"), marul (Ellerinin üzerine bir havlu veya battaniye yayın); on tane domates (Bir elbezini tutarak vücudunun üzerinde on kez gezdirin.); peynir (Bir yastıkla vücuduna hafif hafif vurun) vb. Sonra en üste son "ekmek" parçasını (Başka bir havlu, battaniye veya minder) koyun. İstediğiniz kadar çok veya az malzeme ekleyebilirsiniz. Daha sonra, oyunun en güzel kısmı... herkes sandviçten yer... Üzerine eğilip, hafifçe ama sıcak bir şekilde bastırarak hapır hupur yerler. Çocukların sırayla sandviç olmasının isteyin.

Değişiklikler

1. Bazı çocuklar dokunsal savunma yapabilir ve hafif ve gıdıklama şeklindeki dokunmaları sevmeyebilirler. Sıcak ve derin dokunmalar işe yarayacaktır. Ayrıca yüzlerine, boyun ve karın bölgesine dokunurken dikkatli olun ve eğer çocuklar karşı koyuyorsa bu bölgelerden kaçının.
2. Bu oyunu zenginleştirmek için her türlü malzemeyi kullanabilirsiniz.

2. Oyun: Ayna

Hedefler

Motor planlama
Görsel algısal beceriler
Vücudun orta çizgisini geçme
Yön belirmeyi ve yanallığı anlama
İkili motor koordinasyon

Materyaller

İki oyuncu

Hazırlık

İki oyuncudan yüz yüze dönük bir şekilde ayakta durmalarını isteyin.

Talimatlar

Oyunculardan biri öncülük yapar diğeri de o ne yaparsa hareketlerini kopya etmek veya "ayna" gibi yansıtmak zorundadır. Kolları kaldırmak veya göğüs üzerinde çapraz bir şekilde birleştirmek, tek ayakta dengede durmak, bir tarafa doğru eğilmek, ritmik ve tekrar eden hareketler ve olduğu yerde zıplama yapılabilecek eylemlerden bazılarıdır.

Değişiklikler

1. Yavaşça başlayın sonra yön ve hızı çeşitlendirin. Yukarı, aşağı, kol ve bacakları çapraz bir şekilde birleştirme ayrıca diğer kol ve bacaklarla alternatif hareketler yapma.
2. Ayrıca oyuna beceri seviyelerine göre zıplatmak, sürmek, vurmak ve yakalamak için top da ekleyebilirsiniz.
3. Mimikleri de kullanabilirsiniz.

3. Oyun: Ay Yürüyüşçüsü

Hedefler

Proprioseptif duysal girdi
Motor planlama
Kaba motor koordinasyon
Kinestetik farkındalık
Denge

MATERYALLER

Ayak veya el bileği ağırlığı veya iki tane 450 gr'lık pirinç kesesi; ağır kitaplarla dolu bir sırt çantası; maskeleme bandı; dört adet karton tabak; sandalye veya ayak taburesi gibi basit mobilya ve içine basılabilecek genişlikte bir kutu

HAZIRLIK

Yere 240 cm uzunluğundaki bir bandı düz bir çizgi halinde yapıştırın ve birkaç tane sandalyeyi dizerek, karton tabakları "aydaki kraterler" şeklinde yerleştirerek ve en sona da yere iniş ve ayak basma modülü olarak bir kutu konumlandırarak bir engel parkuru oluşturun. Oyunculardan biri ağırlıkları ayak bileklerinin etrafına takar veya 450 gr'lık fasulye veya pirinç keselerini ayakkabıların üzerine bantlayın. İniş modülüne basar. Bir başka çocuk da içine ağırlık konmuş sırt çantasını takar veya çocuklardan bir diğeri hem bilek ağırlıklarını hem de sırt çantasını takar.

TALİMATLAR

Astronotlar "yerçekimi ağırlıklarını" takar veya "ay ayakkabılarını" giyerler veya "astronot oksijen çantasını" (ağır sırt çantası) sırtına alır. Sonra modülden ayrılarak (kutudan dışarı çıkarak), büyük kraterlere (sandalye ve kanepeler) tırmanarak, ince çatlakların (bant) üzerinden geçerek, küçük kraterlerin üzerinden atlayarak (karton tabaklar) aydaki yolculuğuna yürüyerek devam eder ve son olarak iniş modülüne geri döner.

DEĞİŞİKLİKLER

1. Tüm çocuklar yer çekimi ve yer çekimsiz alanda yürümenin nasıl bir şey olduğunu anlamak için bir kez sırt çantası ve ay botlarıyla bir kez de bunlar olmadan, toplamda iki kez yürür.

2. Yolculuğu dışarı çıkarak çeşitlendirebilirsiniz.

3. Çocukların boy ve kilosuna göre ağırlıkları arttırabilir veya azaltabilirsiniz.

4. Oyun: Lolipop Yalama

Hedefler

Oral duysal farkındalık
Dokunsal uyarım
Tatları ayırt etme
El-göz koordinasyonu
Oral motor beceriler
Sayı sayma

Materyaller

Puding, yoğurt, krema, peynir, yer fıstığı, ekşi krema, salata sosu, salsa sosu ve hardal gibi çeşitli yumuşak, soslu (çocukların güvenle tadabileceği) yiyecek; kişi başı bir kaşık; küçük bir tepsi veya kolayca silinebilen bir altlık; kağıt havlu ve kişi başı birer bardak su ve iki veya daha fazla çocuk

Hazırlık

Yiyeceklerden tepsi veya altlık üzerine birer parça koyun. Tatların birbirine karışmaması için yiyecek parçaları arasında yeterince boşluk bulunduğundan emin olun. Kağıt havlularını batırıp kaşıklarını temizleyebilmeleri için her çocuğa bir bardak su verin.

Talimatlar

Her çocuğun elinde lolipop olarak kullanacakları birer kaşık bulanacak. "Daldırıp tatma zamanı" diyerek onlara yardımcı olabilirsiniz. Çocuklardan kaşıklarının yuvarlak uçlarını bir yiyeceğe batırıp yalamalarını sağlayın. Sonra farklı yiyeceklere geçerken kaşıklarını suya daldırıp temizletin. Çocukları tüm yiyecekleri tatmaları konusunda cesaretlendirin ve hangi yiyecekleri sevdiklerini, hangilerini sevmediklerini ve sebeplerini sorun. Tatlı mı, tuzlu mu, ekşi mi baharatlı mı?

Değişiklikler

1. Çocukları küçük bir aynanın karşısına oturtmak, yiyecekleri tadarken ağızlarını ve dillerini izlemelerini sağlayarak bu oyunu sıklıkla kolaylaştırmaktadır.

2. Bazı çocuklar bazı tatlardan veya kıvamlardan hiç hoşlanmıyor olabilir. Çocukların istedikleri kadar az veya çok batırmalarına müsaade edin. Eğer belirli bir yiyeceği yalamak istemiyorlarsa, başlangıç olarak bu yiyecekten sadece küçük bir parçayı dillerinin ucuna koyabilir ve hatta sadece koklamalarını isteyebilirsiniz. Bazı çocuklar da bazı yiyecekleri karıştırarak tatmak isteyebilir.

3. Bunların yanı sıra gerçek lolipoplar da kullanabilirsiniz, bu durum çocuklara normal olarak yapabileceklerinden daha fazlasını deneyimleme güdüsünü aşılar.

4. Çocukları birbirleriyle eşleştirin, biri diğerinin tadabilmesi için lolipopu yiyeceklere bandırır ve diğeri o tatların hangi yiyeceklere ait olduğunu doğru tahmin etmeye çalışır.

5. Tatlı, tuzlu, ekşi ve lezzetli tatlardan oluşan bir karışım sunmaya çalışın.

5. Oyun: Kar Temizleme Aracı

Hedefler

Vestibüler uyarım
Vücudun orta çizgisini geçme
İkili kol koordinasyonu
Algısal motor beceriler
Kaba motor beceriler

Materyaller

Zeminde yuvarlanılabilecek büyüklükte bir alan, çeşitli büyüklükte minder veya yastık, büyük bir çekmeli süpürge (veya herhangi bir süpürge), bir adet yastık kılıfı, şerit ve en az iki oyuncu

Hazırlık

Yastık kılıfını süpürgenin ucuna geçirin ve kılıfı şeritle süpürgenin ucuna sarın (Bu fırça kıllarının üzerinde bir bariyer oluşturmak içindir.). Etrafına yastıkları (kar yığınları) yayarak çocuklardan birinin yere uzanmasını isteyin.

Talimatlar

"Kar temizleme aracı" olan oyuncu, zeminde yuvarlanması ve yastıkları odanın bir tarafına yığabilmesi için süpürgeyi hafifçe yerdeki oyuncuya doğru iter. Kar temizleme aracı ve yerdeki oyuncu zemindeki tüm karları temizleyebilmek ve kenarlara yığabilmek için yön değiştirebilirler.

Değişiklikler

1. Yerde yuvarlanırken bir yandan da yastıkları kavramak bazı çocuklara zor gelebilir. Hareket ederken yastıkları sadece itebilirler.
2. Yastıkları kullanmak yerine, çocukların yuvarlanırken kavrayabilecekleri küçük kağıt parçaları da kullanabilirsiniz.

6. Oyun: Doğal Felaket

Hedefler

Hafızadaki bilgileri hatırlama
Vestibüler uyarım
Proprioseptif* girdi
Dokunsal girdi
Kaba motor planlama
Talimatları uygulama

Materyaller

Yerde üzerinde rahatça yuvarlanılabilecek ve hareket edilebilecek büyüklükte bir alan ve en az iki oyuncu (ne kadar insan o kadar eğlence)

Hazırlık

Önce oyunun hareketlerine göz gezdirin ve alıştırma yapmalarını sağlayın. Oyuna katılanlar talimatları uygulayabilecek ve çoklu öğeleri hatırlayabilecek kadar büyük olmalıdır. Oyunculardan biri "Hava Durumu Spikeri" olur.

Deprem: Çocuklar dizlerini kavrayıp başlarını göğüslerine doğru eğerek odanın içinde yuvarlanıp zıplar.

Sel: Çocuklar ellerini sallayarak odanın içinde serbest bir stilde koştururlar.

Toprak kayması: Çocuklar yüzüstü uzanır ve kollarını ve bacaklarını yanlara doğru açarak (tıpkı bir kurbağa veya kurbağalama yüzüyorlarmış gibi) havada hareket ettirirler.

Volkan patlaması: Çocuklar kollarını çapraz tutarak ellerini kulaklarının üzerine koyar ve yukarı aşağı zıplar.

Fırtına: Çocuklar her iki kollarını da düz bir şekilde yanlara doğru açar ve hızlı bir şekilde daireler çizerek dönerler.

Karartma: Çocuklar bir dakika boyunca gözleri kapalı bir şekilde sırtüstü ve hareketsiz yatarlar.

* Proprioseptif: Vücudun içinden gelen uyaranları duyan.

Talimatlar

Hava Durumu Spikeri yukarıda bahsedilen felaketlerden herhangi birini haykırır; gruptaki çocuklar da ilgili hareketleri hatırlar ve yaparlar. "Bugün fırtına uyarımız olacak..."

Değişiklikler

1. Bazı çocukların tüm talimatları hatırlaması zor olabilir. Listeyi gerektiği kadarıyla kısaltabilirsiniz.
2. Eğer yeterince büyük bir grubunuz varsa, bir kazanan çıkıncaya kadar ilgili hareketleri en son yapan oyuncuyu eleyebilirsiniz.
3. Eğer gurubun grup çığırından çıkarsa veya herhangi bir noktada haddinden fazla tepki verirse veya oyununuz bittiyse, sakinleştiren bir aktiviteyle sonlandırın ve "karartma" duyurusu yapın.

7. Oyun: Kurtlar ve Göz Yuvarlakları

Hedefler

Dokunsal uyarım
Koklamaya duyusuna ait uyarım
İkili el koordinasyonu
El-göz koordinasyonu

Materyaller

Bir paket haşlanmış spagetti; bir veya iki yemek kaşığı yağ; kişi başı iki kaşık; bir düzine üzüm, yabanmersini veya kiraz (veya diğer küçük, yuvarlak yiyecek parçaları veya hatta bilye gibi küçük nesneler); büyükçe bir kase veya servis tabağı; bir kronometre, kol saati veya saat ve en az iki çocuk

Hazırlık

Makarnaları lapalaşmasın ve birbirlerine yapışmasın diye biraz yağ ve suyun içine boca edin ve sonra bir kase veya servis tabağına alın. İçine üzümleri veya kullanacağınız yuvarlak nesneleri ilave edin.

Talimatlar

Çocuklardan "solucan deliğinden" her iki ellerinde de birer kaşıkla bir dakika içerisinde yakalayabildikleri kadar "göz yuvarlağı" yakalamalarını isteyin.

Değişiklikler

1. Ayrıca çocuklara kullanmaları için kavun boşaltma kutusu veya maşa da verebilirsiniz veya eğer yeterince cesurlarsa ellerini bile kullanabilirler!
2. Gerek görürseniz daha fazla göz yuvarlağı ekleyebilirsiniz. Hatta özel efekt vermek için makarnalara bir tutam yeşil gıda boyası bile katabilirsiniz.
3. Bazı çocuklar ellerinde oluşan hissi sevmeyeceklerdir bu nedenle bu tür çocuklara başlangıç için uzun sağlı kaşıklar verin.

8. Oyun: Çanta Ey Çanta

Hedefler

Dokunsal ayırt etme
Kinestetik* uyarım
Proprioseptif farkındalık ve motor planlama
Hafızadaki bilgileri hatırlama
İnce el becerileri
Dil gelişimi ve niteleme

* Kinestetik: Kinesteziye ait. Dokunma duygusunu yoğun olarak kullanan insan kinestetiktir.

Materyaller

Küçük bir bez çanta veya küçük yastık kılıfı; diş fırçası, ataç, oyuncak araba, anahtar, içi doldurulmuş küçük oyuncak hayvan, tarak, kalem vb. çantanın içine sığacak en az beş veya altı tane yaygın ev eşyası ve iki veya daha fazla oyuncu

Hazırlık

Eşyaları kimsenin göremeyeceği şekilde çantanın içine saklayın.

Talimatlar

Çocukların sırayla oynamalarını sağlayın. Çantayı tutun ve şöyle deyin: "Çanta ey çanta, sallan sallan sallan, __________ (burada çocuğun adını söyleyin) ne alacak?" (Çocuklar büyük olasılıkla haykıracaklar!) Sonra adı söylenen çocuk çantaya uzanır ve elleriyle nesnelerden birini hisseder ve seçer ve çekip dışarıya çıkarmadan önce ne olduğunu tahmin eder. Çantadaki tüm nesneler dışarı çıkarılıncaya kadar bu işleme devam edin.

Değişiklikler

1. Kullanılacak nesnelerin çocukların gelişimsel dönemlerine uygun olmasın dikkat edin. Çocukların aşina olduğu nesneleri seçmeye çalışın.
2. Eğer çocuklar nesneleri dokunarak bilemiyorlarsa, her defasında bir nesneyi çıkarıp adını söyleyip çantaya geri koysunlar ve tekrar denesinler.

9. Oyun: Susamurunu Beslemek

Hedefler

Dokunsal uyarım
Merkezi beden güçlendirme
Vestibüler* (duyu) uyarım

---

* Vestibüler: Çoğu memelilerde denge ve uzaysal oryantasyon duyusuyla ilişkili, motor koordinasyon ve denge duyusuna liderlik eden duyu sistemidir.

İkili el-göz koordinasyonu
Motor planlama
Yön belirleme yeteneği
Sayı sayma

Materyaller

Zeminde rahatça yuvarlanılabilecek büyüklükte bir alan; büyük yumuşak battaniye veya havlular; küçük bir yastık kılıfı veya kese veya plastik poşet; top, fasulye kesesi veya gazeteden yuvarlanarak yapılmış top ve en az üç oyuncu

Hazırlık

Battaniyeleri (veya havluları) yere (bu sudur) serin. Eğer gazeteden yapılma topları kullanacaksanız hazırlayın (Bunlar susamurunun karnını doyuracak "balıklar" olacaktır.).

Talimatlar

Oyunculardan biri yüzen ve sıçrayıp oynayan susamuru olur. Battaniyenin ortasında sırtüstü yatar ve yastık kılıfı veya çantayı karnının üzerinde ağzı açık bir şekilde tutar. Onu besleyen diğer oyuncular karnın üzerindeki ağzı açık keseye "balık" (top) atarlarken susamuru kendini sırtüstü iterek veya battaniyenin üzerinde yuvarlanarak "yüzer." Susamurunun yemek için kaç tane balık yakaladığına ve topladığına bakın! Oyuncuların hepsi sırayla susamuru olabilir.

Değişiklikler

1. Yere yastık (kaya olarak) koyabilir veya çeşitli yumuşak, puf nesneleri (deniz yosunu olarak) etrafa saçarak üzerinde yuvarlanmalarını ve sağa sola hareket ettirmelerini isteyebilirsiniz.
2. Başının sarılarak örtülmesine itirazı olmayan bir çocuğu battaniyeye sarabilir ve battaniyenin veya çarşafın altında yüzmelerini sağlayabilirsiniz.
3. Bazı çocuklar zeminde takla atmayı bile arzulayabilir.

10. Oyun: Baloncuk Canavarı

Hedefler

Oral motor beceriler
Nefes kontrolü
Dudakları kapatma
Dokunsal uyarım
El-göz koordinasyonu

Materyaller

Büyük bir kase (büyük salata kasesi gibi), su, sıvı bulaşık deterjanı, kişi başı birer pipet ve iki-dört oyuncu

Hazırlık

Bir yemek kaşığı deterjanı kasenin içine boca edin ve kasenin üçte birini suyla doldurun.

Talimatlar

Çocukların kasenin içine soktukları kişisel pipetlerinden üflemelerini isteyin ve baloncuk canavarının büyümesini izlesinler. Çocuklar pipetlerine aynı anda da üfleyebilirler veya sırayla üfleyip baloncukların patlamadan önce ne kadar büyüdüğünü görebilirler! Ayrıca çocukların çoğu baloncukları parmaklarıyla patlatmayı da sever.

Değişiklikler

1. Bazı çocuklar pipet kullanırken üflemeyi içine çekmek eylemiyle karıştırabilir bu nedenle önce birlikte alıştırma yapın. Ayrıca bazı çocuklar pipeti tam olarak ağızlarına sıkıştırabilecek kadar dudak kapatma becerisine sahip olmayabilir.
2. Farklı boyutlarda pipetler kullanarak oyunun zorluğunu arttırıp azaltarak çeşitlilik katabilirsiniz. Temiz akvaryum boruları da işe yarar, bunları istediğiniz uzunlukta kesebilirsiniz. Boru ne kadar uzun ve geniş olursa, nefes kontrolüne o kadar fazla ihtiyaç duyarsınız.

Sosyal Beceri Oyunları

1. Oyun: Hırsızı Yakala!

Hedefler

Ortak dikkati geliştirme
Sırayla yapma
Yap-inan oyununa katılma
Rekabet durumunda uygun tepki vermeyi öğrenme
Soyut bir oyunun kurallarını anlama

MATERYALLER

Altı adet ev eşyası (Örneğin: bardak, kitap, oyuncak araba, kol saati, kalem ve bozuk para); maskeleme bandı veya tebeşir ve üç veya daha fazla oyuncu

HAZIRLIK

Maskeleme bandı veya tebeşir yardımıyla bir X işareti yapın ve oyunculardan birinin (hırsız olarak tayin edilen kişi) bu işaret üzerinde, ayakta durmasını isteyin. Altı tane ev eşyası önüne doğru, rastgele ve birbirlerinden hafifçe uzağa (Bu sayede hırsız başını çevirmek zorunda kalmaz.) yerleştirilir.

TALİMATLAR

Hırsız başını kıpırdatmadan mümkün olduğunca sabit bir şekilde tutarak çalmak istediği nesneye bakar. Diğer oyuncular polis rolündedir. Hepsi sırayla hırsızın hangi neyse baktığını doğru tahmin etmeye çalışır. Nesneyi doğru tahmin eden kişi hırsızın o nesneyi çalmasını engellemiş olur. Eğer oyunculardan biri yanlış bir tahminde bulunursa hırsız o eşyayı çalar yani eşya yığınından o eşyayı alır; ayrıca oyuna da devam etme hakkını kazanır. Herkes sırayla oynayıncaya veya "hazinenin" tümü çalınıncaya kadar oyuna bu şekilde devam edin.

DEĞİŞİKLİKLER

Daha çok veya daha az eşya kullanarak veya eşyaları hırsızın daha yakına veya daha uzağına koyarak oyunu zorlaştırabilir veya kolaylaştırabilirsiniz.

2. Oyun: Bu Nedir?

Hedefler

Sırayla yapma
Yardımlaşma ve paylaşma
Oyun arkadaşının bakış açısından düşünme
Problem çözme
İnce motor beceriler
Algısal motor beceriler
Grup süreci

Materyaller

Boş resim kağıdı, boya kalemi, dolma kalem, cetvel, farklı büyüklükte bardak, açı ölçer, şablonunu çıkartmak için kullanılacak küçük nesneler, kronometre, farklı şekillerdeki şablonlar (isteğe bağlı) ve iki-dört oyuncu

Hazırlık

Her oyuncunun bir adet boş resim kağıdı olur. Boya kalemleri, dolma kalem, cetvel, açı ölçer, bardak ve şablon gibi oyuncuların şablonlarını çıkarmak için kullanacakları tüm nesneler paylaşmak için ortaya konur. Herkes bir masanın etrafına veya yere oturarak çizim yapmaya başlar.

Talimatlar

Kronometreyi bir dakikaya ayarlayın. Tüm oyuncular mevcut araç gereçleri kullanarak kağıtları üzerinde bir işaret veya tasarım oluşturur. Bir dakika dolduğunda, tüm oyuncular kağıtlarını sağ taraflarında bulunan oyunculara verirler. Kronometre tekrar bir dakikaya ayarlanır, bu kez herkes önündeki kağıtta bulunan tasarıma bir şeyler eklemeye çalışır. Kağıtlar bir veya iki kez dönünceye veya yönetici olarak siz zamanın dolduğuna karar verinceye kadar her bir dakikada bir kağıt değişimine devam edin. Sonra tüm oyuncular önlerindeki kağıdı ellerine alır ve üzerindeki şeklin ne olduğuna karar vermeye ve bunu paylaşmaya çalışır! Sıra kendilerine geldiğinde ne çizmeye amaçladıklarını paylaşmanın yanı sıra grup üyeleri birlikte beyin fırtınası da yapabilirler.

Değişiklik

Eğer araç gereç kullanmak çok zorsa, çocuklar sadece kurşun kalem kullanarak elle de çizim yapabilir.

3. Oyun: Duygu Dansı

Hedefler

Duyguları tanıma ve tanımlama
Görsel dikkat: başkalarının mimiklerini okuma
Oyunun kurallarına uyma
Aktif dinleme
Grup aktivitesine katılma

Materyaller

Hareket edilecek veya dans edilebilecek kadar geniş bir alan, kağıt tabak, fosforlu kalem, bir radyo veya istendiğinde durdurulabilecek veya başlatılabilecek bir hareketli müzik kaynağı ve iki veya daha fazla oyuncu

Hazırlık

Tüm karton tabakların üzerine farklı farklı duyguları anlatan birer yüz (Örneğin: üzgün, sinirli, şaşırmış, heyecanlı, sıkılmış, yorgun...) çizin ve o duyguyla ilgili sözcüğü yüzün altına yazın. Üzerindeki duygular görünmeyecek şekilde tüm tabakları odanın içinde yere ters bir şekilde kapatın.

Talimatlar

Şarkıyı başlatın ve herkesten odanın içinde oynamasını isteyin. Müzik durdurduğunda, çocukların her biri bir tabağın üzerine zıplar. Sırayla üzerinde durdukları tabakları çevirirler. Her çocuk tabağın üzerindeki ifadeyi taklit etmek ve ne olduğunu söylemek zorundadır. Müzik tekrar başlar ve sıra tabakların üzerinde duran tüm oyunculara gelinceye kadar oyun bu şekilde devam eder.

Değişiklikler

1. Çocuklar iki ayak üzerinde zıplayabilir, tek ayak üzerinde sekebilir veya sıçrayıp tabakların üzerine ayak basabilirler.
2. Diğer insanlarla empati kurmayı geliştirmek için, çocuklardan duygularla ilgili kişisel tecrübelerini anlatmalarını isteyin. Çocuklara "Bu şekilde hissetmene ne neden oldu?" gibi bir soru yönelterek olayın ayrıntılarını anlatmalarını da sağlayabilirsiniz.
3. Çocukların bir duyguyu tecrübe edebileceği durumları belirleyebilmek için onlara: "Tam olarak ne zaman böyle hissetin?"

4.Oyun: Dirsek Dirseğe

Hedefler

Dokunsal ve proprioseptif duysal girdi: kendi ve arkadaşının fiziksel vücudunu fark etme
Motor planlama
Yön belirleme yeteneği
Kaba motor koordinasyon
İnce motor koordinasyon
Algısal motor beceriler
İletişim
Talimatları uygulama
Yardımlaşma ve oyun arkadaşının bakış açısından düşünme

Materyaller

Bardak, su, oyuncak, kağıt, kurşun kalem, havlu ve top gibi evde kolayca bulabileceğiniz ev eşyaları ve en az üç oyuncu

Hazırlık

Oyuncular sağ dirseklerini zıt yönlere bakacak şekilde kanca gibi birbirine geçirirler.

Talimatlar

Oyunculardan basit görevleri yerine getirmelerini isteyin. Takımlar istenen görevlerde vücutlarını nasıl hareket ettireceklerini görüşürler. İstenebilecek görevlerden bazıları şunlardır:

- Çamaşırhaneye gidin, bir havlu alın ve katlayın.
- Bana içmem için bir bardak su katın ve buraya getirin.
- Ellerinizi yıkamaya gidin.
- Oynamak istediğiniz beş oyuncağı getirin.
- Bu kağıt parçasına adınızı yazın.
- Topla yakalamaca oynayın.

DEĞİŞİKLİKLER

1. Eğer ikiden fazla çocuğunuz varsa, çocukların yüzlerini döndükleri yönleri çeşitlendirerek ve dirsek dirseğe geçmelerini sağlayarak bir başka çocuğu da gruba dahil edebilirsiniz.
2. Daha küçük çocuklarda, aynı yöne iki oyuncunun bakması oyun esnasında kolaylık sağlayacaktır.
3. Bir bütün olarak hareket etmelerini sağlayabilmek için kol ve bacaklarını bir şeritle bağlamayı deneyebilirsiniz.
4. Yaşça daha büyük çocukların bir bütün olarak hareket etmelerini sağlayabilmek için sırt sırta vermelerini isteyip bellerinin etrafına bir şerit dolayıp bağlayabilirsiniz.

5. Oyun: Taşlara Basmaca

HEDEFLER

Takım çalışması
Bir oyunun talimatlarını uygulama
Yarışma kavramını anlama
Motor planlama
Sıralama
Akranlarla iletişim kurma

MATERYALLER

Gruptaki oyuncuların sayısından her zaman bir fazla olacak şekilde farklı boyutlarda ve yeterli sayıda yastık ve minder veya gazete parçaları ve üç veya daha fazla oyuncu (Eğer iki takım yarışacaksa ideal olarak eşit sayıda olmalıdır.)

Hazırlık

Odanın bir ucundan başlayarak, biri diğerinin önünde olacak şekilde yastıkları (veya ikiye katlanmış gazete parçalarını) dizin. İlk yastıktan başlayarak biri diğerinin arkasında olacak şekilde her çocuk kendi yastığı üzerinde durmalıdır. Sıradaki son çocuğun arkasında boş bir yastık olmalıdır.

Talimatlar

Oyunculara: "Çocuklar, ırmağı geçmek zorundasınız ve içinde aç ve oldukça tehlikeli bir timsah var. Taşların üzerine basmazsanız timsah sizi yer!" deyin. Oda ırmaktır ve yastıklar da taştır. Yastıkların üzerinde dururken, arkasında boş yastık olan ve en arkada duran çocuk yastığı en önde duran çocuğa geçirmelidir. Çiftler yenmeden tüm odayı baştan sonra arşınlayıncaya kadar bu işleme devam edilir!

Değişiklikler

1. Eğer birden fazla çift çocuğunuz varsa, oyunu bir yarışa dönüştürebilirsiniz. Kim ırmağı düşmeden geçerse oyunu kazanır.

2. İkiden fazla kişiden oluşan takımlarda için gruba yeni bir çocuk eklediğiniz her defada bir tane de yastık ekleyin bu sayede her zaman ekstra bir yastık bulunacaktır.
3. Sandalye, tabure, elbezi veya çocukların üzerinde durabileceği veya üzerine çıkabileceği her türlü nesneyi kullanarak üzerine bastıkları taşları çeşitlendirebilirsiniz.

6. Oyun: Langırt

Hedefler

Merkezi gövde güçlendirme
Görsel algısal gözle takip etme
El-göz koordinasyonu
İkili koordinasyon
Takım çalışması

Materyaller

Büyük bir oyun topu veya şişirilebilir bir plaj topu, oyuncuların yüzüstü ve birbirlerinin karşısına uzanabilecekleri büyüklükte bir alan ve en az iki oyuncu

Hazırlık

İki çocuğun birbirlerinden 150 cm uzaklıkta, yüzüstü ve birbirlerinin karşısına uzanmalarını sağlayın. Eğer daha fazla katılımcınız varsa daire şeklinde uzanabilirler. Her oyuncu elleri aynı anda hareket etsin diye kendi başparmaklarını kanca şeklinde birbirine kenetler.

Talimatlar

İlk oyuncu topu sadece avuçlarının iç kısımlarını kullanarak partnerine doğru iter. Diğer oyuncu da hızlı bir şekilde geri gönderir. Eğer birkaç tane oyuncu varsa, top kendilerine geldiğine her biri topu hızlı bir şekilde iter veya yönünü değiştirir. Oyuncular topa vurduğunda, tıpkı langırt makinesinden çıkıyormuşçasına "dink, donk, boink, çink, blink" gibi komik ve uydurma bir ses çıkarırlar. Çocukların topu kaç kez çevireceklerine bakın.

Değişiklikler

1. Bacaklarını V harfi gibi düz bir şekilde açarak oturma ve sonra topu iki elle itmek ve geriye doğru bilekleri üzerine eğilerek ayak tabanlarıyla topu itmek gibi farklı pozisyonlar kullanarak çeşitlilik katabilirsiniz.
2. Eğer çok fazla oyuncu varsa, herkes kullanmak istediği sesi seçer ve topa vururken sadece bu sesi çıkarır.

7. Oyun: Sihirbaz

Hedefler

Başkalarına görsel olarak dikkat etme
Kazanma ve kaybetmeyi tecrübe etme
Başka insanlardaki benzerlik ve farklılıkları fark etme
Oyunda odaklanmayı sürdürme
Sırayla yapma

Materyaller

En az üç oyuncu

Hazırlık

Oyunculardan biri diğerlerinin önünde durur.

Talimatlar

Diğer oyuncuların önünde duran ilk oyuncu şöyle der: "Bana bakın." Diğer oyuncular belirli bir süre bakar. Sonra, gruba gözlerini kapatmalarını söyleyin. Önde duran oyuncu dış görünüşünde bir şeyleri (Örneğin: Düğmelerinden birini açar, ellerinden birini kalçasına koyar, saçını diğer tarafa atar veya gömlek kollarından birini sıvar.) değiştirir. Hazır olduğunda: "Abrakadabra, bir, iki, üç... Ben de değişiklik nedir?" der. Sonra gruptakiler gözlerini açar ve tahmini olanlar parmak kaldırır. Parmak kaldıranlardan birini seçin ve eğer doğru cevap verirse sihirbaz olacak sıradaki kişi o olur.

Değişiklikler

Eğer oyuncular öndeki arkadaşlarına gizlice bakıyorlarsa (Bu duruma genellikle rastlanır!), ellerini gözlerinin üzerine koyabilir, başlarını öne eğebilir veya tamamen sırtlarını dönebilirler.

8. Oyun: Hamburger Topu

Hedefler

Takım çalışması
İletişim
Proprioseptif ve kinestetik farkındalık
Kaba motor beceriler
İnce motor beceriler
Çoklu basamak sıralama

Materyaller

İki kişilik her takım için gereken materyaller: büyükçe bir top (futbol, plaj topu) veya aynı boyutlarda bir minder (hamburger), iki tişört (ekmekler), iki çift yuvarlanmış çorap (turşular), buruşturulmuş üç gazete parçası (domatesler) ve bir adet küçük elbezi (marul); oyuncuların ileri geri yürüyebilecekleri büyüklükte-en az yirmi adım-bir oyun alanı ve en az üç kişi (veya ilave her takım için iki kişi)

Hazırlık

Grupların eşyalarını oyun alanının en sonuna ayrı ayrı koyun bu sayede her takım aynı eşyaları almış olur. Oyuncuların yürüyerek "hamburgerlerini" yapacakları yerleri belirleyin.

Talimatlar

Oyuncular hamburger yapmaya çalışacaklar! Her takımdaki iki kişi bir veya birden fazla materyali düşmeyecek şekilde vücutlarının arasına bastıracaklar; kollarını birbirine geçirebilir, sırt sırta verebilirler ve daha sonra da kullandıkları malzemeleri düşürmeden odanın içinde yürüyecekler. Tüm malzemeleri toplayıp bir araya getirinceye kadar ileri geri yürürler ve sonra hamburgerlerini yaparlar. Oyuncular malzemeleri, ekmek için iki tişörtü veya turşu olarak iki çift çorabı tel seferde taşımak gibi, gruplayabilirler. Eğer gruplardan biri herhangi bir malzemeyi düşürürse, başlangıç noktasına geri dönüp tekrar denemek zorundadır. Hamburgerlerini en hızlı şekilde yapıp bitiren takım oyunu kazanır!

Değişiklikler

1. Eğer tüm takımların hamburgerlerini aynı anda yapmalarını sağlayabilecek kadar materyaliniz yoksa, takımlar aynı malzemeleri sırayla kullanırlar ve hangi takımın hamburgerlerini en hızlı şekilde yaptığını süre tutarak belirlersiniz.
2. Takımların kucaklama pozisyonunda olduğu gibi yüz yüze olmalarını sağlayabilirsiniz. Fakat yine de bu yerleşim düzenin, bu tür yakın teması sevmeyen çocuklar için çok rahatsız edici olabileceğini aklınızdan çıkarmayın.

9. Oyun: Sesli Uzaktan Kumanda

Hedefler

İşitsel ses farkındalığı (Yüksek veya alçak sesleri nasıl kullanılacağını bilme)

Sosyal farkındalık (konuşmadaki farklı sesleri ne zaman kullanılacağını bilme)

Dinleme

Sırayla yapma

Talimatları uygulama

Materyaller

Küçük, dikdörtgen şeklindeki bir parça mukavva veya 25 cm genişliğinde ve 10 cm boyunda kesilmiş poster kağıdı, büyük bir ataç, büyükçe bir fosforlu kalem, yaş gurubuna uygun bir kitap veya herkesin bildiği bir şarkı (isteğe bağlı) ve iki oyuncu

Hazırlık

25 cm'lik mukavvanın merkezinden geçecek şekilde, üst kenarı ile alt kenarının tam ortasından yatay bir çizgi çizin. Çizginin üst kısmına 1, 2, 3 ve 4 rakamlarını her biri birbirinden 5 cm'lik mesafede olacak şekilde yazın. Atacı mukavva parçasının en altına, soldan sağa hareket ettirebileceğiniz şekilde takın.

Talimatlar

Çocuklardan biri konuşmacı ve diğeri de "Ses Kumandası" olur. Konuşmacı kitap okumaya veya şarkı söylemeye başlar (Eğer konuşmacı şarkı söylüyorsa, şarkıya diğer herkes eşlik edebilir.). Ses Kumandası "kumandayı" (mukavva parçasını) konuşmacıya doğru tutar. Ses Kumandası "Dur" dediğinde, atacı farklı bir numaraya doğru kaydırır (1 rakamı en alçak ses, 4 rakamı da en yüksek sestir.). Konuşmacı sesini kumandaya göre ayarlar.

Değişiklikler

1. Okuma yazma bilmeyen çocuklar bir kitaba bakabilir ve sözcükler uydurarak kendi hikayelerini uydurabilirler veya şarkı söyleyebilirler.
2. Alçak sesle yükse sesin kullanıldığı sosyal senaryolar kullanarak devam edebilirsiniz. Çocuklara: "1 numaralı ses olan alçak sesi ne zaman kullanırsınız?" Ya da 4 numaralı yüksek sesi ne zaman kullanırsınız?" Örneğin, onlara kütüphanede olduğunuzda veya biri uyumaya çalışırken, alçak sesle konuşmanız gerektiğini ama yangın gibi acil bir durum olduğunda "Yangın Var!" veya "İmdat" diye bağırırken de yüksek sesle bağırmanız gerektiğini hatırlatın.
3. Bazı senaryolar hakkında beyin fırtınası yapmalarını ve bu durumları uygulamalarını sağlayın.

10. Oyun: Dedektif

Hedefler

Görsel bilgileri hatırlama
Görsel motor beceriler
Sırayla yapma
Akran yardımlaşması

Materyaller

Büyük, açık rengi olan bir havlu veya battaniye ve beş-on muhtelif nesneler (diş fırçası, anahtar, top, defter, plastik bant, çorap...), sayıları çocukların yaş ve becerilerine göre çeşitlilik gösterir ve en az üç kişi

Hazırlık

Havlu (veya battaniyeyi) açıp yere yayın ve nesneleri rastgele havlunun üzerine yerleştirin.

Talimatlar

Oyunculardan biri dedektif olur ve tüm nesnelere bir dakika boyunca bakar. Sonra sırtını döner ve diğer oyuncular ortak olarak karar verdikleri bir nesneyi kaldırırlar. Dedektif nesnelere tekrar bakar ve hangisinin eksildiğini söyler. Çocukların sırayla dedektif olmalarını sağlayın.

Değişiklikler

1. Zorluğu arttırmak veya azaltmak için nesneleri azaltıp çoğaltabilirsiniz.
2. Her defada iki veya üç nesneyi eksiltmeyi deneyebilirsiniz.
3. Eğer çok fazla oyuncunuz varsa, takım arkadaşları dedektife "ipucu" verebilir ("___ harfi ile başlıyor." Ya da "Onu ______ yapmak için kullanıyoruz.")

BEŞİNCİ BÖLÜM

Üç-On Beş Yaşındakiler İçin Kısa Grup Oyunları

Bazen ihtiyacınız olan tek şey kısa, basit bir oyundur. Belki de bir dersi bir hareket öğesiyle vurgulamanız gerekiyordur. Belki de dikkatlerini tazelemek için herkesin katılımına ihtiyacınız vardır. Belki de çocukların çok uzun süre oturduklarını fark ettiniz ve kahkaha ve hareketten gelen keyif ve eğlenceyi ortama getirmek istediniz. Eğer ihtiyacınız olan bunlarsa, bu oyunlar tam da size göre.

Oyunlar, tüm çocukların ayakkabılarını üst üste yığdığı ve teker teker üzerinden atlarken diğer çocukların da davul sesi çıkarıp havada süzülürken atlayan arkadaşlarının ismini haykırdıkları "Ayakkabıları Üzerinden Atlama" oyununda olduğu gibi basit, eğlenceli ve kısa olabilir.

Ya da belki de öğrencileriniz birlikte bir masada çalışırlarken, siz masaya bir bilye koyduğunuzda ara verirler. Tetikte olmayı ve hız refleksler gerektiren eğlenceli bir oyun olan "Bilye Oyununda" çocukların görevi bilyeye hafifçe vurarak düşürmeden aralarında çevirmektir.

Ya da "Kategori Top Oyununu" oynarken bir top alır, daire oluşturur ve topu birbirlerine atarak günün dersini pekiştirirler. Tarih mi işliyorsunuz? Topu tutan kişi Amerikan Devriminin sebeplerinden birini söylesin. Dilbilgisi mi görüyorsunuz? .topu yakalayan bir fiil söylesin.

Chris ve Kutu

Chris okulun oyun odasına isteksizce geldi. Oyunu yöneten oyuncu olmadığı aktivitelerin çoğunda isteksiz olma eğilimindeydi. Chris otizmli bir çocuktu ve özellikle yeni olan her şey onu rahatsız ediyordu. O günün yeni şeyi halının orta yerinde duran büyükçe bir kutuydu. Diğer çocukların hepsi kutunun etrafındaydı. Chris sırtı bize dönük bir şekilde cam kapının önünde durmuş dışarıyı seyrediyordu ve bize içerde olmak yerine dışarıda olmayı yeğlediği mesajını veriyordu. Fakat çocuklar şarkı söylemeye ve içinde kutunun olduğu bir oyun oynamaya başladılar ve sonunda merakı galip geldi ve sınıf arkadaşı Kaya'yı kutunun içine yerleştirirken uzaktan bize bakmaya başladı. Kutunun üst kanatlarını hafifçe kapatıp alçak sesle şarkı söylemeye başladık:

Kutuda kim var?
Kutuda kim var?
Tık tık tık
Kutuda kim var?

Kaya kutudan kafasını çıkardı ve biz: "Kaya!" diye haykırdık. Chris izlerken ve hatta kutuya çekingen bir şekilde birkaç defa tıklatırken Kaya'ya birkaç şans daha tanıdık.

"Sıra Chris'te" dedik ve sonra onu alıp kutuya koymamıza izin verdi ve hemen oturdu ve biz de kutunun kapaklarını kapattık. Şarkımızı tekrar söylemeye başladık ve sesler onu kızdırmasın diye kutuyu hafifçe tıklattık. Şaşırtıcı bir şekilde yüzünde kocaman bir gülümsemeyle kafasını kutudan dışarı çıkardı ve biz de "Chris!" diye bağırdık.

Chris oyunu o kadar çok sevmişti ki tekrar tekrar oynamak istedi ve sonra o kadar güzel bir ruh haline büründü ki kutuyu yanlamasına çevirip tüm kapaklarını açıp çocukların "tünelden" emekleyerek geçmesini istediğimizde yeni bir oyun oynamaya da oldukça hevesliydi. Otizmli çocukların şarkılara sözcüklerden daha iyi tepki verdiklerini bildiğimiz için, oyuna eşlik edecek kısa ve basit bir şarkı yarattık:

Tünelden emekleyerek geçin
Tünelden emekleyerek geçin
En baştan en sona

Tüm çocuklar gibi otizmli çocuklar da ilgileri bakımından eşsizdir ve hepsine birden uyacak bir oyun yoktur. Yine de çoğu küçük, güvenli alanlar ve dar kapalı yerler içeren oyunlardan hoşlanır. Bir kutunun içine girme ve içinden emekleyerek geçme bu ihtiyaca cevap verebilecek eğlenceli oyunlardandır.

Bu oyunlar, bu kitaptaki diğer tüm oyunlar gibi, sadece eğlenceden ibaret görünebilir. Ama derinlere doğru indiğinizde içinde motor, duysal ve sosyal bileşenlerin olduğunu göreceksiniz. Peki manevi bileşenler eklemeye de kalkıştım mı? Ne de olsa, anı yaşamak ve herkesle bağ kurmak kendi manevi ödüllerini içinde barındırmaktadır.

Küçük Çocuklar İçin Kısa Oyunlar (Üç-On Yaş)

1. Oyun: Ayakkabıları Üzerinden Atlama

Bu oyunla ilgili en güzel şey etrafta her zaman ayakkabı bulunabilmesidir bu nedenle evde ve sınıfta kolayca oynanabilir.

Hedefler

Motor planlama (Ne kadar yükseğe ve uzağa zıplanacağını bilme)
Zamanlama
Denge
Odak merkezi olma konusunda rahat hissetme
Başkalarını fark etme
Sırayla yapma

Materyaller

Çocuk ayakkabıları koşmak ve zıplamak için yeterli bir oyun alanı

Hazırlık

Öncelikle, her seferinde bir ayakkabı kullanarak en sonunda tüm ayakkabıları kullanacağınız bir ayakkabı yığını hazırlayın.

Talimatlar

Oyuncular önce bir ayakkabı üzerinden sonra ayakkabı sırasının ne kadar hızlı veya yavaş büyümesini (yaşça daha büyük oyuncular sıranın daha hızlı uzamasını ister) istediğinize bağlı olarak uç uca veya yan yana konmuş iki ayakkabı sırasının üzerinden ve sonra da üç ayakkabı sırasının üzerinden atlar; bu işlem ayakkabı sıraları artık kimse bir uçtan diğerine atlamayı başaramayacak kadar uzayıncaya dek böylece devam eder. Finalde tüm ayakkabılar bir yere yığılır, oyuncular koşup bu yığının üzerinden atlamak zorundadır.

Değişiklik

Eğer grup ortamına bir sosyal farkındalık öğesi eklemek istiyorsanız, çocuklardan bir başkasının ayakkabısını bulmalarını isteyebilirsiniz. "Annie, Liam'ın ayakkabılarını bulup ona getirir misin?" Benim sıklıkla yaşadığım gibi siz de Down sendromlu çocukların doğru ayakkabıları doğru insanlarla eşleştirme konusunda daha iyi olduklarına şahit olabilirsiniz.

2. Oyun: Gözbağı

Birinci sınıfa yeni başlamıştım, sıra dışı bir olaydı ama açık bir şekilde en neşesiz şey bize uyumamıza yardımcı olması için verdikleri gözbağıydı. Bunun gözbağı oyunu için iyi bir materyal olacağını biliyordum.

Hedefler

Akranları duysal seviyelerde tecrübe etme
Dokunmaya izin verme
Ses, boyut ve fiziksel ayrıntıların (saç uzunluğu, boy, bel ölçüsü vb.) farkına varma

Materyaller

Bir gözbağı

Hazırlık

Çocuklardan birine gözbağı takılır ve bir yetişkinin önünde ayakta durur (Bunun için bir sandalyede oturmak isteyebilirsiniz.).

Talimatlar

Gözleri bağlı olan çocuk kendisine sorula kişiyi dokunarak tahmin etmek zorundadır. Arkadaşlarından biri gözleri bağlı çocuğun önüne sessizce getirilir o da ellerini kullanarak "Bu kişinin saçları uzun mu yoksa kısa mı?"

"Bu kişi senden uzun mu yoksa kısa mı?" "Bu kişi senden daha mı büyük yoksa daha mı küçük?" gibi kendisine yöneltilen sorularla çeşitli özellikleri belirlemeye çalışır. Sonra çocuk önünde duran kişinin kim olduğunu tahmin eder.

Çocuk tahminde bulunduktan sonra, gözbağını çözüp tahmininin doğru olup olmadığını görmesini sağlayın. Sonra, gözbağının kim olduğu tahmin edilmesi istenen çocuğa takılır ve bir başka kişi getirilerek tahminde bulunması istenir. Eğer tahminde bulunan kişi zorlanıyorsa, oyuna ses dahil edin. Kim olduğu sorulan kişinin "Merhaba" demesini veya herhangi bir cümle kurmasını isteyin.

Değişiklikler

1. Özellikle çocukların bir başkasına dokunmaktan utandığı bazı sınıflarda, ben tanınabilmeleri için sadece sesten yararlanıyorum. Birini sesinden belirlemek dokunarak belirleyebilmekten daha kolaydır.
2. Eğer yanımda gözbağı yoksa, üzerine arkadaş canlısı bir yüz çizdiğim bir kese kağıdı kullanırım. Bu nefes alıp verme için çok fazla alan

sunmaktadır ama çocuklar aşağı doğru bakarak önlerinde duran çocukların ayakkabılarını görebilirler. Fakat hiç sorun değil-oyun "Bunlar Kimin Ayakkabıları?" oyununa dönüştürülebilir.

3. Her oyuncuya belirli bir süre tanıyabilmek adına oyuna bir şarkı veya marş dahil edebilirsiniz. Ben aşağıdaki sözleri kullanıyorum. Melodi olarak da eski Campbells Sabunu reklamının melodisini kullanıyorum ama herhangi bir melodi veya basitçe bir marş söylemek işe yarayacaktır.

Bu kim?
Bu kim?
Bana söyleyebilir misin?
Bu kim?

Video

http://gameslady.com/video/single/blindfold.asp

3. Oyun: Teneke Kutu-Teneke Kutu Yapabilir Misin?

Kanada'nın Vancouver kentindeki bir atölye çalışmasındaki bir öğrenci matematiksel olasılıklar ve canlı ve tanıdık bir melodisi olan bu hareket temelli el-göz koordinasyon oyunuyla çıkageldi.

Hedefler

Sırayla yapma
Sosyal farkındalık
Koordinasyon
Başkalarıyla çalışma

Materyaller

Kişi başı birer kutu düşecek şekilde yeterli miktarda teneke kutu (eğer küçük bir grupsa, kişi başı iki veya daha fazla teneke kutu)

Hazırlık

Çocuklar teneke kutularıyla birlikte daire oluşturacak şekilde oturur. Teneke kutular gazlı içecek kutuları, gıda kutuları veya küçük kedi maması kutuları olabilir. Teneke kutularla ilgili kriterler temiz olmaları, parmakların kesilmesine neden olabilecek keskin bir parçasının bulunmaması ve teneke kutuların birbirinin içine uyabilmesidir. Sadece tek bir şekilde istiflenirlerse iç içe sığarlar, ama sorun değil, çocuklar bu ayrıntıyı fark edeceklerdir.

Talimatlar

Çocuklar teneke kutularını teker teker giderek yükselen kutu kulenin üzerine eklerler. Çocuklara, Kutu-Kutu dansına eşlik eden geleneksel şarkının çeşitlemesi gibi hareketleriyle uyumlu bir şarkı öğretilir:

Yapabilir misin yapabilir misin teneke kutu-teneke kutu
yapabilir misin?
Teneke kutu-teneke kutu yapabilir misin?
Teneke kutu-teneke kutu teneke kutu-teneke kutu yapabilir misin?

Teneke kutudan oluşan kule kaçınılmaz bir şekilde yıkılınca, çocuklar düşen kutuları sayabilirler. Eğer karışıma bir şeyler eklemek istiyorsanız, yere düşen kutu sayısı ile hala yıkılmayan teneke kutuların sayısını toplamlarını isteyin.

Değişiklikler

1. Oyunu sadece kulelerle sınırlandırmayın; çocukların teneke kutularla piramit yapmalarını sağlayabilirsiniz.
2. Oyuncuların tempolarını ve heyecanlarını değiştirmek adına şarkı sözlerini daha yavaş veya daha hızlı söyleyebilirsiniz.

Video

http://gameslady.com/video/single/can-can.asp

4. Oyun: Yaptığımı Yapabilir misin? Söylediğimi Söyleyebilir misin?

Hedefler

Başkalarıyla senkronize bir şekilde şarkı söyleme
Ritim
Süre alarak sırayla yapma

Hazırlık

Grup daire şeklinde veya birbirlerini görebilecekleri bir şekilde oturur.

Talimatlar

Bu basit iki satırla, bir hayal dünyasının kapılarını arayabilirsiniz. Çocuklar ister bir sözcüğü telaffuz etmek olsun ister bir eylemi yapmak olsun bir şeyleri taklit ederek öğrenebilirler. Bu daire oyununda, "Yaptığımı yapabilir misin? Söylediğimi söyleyebilir misin?" marşı tekrarlanır ve oyun lideri istediği sesi çıkarır veya istediği jestleri yapar. Diğerleri çıkarılan sesi ve yapılan jestleri taklit eder. Oyunun güzelliği çıkarılan hiçbir sesin veya yapılan hiçbir hareketin yanlış olmamasıdır. Her şey uygundur. Sonuçta tüm sesler sestir.

Değişiklik

Dilsiz olan çocuklar da katılabilir, anadili sizle aynı olmayan çocuklar şarkı söyleyerek eşlik edebilir. Jestlerin mevcut ritme uygun olabilmesi için kısa olmalıdır ve ister yerde ister tekerlekli sandalyede olsun herkes tarafından yapılabilir veya uygundur. Bu gerçek anlamda eşit bir fırsat oyunudur.

Video

http://gameslady.com/video/single/can-you-do.asp

Çekici Nona

Her şey çok güzel başlamıştı. Nona beni anaokulundaki sınıflarına girerken görmüştü ve benimle geçinmenin Sosyal Kulübe gitmek anlamına geldiğini bilerek spektrumlu çocuklar ve arkadaşları için ayda iki kez düzenlediğim bir seansa denk geldi. Çocuklar bir trambolin üzerinde zıpladıkları, engel parkurundan geçtikleri ve çeşitli oyunlar oynadıkları Sosyal Kulübü severler. O gün yanımda evde eğitim alan bir çocuk vardı ve Nona Sosyal Kulüp sınıfına birlikte gitmelerini rica etmem üzerine Naj'ın elini tuttu.

Buraya kadar her şey gayet iyiydi, Nona genellikle pek el tutmaz. Ama o gün Nona kendini özellikle çok mutlu hissediyordu ve lider olmuştu. Naj, o da spektrumluydu, onu mutlu bir şekilde takip etti. Denge kalasını geçiyorlardı, karelerin üzerinde zıplıyorlardı, merdiven rampasına tırmanıyorlardı ve el ele trambolinde zıplamaları konusunda teşvik edildiklerinde kıkırdayarak gülüyorlardı. El ele tutuşunca dengede durmakta zorlandılar ve düştüler, engel parkurunun sonundaki tünelden çıkarken ayakları gıdıklanınca çığlık atarak daha fazla güldüler. Kızlara birbirlerine tutunarak denge kalasında nasıl yürüyebileceklerini gösterdim. Nona kollarını yeni arkadaşına doladı ve denge kalasında birlikte geriye doğru yürüdüler.

Sonra her şey değişti. Engel parkurunda atılan birkaç turdan sonra, sonraki aktiviteyi, çocukların fasulye kesesini farklı resimlere attığı "Resimlere Fırlat" oyununu, tanıttık. Resimler sarı güneş, beyaz bir sandal ve kırmızı bir dur işareti gibi sıradan şeylerin resimleriydi. Her çocuğun bilişsel gelişim seviyesine göre talimatlar veriyorduk. "Topu güneşe fırlat." (veya daha gelişmiş düzeyde olanlara "sarı renge" veya "daireye"). "Topu sandala fırlat." (veya "kırmızı renge" veya "sekizgene").

Nona hep kendi yapmak istiyordu. Tüm şekilleri biliyordu. Sıra diğerlerine, hatta Naj'a bile geldiğinde Nona'nın itirazları kendini yere atma ve bağırma şeklinde tezahür etmeye başlamıştı.

Nona bunu daha önce de yapmıştı. Bu onun MO'suydu. Bir mesleki terapist olarak motor oyunları herkesle oynayan kapsayıcı sınıflarla sıklıkla karşılaşırım. Nona oynamak istiyordu ama sıra veya sırayla oynama kavramlarını bilmiyordu. Önce kendi sırasın yapmak istiyordu sonra da herkesin sırasını istiyordu. İstediğini elde edemediğinde, kendini yere bırakabiliyor ve sanki düşmüş de yaralanmış gibi numara yapabiliyor ve tiyatral bir şekilde inliyordu (Bunda gayet iyiydi!).

Önceleri geliştirdiği metoda verilen tepkiler iyi olduğuna ve her şeyin yolunda olduğuna dair çok fazla teminat veriyordu. Bu tepkiler arkadaş edinmesini engelleyen kötü davranışların sergilemesini pekiştirdi. En iyi işe yarayan şey davranışlarını görmezden gelmek, hayata devam etmek ve gruba yeniden katılması için ona süre tanımaktı.

Yere uzanıp inlediği günlerden birinde geri kalanımız masaya geçip hızlı bir oyun olan "Kutuya Hafifçe Vurma" oyununa başladık. Çok basit bir oyundur ve mendil kutusuyla bile oynanabilir. Kutu masanın üzerinde kolayca kayarak bir oyuncudan diğerine hareket ediyordu. Oyunun hızı odaklanmış dikkat ve hızlı bir şekilde tepki vermeyi gerektirir. Kutuya vurmak kolaydır ve bu oyunu canlı tutar ve herkesi başarılı kılar. Oyuna bir marş ekledik:

Kutuya vur ve kutuya vur
Ne kadar hızlı vurabilirsin?

Bu marş ritmik bir şekilde tekrarlandığında çocukların dikkatlerini kutuya vermelerini sağlar ve hız faktörünü devreye sokar.

Biz oynarken Nona ağlamayı bıraktı, sessizleşti ve izlemeye başladı. Bir sonraki oyuna başladık: "Yaratığı Bul" Bu oyun kum dolusu bir kutu içine saklanmış plastik yaratıkları bulmayı içermektedir. Arama ve bulma sürecine doğaçlama bir marş ekledik. Masayı davulumuz gibi kullanarak marşa elle tempo tutup eşlik etmeye başladık. Masaya vurmak kum dolu kutuyu arama sıraları kendilerinde değilken bile tüm çocukların oyuna katılımını sağladı. Marş tüm oyunculara bir şey bulabilecek ve sıralarının başlangıcı ve bitişini bilmelerini sağlayacak kadar yeterince zaman tanıyordu.

Kumun içinde ne buldun?
(Pat... pat... pat-pat-pat)
Kumun içinde?
(pat-pat-pat)
Kumun içinde?
(pat-pat-pat)
Kumun içinde ne buldun?
(Pat... pat... pat-pat-pat)
Bir ________ buldun!
Kumu arkadaşına uzat
(Kutu el değiştirirken hızlı davul sesi pat-pat-pat pat-pat)

Nona gelip sessizce oturdu. Kutuyu ona verdik ve onun için şarkı söylerken, kumun içine daldı ve küçük, plastik bir kertenkele buldu. Elimiz ellerinin üzerinde kutuyu başka birine iterken: "Kumu arkadaşına uzat." dedik. Kalbi öyle demese de "Sıra Nona'da" dedi. Kalmak ve oynamak istiyordu ve belki de diğerlerinin sırasının kısa bir şarkıyla geçip gittiğini düşünüyordu.

Sonunda tüm yaratıklar bulunmuştu, kum kutusuna bir tarak ekleyerek "Kumu Tara" oyununa geçtik. Yeni şarkı şöyleydi:

Kumu tara ve tara ve tara
Kumu tara
Kumu tara
Kumu tara ve tara ve tara
Kumu arkadaşına uzat

Kumu taramak ve tarağın ağzıyla bir desen oluşturmak çok sakinleştirici bir aktivitedir. İçinde kum ve tırmığın kullanıldığı bir Budist uygulamasının bulunması şaşırtıcı olmasa gerek.

Oyunun son bölümünde kumun üzerine dökerek onu hoş, çıtır çıtır ve sıkılabilir ve içine delikler açarak eğlenebilecekleri bir kıvama getirmeleri için tüm çocuklara içinde bir miktar su bulunan bardaklar verdim. Nona özellikle ıslak kumda parmaklarıyla delik açmayı çok sevdi. O ve Naj, sonunda tekrar dost olmuşlardı, gülüyorlardı ve birlikte kumda delik açıyorlardı.

5. Oyun: Grup Dansı

Koreografi usta dansçıların uzmanlık alanı gibi görünse de bir Afrika atasözü der ki: "Eğer konuşabilirsen, şarkı söyleyebilirsin ve eğer yürüyebilirsen, dans edebilirsin!" Aynı şekilde eğer dans edebilirsen, kendi dansının koreografisini çıkarabilirsin. Daha da iyisi bir grup insan kendi dansını yaratabilir ve bunu sahnede sergileyebilir!

Hedefler

Başkalarının yaptığı şeyleri taklit etme
Kendi hareketlerini yaratma
Hareketlerin sırasını anlama
Bir dansın parçası olma
Senkronize olma ve senkronize bir şekilde performans sergileme

Hazırlık

Grup (üç-altı kişi) ayakta daire oluşturur.

Talimatlar

Dairedeki ilk oyuncu istediği bir figürü yapar. Bu, mesela aşağı yukarı zıplamak veya kollarını veya poposunu sallamak şeklinde olabilir. Herkes bu hareketi hemen taklit eder. Sonra bir başka oyuncu farklı bir figür sergiler. Grup ilk figürden hemen sonra ikinci figürü yapar. Daha sonra, üçüncü kişi üçüncü figürü ekler ve grup üç hareketin üçünü birden aynı sırayla yapar: örneğin, kolları başın üstünde ileri geri sallanması ardından kalçaların sağa sola dört kez sallanması ardından da ayakların dört kez yere vurulması.

Aktiviteye herkes sırayla bir kez dans edinceye kadar devam edin. **YENİ BİR FİGÜR DAHİL EDİLDİĞİNDE HERKESİN TÜM HAREKETLERİ BAŞTAN SONA SIRAYLA YAPMASI ÖNEMLİDİR.** Eğer bu yapılırsa herkesin tüm hareket serisini hatırlaması kolay olur. Hareketleri hatırlama konusunda sıkıntı yaşayan çocuklar diğerler çocuklar hareketleri yaparken taklit edebilirler.

Değişiklikler

1. Doğal bir şekilde dans etmek sesleri ortaya çıkarır bu nedenle dansınıza farklı sesler veya müzikal melodiler de ekleyebilirsiniz. Örneğin, kolları sallarken "bup bup bi dup" gibi bir ses çıkarılabilir. Kalçaları sallarken de "la la de da" gibi bir ses kullanılabilir. Yere ayak vurmaya da "bir, iki, üç, dört" diyerek eşlik edilebilir. Sanırım durumu kavradınız.
2. Bu oyunun en güzel tarafı herkesin yapabilmesidir. Özel gereksinimleri olan bir çocuk bile kendi hareketini dahil edebilir ve neler olup bittiğini anlamayan çocuklara da el çırpmak gibi bildiklerini tahmin ettiğiniz bir figürü göstererek ve gösterdiğiniz hareketi taklit etmesi konusunda cesaret vererek yardımcı olabilirsiniz. Bu tür çocukların arkasında durup işin özünü kavrayıncaya kadar arkalarında durarak hareketleri yapmalarına yardımcı olabilirsiniz. Başkalarının hareketlerini taklit etme, öğrenme sürecinde öneli bir süreçtir ve bunu dansla yapmak bu dersi öğrenmenin keyifli yollarından biridir.

Video

http://gameslady.com/video/single/group-dance.asp

6. Oyun: At Yürüyor

Gençken, oyunculardan birinin "Gözcü" ve diğerlerinin de kabile üyeleri oldukları bu enerjik oyunu çocuklarla oynamayı çok severdim. Oyun herkesin sevinçten bağırıp çağırması, dans edip şarkı söylemesi ile başlar. Sonra aniden Gözcü leopar gibi tehlikeli bir hayvanı gördüğünü söyler ve yere oturur ve tıpkı bir heykel gibi hiç hareket etmeden öylece durur. Duruma dikkat kesilen kabilenin diğer üyeleri de hemen oturur ve gözcü gibi kıllarını bile kıpırdatmadan öylece dururlar. Oyun hareket halindeyken en hızlı kimin durup oturacağı üzerinedir. En hızlı kişi gözcü olur. Benzer şekilde, bu oyunda herkes birlikte hareket ederken, bazen çok hızlı bir şekilde, yine herkes birlikte aniden duruverir.

Hedefler

Hareketleri taklit etme
Hareketlerini tayin etmek için sözcükleri dinleme
Liderin ne yaptığını takip etme
Başkalarıyla senkronize olma
Kelime bilgisini arttırma ("tırıs gitmek," "eşkin gitmek" ve "dörtnala gitmek")

Hazırlık

Herkes daire oluşturarak oturur.

Talimatlar

Bu oyunda "at" yürürken zıplamaya, tırıs, eşkin veya dörtnala gitmeye başlar. Ama bazen aralarda bir yerlerde durur. Onunla birlikte oynayan herkes de durur. Odanın içinde gerçekten koşmak yerine, oyuncular atların hareketlerini simgelemek için ellerini bacaklarına belli hızlarda vururlar. Hareketleri yaparken aşağıdaki marşı söyleyin ve herkesi katılmaları için teşvik edin (sözleri gayet basit):

At yürüyor, yürüyor, yürüyor
At yürüyor
(Bacaklarınıza vurun, sağ, sol, sağ, sol vb.)
Şimdi duruyor
At zıplıyor, zıplıyor, zıplıyor
At zıplıyor
(İki elle aynı anda bacaklarınıza vurun)
Şimdi duruyor
At tırıs gidiyor, tırıs gidiyor, tırıs gidiyor
At tırıs gidiyor
(Elleri sırayla değiştirin ama bu kez daha hızlı vurun)
Şimdi duruyor
At eşkin gidiyor, eşkin gidiyor, eşkin gidiyor
At eşkin gidiyor
(Elleri daha hızlı bir şekilde değiştirin)
Şimdi duruyor
At dörtnala gidiyor, dörtnala gidiyor, dörtnala gidiyor
At dörtnala gidiyor

(İki elle aynı anda bacaklarınıza vurun, isterseniz bir yandan da vücudunuz ileri geri sallayabilirsiniz)

Şimdi duruyor! Dilerseniz sözcükleri tahmin edilebilir bir şekilde ritmik söyleyebilir ve aynı tempoyu tüm oyun boyunca devam ettirebilirsiniz. Tüm bunlar grubunuzun gereksinimlerine ve becerilerine göre değişir.

DEĞİŞİKLİKLER

Ayrıca "At başka ne yapabilir?" gibi sorularla oyunun çocukların yaratıcılıklarını da ortaya çıkarmasını sağlayabilirsiniz. Örneğin, at yüzüyor, yüzüyor, yüzüyor (yemek yiyor, koşuyor, el sallıyor, araba kullanıyor vb.) gibi.

VİDEO

http://gameslady.com/video/single/horse-walking.asp

7. Oyun: Bilye Oyunu

Bir grup yetişkinle birlikte dışarıda bir masada oturuyordum, birçoğu tekerlekli sandalyedeydi ve işitmede güçlük çekiyordu. Sosyal işler müdürüydüm. Daha önce benimle oyun oynamışlardı bu nedenle Kleenex (bir tür kağıt mendil kutusu) kutusunu karşımda duran kişiye vurarak yollama fikriyle çıkageldiğimde şaşırmamışlardı. Gülmüş ve kutuya vurarak bana geri göndermişti. Oyun başlamıştı. Kutuya hafifçe vurarak ileri geri, öne arkaya herkese gönderiyorduk ve herkes oyunun saçmalığına kendini kaptırmıştı. Durumdan çok memnundum çünkü bu herkesin odaklandığı, etkileşime girdiği ve o ana dikkat kesildiği anlamına geliyordu. Bir sosyal işler müdür daha ne isteyebilirdi ki?

Aynı oyunu bir bilye ve karışık bir grup öğrenciyle oynamak benze sonuçları doğurur. Bilyeler masadan aşağı düşüyor diye sakın üzülmeyin; oyunun ana fikrinin odaklanmak ve başkalarıyla iyi vakit geçirmek olduğunu unutmayınız. Biri düşerse diye birkaç tane bilye bulundurun bu sayede vaktinizi düşen bilyeyi aramakla geçirmemiş olursunuz.

Hedefler

İzleme ve harekete geçmeye hazır olma
İnce motor beceriler
Diğerlerini fark etme
Hızlı refleksler
Odaklanmış dikkat

Materyaller

Birkaç tane bilye

Hazırlık

Oyuncular bir masa etrafına oturur.

Talimatlar

Bilyeyi masanın diğer tarafında bulunan çocuklardan birine yuvarlayın. Bilyeyi yakalamak ve başka birine göndermek zorundadır. Bilyenin sonra kime gönderileceği belirsizdir bu durum pürdikkat oyunu takip etmeyi gerektirmektedir.

Değişiklikler

Eğer oyun yavaşlarsa, bir bilye hatta bir bilye daha dahil edin. Yapılan aktivite dikkatle de çılgınca da yapılabilir.

Video

http://gameslady.com/video/single/marble.asp

8. Oyun: İsimler, İsimler, Hepimizin Sahip Olduğu İsimler

Dünyadaki en güzel seslerin isminizdeki sesler olduğu söylenir. Bu kesinlikle doğru bir tespittir çünkü bir isminizi söylediğinde kendinizi önemli hissedersiniz. Bu oyunda herkes adınızı dört kez söylemektedir ve bu kulağınıza güzel bir melodinin çalınması gibi gelecektir.

Hedefler

İsimleri dinleme
Diğerlerinin yaptıklarını izleme
Başkalarının motor jestlerini ve ses tonunu taklit etme

Hazırlık

Oyun genelde bir daire oluşturularak oynanır ama sınıftaki sıralara veya oturma odasındaki sandalyelere oturularak da rahatça oynanabilir.

Talimatlar

Her oyuncunun sırasına şu şarkı eşlik eder:

İsimler, isimler, hepimizin sahip olduğu isimler
Sen seninkini söylersin biz de aynısını söyleriz.

Eğer işaret dili biliyorsanız veya bir işaret dili sözlüğünden uygun işaretlere bakarsanız oyuna ince motor bir beceriyi dahil etmiş olursunuz. Şarkıdan sonra, sıradaki oyuncu adını söyler. Bu oyunun en basit versiyonunda, çocuklardan biri adını söyler-mesela Oliver-sonra tüm grup el çırparak dört kez "Oliver, Oliver, Oliver, Oliver" der. Sonra şarkı sıradaki oyuncu için tekrarlanır.

Değişiklikler

Her çocuğun her bir heceyi söylerken farklı bir işaret kullanması daha karmaşık bir karşılık olabilir. Örneğin:

"O" — eller çırpılır
"li" — kollar dışarı, öne doğru çıkarılır
"ver" — kollar başın üzerine doğru kaldırılır.

Daha çok yönlü bir karşılık da çocukların isimlerini söylerken bir yandan duygu ve jestleri kullanmalarını sağlamak olacaktır. İsimlerini dokunaklı ve üzgün, eğlenceli ve mutlu, korku veya şaşırmış bir şekilde veya hatta kafası karışmış bir şekilde söyleyebilirler: "Oliver?" veya "Oliver!" veya "OLIVER"...

VİDEO

http://gameslady.com/video/single/name-names.asp

9. Oyun: Bize Yapmayı Sevdiğin Şeyleri Anlat

Yirmili yaşlarımdayken benimle aynı ismi taşıyan, Barbara Sher, bir yazarın Wishcraft adlı kitabını okumuştum. Kitabında insanların yapmayı sevdikleri yirmi şeyi listeleyip sonra bunları gruplara ayırmalarını öneriyordu. Bu gruplardan biri "Belirli bir maliyeti var mı yoksa bedava mı?", diğeri de "Yalnız yapılan bir şey mi yoksa başkalarıyla yapılabilecek bir şey mi?". Çok sosyal olduğumu düşünmüştüm bu nedenle yazı yazmak, kille oynamak, sanat projeleri hazırlamak, ormanda yürüyüşe çıkmak ve piyano çalmaya gayret etmek gibi yalnız yapılan aktivitelerden hoşlandığımı fark edince çok şaşırmıştım. Bu yeni farkındalığım sebebiyle hayatımda daha önce gelişigüzel yaptığım aktiviteleri programlamaya başladım.

HEDEFLER

Özfarkındalık
Başkalarını fark etme

HAZIRLIK

Çocuklar daire oluşturarak oturur.

Talimatlar

Daire oluşturduğunuzda veya gruptaki süresi zarfında çocuklardan ne yapmaktan hoşlandıklarını sırayla söylemelerini isteyin. Bu oyunun gün içinde daha sonra oynanacağını önceden söyleyerek onlara düşünmeleri için süre verebilirsiniz.

Her oyuncunun sırası geçtikten sonra aşağıdaki marşı veya melodiyi mırıldanın (melodi "Mary'nin Küçük bir Kuzusu Vardı" adlı şarkıdan türetilmiştir.).

Bize yapmayı sevdiğin şeyleri anlat
Bize şimdi anlatmayacak mısın?

Nikolai Sanatı Keşfeder

Nikolai odaya çığlık atarak girdi. Rus annesi sınıfta o olmadan tek başına kalacağını söylemiş ve Nikolai de bu durumdan hiç memnun değildi. Hep ya annesi ya da bakıcısıyla birlikte olmuştu ve onlarsız bir dakika bile çok uzundu. "Benimle duş alır. Benimle uyur. Bu durum artık dayanılmaz bir hale geldi." diye yakındı annesi. Nikolai'nin yanında annesi olmadan sadece benim isteklerim yüzünden orada tek başına olması beni endişelendiriyordu. Onun yüksek sesle ağlayacağını biliyordum ve bu durum çoğu spektrumlu olan diğer çocukları da etkileyecekti. Anne ayrıldı ve öğretmenlerden biri Nikolai ile görüşmeye çalıştı. Hayatı ölümcül bir tehlike altındaymış gibi ağlayarak pencereye doğru koştu ve ona göre hayatı gerçekten tehlike altındaydı. Hiç kendi başına olmamıştı ve tek bildiği bunun onun için hiç de iyi olmayacağıydı.

Öğretmen sempatikti ve onunla mevcut durum hakkında konuşmaya çalışıyordu ve onu kısa bir yürüyüşe çıkardı ama hiçbir şey Nikolai'yi üzüntüsünden alıkoyamadı. Nikolai'nin öğretmenin dizlerine oturtulmasını ve diğerlerinin neler yaptığını izlemesini önerdim.

O esnada diğer çocuklar sırayla tahterevalliye biniyordu. Bazılarının bin çık olarak adlandırdığı tahterevalli denge kalası ve 5-15 cm'lik bir tahtadan yağılmıştı. Çocuklar önce tahtanın iki ucuna oturup aşağı yukarı hareket ediyorlardı. Tüm çocuklar hareketlerle uyumlu olan doğaçlama bir şarkı söylüyordu: "aşağı ve yukarı, aşağı ve yukarı." Sırasını beklemeye dayanamayan ve hareketleri tecrübe etmesi istenen üçüncü bir çocuk tahtanın merkezine oturtulmuştu. Çocuklar keyifle kıkırdıyor ve gülüyordu. Aynı şeyi sürekli tekrarlamaktan sıkılmaya başladıklarında, tabiri caizse, oyunun kalitesini arttırdık, önce merkeze ayakta duran bir çocuk koyduk ve sonra tahtanın üzerinde üç çocuğun ayakta durmasını sağladık. Herhangi bir tehlikeye maruz kalmadan dengelerini zorlayan bu değişikliğin keyfini çıkarsınlar diye çocukların her biri personelden biri tarafından tutuluyordu.

Çocuklar bariz bir şekilde eğleniyorlardı ve çıkan keyifli sesler Nikolai'nin de dikkatini çekmişti. İzledi ve giderek daha ve daha da sessizleşti. Oyun bittiğinde çocuklar, kıyafetlerinin üzerine rahatça boya yapabilmeleri için plastik çöp poşetleri geçirdikleri bir sonraki aktiviteye yönlendiriliyorlardı. Nikolai çöp poşetlerinden birine uzanıp "plastik" dediğinde dikkatini cezp etmeyi başardığımızı anlamıştık. Diğerleri kereviz saplarını boyalara batırıp duvardaki posteri boyamaya çalışırken onlara katıldı. Çocukların parmaklarına uygun küçük fırçaların yanı sıra patates ve bambu sapları da kullanıyorduk. İçinde kırmızı, mavi ve sarı boyaların bulunduğu sığ kaseler posterin yanı başında ve kolayca uzanabilecekleri bir mesafede üzeri kaplanmış zeminin üzerine yerleştirilmişti.

Çocuklar, özellikle Nikolai, büyülenmişti. Dikkat eksikliği hiperaktivite bozukluğu tanısı konmuş bir çocuk bile yirmi dakikalık süre boyunca aktivite esnasında dikkati dağılmadı.

Nikolai'nin sadece bir sanat projesine geçtiğimizde ilgi gösterdiği ve annesiyle katıldığı önceki dersleri hatırladım. O esnada çocuklara bir miktar kırmızı boya ve bir buz küpü veriyorduk, görevleri buz küpünü boyaya batırıp etrafa bastırmaktı.

Bir buz küpüyle boyayla uğraşmanın sıra dışılığı ilgilerini canlı tutuyordu. Bir süre sonra bir miktar mavi boyayı kırmızı boyanın içine karıştırıp mor renge nasıl dönüştüğünü gösterdik. Sonra onlara boya yapmaları için sarı boyayla birlikte bir parça kağıt verdik. En sonunda da mavi boyayı sarı boyaya karıştırarak yeşil rengi büyülü bir şekilde elde etmelerini sağladık.

Çocukların dikkatini çekebilmek için nelerle ilgilendiklerini bilmek gerekir. Bazı insanlar sanatla uğraşmayı sever. Bazı insanlar suda oynamayı sever. Bazıları sadece harekete güçlü bir şekilde tepki gösterir. Bazıları da bir şeyleri parçalara ayırıp sonra onları birleştirmeyi sever. Nikolai, artık biliyoruz, "sanatçı kişiliğe" sahip. Hayatın, annesi olmadan da, güzel olduğunu tecrübe etmesini sağlamaya devam edebilmek için onu sanatla meşgul etmeye hazır olmamız gerekir.

Çocukların farklı tepkiler verme eğiliminde olduklarını keşfettim. Örneğin, grupta bir çocuk "teleskopla kayan bir yıldıza" bakmayı severken bir diğeri şöyle diyebilir: "Ben yukarılara erişmeyi seviyorum."(Evinde "güzel şeylerin" yukarılara saklandığını düşünebiliriz!).

Değişiklik

Çocuklardan birer yetişkin olduklarında neler yapmak istediklerini söylemelerini isteyin.

10. Oyun: Harflere Fırlat

Çocuklar bir şeyleri fırlatmayı sever. Özellikle de küçük çocuklar bir şeyleri fırlatmayı sever ve büyüdükçe daha da ustalaşır ve nişan alarak hedefi tutturmayı tercih ederler. Karnaval çığırtkanları şişeleri deviren bir oyuncak ayı vaadinde bulunarak bu arzudan yararlanmaya çalışırlar. Öğretmenler de bir şeyleri fırlatmayı sorulara cevap vermenin yollarından biri haline getirerek bu arzudan yararlanabilirler.

Hedefler

El-göz koordinasyonu
Harf, ses veya rakamları tanıma

Sırayla yapma
Talimatları uygulama
Başkalarını izleme

MATERYALLER

Karatahta ve tebeşir ve fasulye kesesi

HAZIRLIK

Alfabenin tüm harflerini veya bir kısmını tahtaya yazın. Çocuklar yüzleri tahtaya dönük yarım daire şeklinde oturabilirler.

TALİMATLAR

Çocuklara "Fasulye kesesini E harfine atmak" gibi hedefler belirleyin. Çocukların keseyi sırayla farklı harflere atmalarını sağlayın.

DEĞİŞİKLİKLER

1. Anaokulu öğretmenleri harflerin yanı sıra "Rrr sesine sahip harfe atın." gibi ifadelerle sesleri de çalışabilirler. Ya da rakamları tanıma, sözcükleri veya uyaklı sözcükleri fark etme gibi alıştırmalar için de kullanabilirler. Yaşça daha büyük çocuklar fasulye keselerini çok sayıdaki rakama da fırlatabilir (Örneğin: "Sırayla 7, 6, 4, 5 rakamlarına atın.").
2. İçerikle ilgili sorular vasıtasıyla bu oyunu lise öğrencileri bile oynayabilir. Mesela, eğer periyodik cetveldeki semboller öğreniliyorsa, talimat şöyle olabilir: "Kurşunun simgesine at.". Ya da bu oyun matematiksel sembolleri öğrenmek için de kullanılabilir.

VİDEO

http://gameslady.com/video/single/throw-at-letter.asp

11. Oyun: Twisterin Üzerinde Dön

Herkes Twister oyununu bilir. Üzerinde renkli noktaların bulunduğu dört sıralı plastik bir örtü vardır. Oyunda aynı zamanda bir çarkıfelek vardır ve oyunun amacı oyuncuların vücutlarının farklı bölümlerini farklı noktalara koymalarını sağlamak ve onları büküp bırakmaktır. Bu eğlenceli bir oyun olabilir ama oyundaki renkli plastik örtü küçük çocukların gelişimsel gereksinimlerine doğrudan hitap eden bir şekilde kullanılabilir.

HEDEFLER

Vücut farkındalığı
Denge
Renkleri tanıma
Talimatları uygulama
Renkleri ayırt etme
Sırayla yapma
Başkalarıyla fiziksel etkileşime girme

MATERYALLER

Bir twister matı

HAZIRLIK

Örtüyü yere yazın.

TALİMATLAR

Her çocuktan örtü üzerinde bir dizi hareketleri yapmalarını isteyin. Örneğin:

1. Kırmızı nokta üzerinde ayakta dur.
2. Sonraki iki kırmızı nokta üzerine iki kez zıpla.
3. Yana, sarı noktaya zıpla.
4. Arkandaki sarı noktaya, geriye doğru zıpla.
5. Öne doğru tüm yeşil noktalara sekerek ilerle.
6. Son yeşil noktaya kadar tüm örtüyü zıplayarak geç.

DEĞİŞİKLİKLER

1. Çocukların her biri diğer çocukların uygulamaları için kendi talimatlarını oluşturabilirler.
2. Bir grup hep beraber oynayabilir. Örneğin: beş tane kırmızı nokta var, bu nedenle beş çocuğun kırmızı noktaların üzerinde ayakta durmalarını isteyebilirsiniz. Sonra hepsinden ayaklarından birini kırmızı nokta üzerinde tutarak diğer ayaklarını sonraki satırda bulunan sarı noktaya koymalarını sağlayabilirsiniz. Sonra her iki ellerini de sonraki satırda bulunan yeşil noktaya koymalarını ve son olarak da burunlarını da son satırda bulunan mavi noktalara koymalarını isteyebilirsiniz!

VİDEO

http://gameslady.com/video/single/twister.asp

Yaşça Büyük Çocuklar İçin Kısa Oyunlar (Yedi-On Beş Yaş)

1. Oyun: Dolar İçin Bowling

Meşrubatların alüminyum kutularını her yerde kolayca bulabilirsiniz. Bunlardan on tane toplayarak çocuklara çeşitli bozuk para kombinasyonlarını zihinsel olarak hesaplamalarını sağlamak için eğlenceli, arkadaş canlısı, rekabetçi bir oyun yaratabilirsiniz.

Bu oyun yedi yaş ve üzeri çocuklar için uygundur. Bu oyunu yetişkinler de sevmekte ve tıpkı bir yarışma programındaymış hissine kapıldıklarını söylemektedirler.

Hedefler

Hesaplama
El-göz koordinasyonu
Takım olarak çalışma
Matematik

Materyaller

On adet boş alüminyum kutu; şu bozuk paralar: 10 kuruş, iki 25 kuruş, üç tane 10 kuruş, iki 5 kuruş ve 10 kuruş (veya bu bozuk paraların resmi veya isimleri); bir top veya fasulye kesesi; elişi kağıdı (isteğe bağlı) ve bir dolma kalem ve kağıt (isteğe bağlı)

Hazırlık

Oyuna başlamak için her bozuk parayı bir kutunun altına yapıştırın.

Talimatlar

Kutular oyuncuların önüne yatay bir sıra oluşturacak şekilde dizilir ve oyunculardan top (veya fasulye kesesi) kullanarak sırayla tenekelerden birini düşürmeleri istenir. Kutular devrildikten sonra oyuncular toplam rakamı hatırlamazsa kutunun altındaki bozuk paranın değeri yazılır. Amaç bir doları geçmeden ulaşmak için mümkün olduğunca çok tenekeyi devirebilmektir.

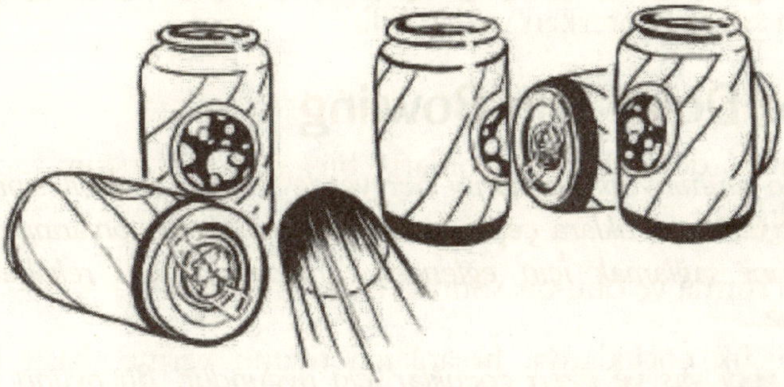

Topun aynı anda birden fazla kutuyu devirmemesi için kutular arasında yeterince boşluk bırakın. Sınıfı takımlara ayırın. İlk takım üyelerinden birinin bir kutuyu devirmesiyle oyuna başlar. Sonra bir diğer üye kutulardan birini devirir. Kutuların altındaki değerler birbirine eklenir ve sonra takım üyeleri toplam değer bir doları geçmeden başka bir kutuyu devirip devirmemeleri gerektiğine karar verir. Eğer 100 kuruşu geçerlerse otomatikman kaybederler. Her takım sırayla oynar. Bir doların altında kalan ve aynı zamanda en yüksek değere ulaşan takım kazanır. Eğer kutular farklı renkteyse, çocuklar hangi kutunun altında hangi paranın olduğunu aklında tutmak zorundadır. Eğer benzer kutularınız yoksa ve hafızanın etmenlerden biri olmasını istemiyorsanız, kutularınızı aynı renkteki kağıtlarla kaplayın.

Bu oyun takım oyunu gerektirir ve tüm çocuklar oyunun bir parçası olsun diye farklı beceri seviyelerine sahip karışık takımlarla kolayca oynanabilir. Bunların yanı sıra, çocuklar hesaplama becerilerini kullanarak hesaplama yapma ve grup olarak karar verme konularında takım olarak çalışırlar. Ayrıca el-göz koordinasyonlarını geliştirme fırsatına da erişirler!

ÇEŞİTLEME

Bu oyunda kendi çeşitlemelerinizi oluşturabilirsiniz ve daha fazla veya daha az kutu ve farklı bozuk para kombinasyonları kullanabilirsiniz. Örneğin, hedef herhangi bir miktara erişmek olabilir: 5 TL, 7.10 TL vb!

Değişiklikler

1. Bu oyunu özel gereksinimleri olan çocuklar için düzenleyebilirsiniz. Özel gereksinimleri olan bir çocuk:
   - Topu kutulara atarken yaklaşabilir.
   - Rakamları toplayabilir.
   - Kutular devrildiğinde onları bir sonraki takım için yeniden düzeltebilir.
   - Topu tutma ve onu bir sonraki oyuncuya atabilir.
2. Daha küçük çocuklarda, hesaplama oyunu yerine, basit bir toplama oyunu oynayın. Oyuncularınızdan mümkün olduğunca çok teneke kutuyu devirmelerini ve sonra devirdikleri kutuları toplamalarını isteyin.

2. Oyun: Kategori Top Oyunu

İşte size bilişsel becerileri geliştirecek basit bir top oyunu.

Hedefler

Bilişsel hafıza
Kamusal performans
Odaklanma
İşitsel farkındalık
Sosyal farkındalık

Materyaller

Büyükçe bir top (veya yuvarlanmış ve birbirine bantla tutturulmuş gazete yaprakları)

Hazırlık

Çocuklar büyük topla birlikte ayakta daire oluştururlar, topu çocuklarda biri veya bir yetişkin tutar. Top ne kadar büyük olursa tutması da o kadar kolay olur, bu durum çocukların topu kaçırarak utanmalarını engeller ve oyuncuların top yerine cevap vermeye odaklanmalarını sağlar.

Talimatlar

Oyunculardan biri bir kategori, "çiçek isimleri", belirler ve topu başka bir oyuncuya atar. Topu tutan oyuncu çiçek türlerinden birinin, mesela "papatya", adını söylemek zorundadır. Sonra top yeni bir çiçek türünü söylemek zorunda olan sonraki kişiye atılır. Oyuncular topu dairedeki herhangi birine veya yanlarındaki kişiye atabilirler.

Herhangi biri cevap veremeyinceye kadar oyun devam eder ve bu sıradaki kişiye yeni bir kategori, mesela "ulaşım araçları", sunma hakkı verir. Sonra bu kişi topu atmadan önce ulaşım araçlarından birini, mesela "otomobil", söyler. Topu tutan kişi bir başka ulaşım aracı, mesela "tren", söyler. Kategoriler topun bulunduğu oyuncu tarafında herhangi bir anda değiştirilebilir.

Bu oyunun en güzel taraflarından biri içinde "başarısızlık" öğesini bulundurmamasıdır. Eğer oyunculardan biri herhangi bir cevap veremezse, kategoriyi değiştirme yetkisi vardır. Yeni bir kategori düşünmek zihnini çalıştırmaya ve o oyuncuyu bilişsel oyunda tutmaya devam eder!

Değişiklikler

1. Kategori konuları hayvan isimleri, ulaşım araçları, eyaletler, kıtalar, renkler veya sınıftakilerin isimleri gibi ilkokul seviyesinde olabilir.
2. Kategoriler, periyodik cetveldeki semboller, Rönesans dönemi ressamları, otobiyografik kurgu yazarları gibi lise seviyesindeki öğrenciler için zorlaştırılabilir.

3. Oyun: Bana İltifatta Bulun

Eğer samimi bir şekilde yapılırsa, bizle alakalı güzel şeyler söylenmesinden bıkacağımızı hiç zannetmiyorum. Bu oyunda güzel şeyler duyabilir ve isim vermeden güzel şeyler söyleyebilirsiniz.

Hedefler

Başkalarının güçlü yönlerini fark etme

Başkalarına karşı sevgi ve nezaket gösterme

Özfarkındalık

Materyaller

Kağıt ve kalem

Hazırlık

Gruptaki oyuncuların isimlerini bir kağıda, iltifat içerikli ve niteleyici sözcükleri de bir başka kağıda yazın. Kullanılabilecek sözcüklerden bazıları şunlardır: iyi, sabırlı, anlayışlı, açık görüşlü, neşeli, iyimser, şirin, sevimli, sıcak, sadık, düşünceli, cömert, dürüst, zeki, kibar, adil, komik, yakışıklı, nazik, saygılı, tatlı, gülünç, merhametli, sempatik, akıllı, çalışkan, huzurlu, kararlı, yardımsever, güzel, iyi atlet, dansçı, sanatçı, müzisyen, dikkatli, çekici, kuvvetli, hassas, hoşsohbet, esprili ve iyi mizah anlayışına sahip.

Gruptaki herkes için bu iki sayfayı çoğaltın.

Talimatlar

Çocuklar niteleyici, iltifat dolu sözcüklerden birini kendi listelerindeki isimlerin yanına yazarlar. Ya da isim ve sözcük listesini sınıfta dolaştırırlar. Herkes tüm isimlerin karşısına bir sözcük yazar.

Çeşitlemeler

1. Tüm çocuklar yorumlarını ekledikten sonra çocuklardan biri tüm nitelemeleri okur ve diğerleri de kimin anlatıldığını bulmaya çalışır. Güzel tarafı şu ki yanılsalar bile isimleri söylenen kişiler kendilerini iyi hissedeceklerdir!
2. Tasvirleri derleyin ve oyuncular kendileri hakkında yazılan sözcüklerin listesini saklayabilsinler diye dağıtın.

4. Oyun: Kendini Vücudunla Anlat

Bu oyunda çocuğun vücut diline, mimiklere ve ses tonuna bakarız. Bu oyunda çocuklar bunu kendi başlarına nasıl yapacaklarını ve başkalarında nelere dikkat etmeleri gerektiğini öğrenirler.

Hedefler

Özfarkındalık
Duyguları anlama
Motor kontrol
Kamusal performans
Yüz işaretlerini ve vücut dilini okuma
Hayal gücü ve yaratıcılık

Hazırlık

Çocuklar sıralarına oturtulabilir ve sırayla çağırılabilirler veya bu önerilerden bazılarını denemeye çalışırken sınıfta özgür bir şekilde yürüyebilirler.

Talimatlar

Çocuklardan kendilerini bu şekillerde anlatmalarını isteyin:

1. Vücudunuzla şunları söylemeye çalışın: "Evet, hayır, neden, dur, vaov, imdat, git, beni hasta ediyorsun, seni istiyorum, beni bırakma, anlamıyorum, senden nefret ediyorum, seni seviyorum, iyisin."
2. Şunlar gibi davranın: "yaşlı biri, asil bir bayan, sokaklarda yaşayan bir hanımefendi, genç bir kız, genç bir çocuk, bir bebek, yürümeyi öğrenmeye çalışan bir çocuk, Noel Baba, maden işçisi, çok şişman bir adam, Şeytan."
3. Yüzünüzle (duyguları olan yüz ifadeleri) şunları anlatın: aç, çılgın, korkmuş, tembel, sıkılmış, alıngan, karamsar, havalı, anaç, şapşal, gururlu, suçlu, bezgin, endişeli, tuhaf, utanmış, neşeli, şüpheci, alaycı.

Dokunmak ve Dokunulmak

"Sammy" ile ilk tanıştığımızda dış görünüşü melek gibiydi: tas saç kesimi vardı ve uzun kahverengi perçemlerinin altındaki büyük kahverengi gözleri ona nefesinizi kesecek bir sevimlilik katıyordu.

Başka bir özelliği daha vardı. En şeytani gülümsemesiyle başka bir çocuğu sinsice iter ve bir başkasına yanlışlıkla çarpmış ve hiç suçu yokmuş izlenimi verirdi. Öğretmene karşı çıkarken veya şikayet ederken, Sammy "Sevimli değil miyim?" yüz ifadesini takınırdı ve yalnız oyununa geri dönerdi.

Sammy çoğunlukla yalnız oynardı ve pek konuşmazdı. Spektrumlu olması sebebiyle minimum seviyedeki sosyal becerilere sahip olarak klasik özellikleri taşıyordu. Başkalarıyla bağ kurmak istiyordu belki ama o ana kadar tek öğrendiği birilerini iterek ve çarparak fiziksel olarak etkileşime geçmekti. Öğretmenler ve ben güdülerini anlıyorduk ve ona "yumuşak elleri" anlatıyorduk ve arkadaşlarına daha kabul edilebilir bir şekilde nasıl dokunabileceğinden bahsediyorduk. Diğer çocuklara bile Sammy'nin neden kaba olduğu gizlice anlatılıyordu. Bu yöntemlerin her ikisi de faydalı oldu.

Sammy ile birebir görüştüğümde, dikkatini çekmek istediğimde yerde otururken bacaklarımdan birini onun bacağının üzerine atmam veya vücutlarımızın bir şekilde temas ettiğinden emin olmam gerektiğini biliyordum.

Ayrıca dokunma ve bazı proprioseptif grup isimleriyle birlikte dokunulma ihtiyaçlarının giderilmesine katkıda bulundum. Bu oyunlardan biri, defalarca kez oynadığım "İnsan Sandviçi" oyunudur. Bu oyunda çocuklar daire oluşturarak ayakta duruyorlar. Onlara sandviç yapacağımı söylüyorum ve çocuklardan birini ekmek olması için seçerek dairenin ortasına alıyorum. Sonra: "Sandviçe başka ne koyalım?" diye soruyorum. İlk oynadığımızda bazı öneriler sunmuştum. "Hadi biraz peynir ekleyelim." Demiştim ve sonra peynir olması için Sammy'i seçmiştim ve onu doğrudan ekmek olan çocuğun önüne koymuştum. Çocukların jambon, turşu ve domates gibi diğer sandviç malzemelerini önermeye başlamaları uzun sürmedi. Aslında çocuklar çikolata, kurabiye ve hatta pirinç gibi birçok ideal sandviç malzemeleri sunmuşlardı. Ne söylerlerse söylesinler kabul ediyordum ve öneride bulunan çocuk o ilgili malzemeyi simgeliyordu ve sandviçe az önce eklediğimiz çocuğun önünde yerini alıyordu. Sandviç yapımını tüm çocukları sandviçe dönüştüren son ekmek parçası olan çocuğu ekleyerek bitiriyordum.

Sammy'nin en sevdiği bölüm bundan sonrasıydı. Uzanıp tüm çocukları sıkıyordum ve onları yiyormuş gibi yapıyordum. Sınıfta bulunan diğerleri de yeme sürecine eşlik ediyor ve sınıf kıkırdama ve kıpırdanmalarla doluyordu. Sammy derin proprioseptif dokunmayı hissediyordu ve en önemlisi de kendisini daha fazla bir grubun parçasıymış gibi hissediyordu.

Aynı amaca hizmet eden diğer bir oyun da bir parça bezle oynanıyordu. Çocuklardan birini beze sıkıca sararak başlıyordum ve ondan başlama noktasından başlayarak 300 cm mesafedeki bitiş noktasına yürümesini istiyordum. Bitiş noktasına vardığında, ondan dönmesini ve başladığı yere zıplamasını istiyor veya dönmesine ve başladığı yere zıplamasına yardımcı oluyordum.

Çocukların hepsi bir kez yaptıktan ve oyunu anladıktan sonra, iki kişiyi birbirine sararak özellikle Sammy'i ve diğerlerini de memnun eden şeyi yapıyordum. Birlikte aynı hareketleri sergiliyorlardı. Önce bitiş noktasına yürüyor ve sonra geri dönüp başlangıç noktansa zıplıyorlardı.

Bunların yanı sıra dört çocuğu da sarıyor ve birlikte zıplamalarını sağlıyordum. Bu onların fikriydi çünkü tüm çocuklar başkalarına fiziksel olarak bağlanmayı ister. Çocukların çoğunun birbirleriyle nasıl hemen güreştiklerini bir düşünün. Bir defasında da beş çocuğu birbirine sardık, birlikte zıplamaları önce çocuklardan birinin sonra da hepsinin düşüp üst üste yığılmasıyla sona erdi, kimse en ufak bir zarar görmemişti ve çocuklar çok sevmişti. Ama okul müdürleri ve sigorta şirketleri böyle bir şeye tanık olsalardı çılgına dönerlerdi ve size bu versiyonunu kullanmanızı önermiyorum. Ama çocuklar Sammy'i sevmişti... Mutluluktan uçuyorlardı.

Değişiklik

Çocuklar sınıfa kendi tanımlama veya eylem veya karakter çeşitlemelerini sunabilirler ve diğerleri de hangi duygu veya kişi veya sözcüğü anlattıklarını tahmin edebilirler.

5. Oyun: Röportaj Yapma

Başkalarıyla ilgili bir şeyler öğrenebilmemizin yollarından biri onlara sorular yöneltmektir. Herkesin en sevdiği başlığın kendi olduğunu söylemek doğru olur bu nedenle başkalarının size sizle ilgili sorular yöneltmesi güzel bir şeydir. Bu resmi bir şekilde de yapılabilir.

Hedefler

Özfarkındalık
Farklılıkları fark etme
Güzel sorular sorma
Cevapları dinleme
Kamusal performans

MATERYALLER

Her oyuncu için bir kalem ve bir parça kağıt

HAZIRLIK

Sınıftakileri oyun arkadaşları şeklinde ayırın.

TALİMATLAR

Çocukların birbirleriyle röportaj yapmalarını ve cevapları not almalarını isteyin. Bu cevapları sonra arkadaşlarını sınıfa tanıtırken kullanabilirler. Aşağıda sorulabilecek bazı olası sorular bulunmaktadır:

- En sevdiğin yiyecek nedir?
- Evde oturmayı en sevdiğin yer neresidir?
- Şehirde en çok nereye gitmeyi seversin?
- Hangi ev eşyasını tercih edersin? Hangisini sevmezsin?
- Eğer piyangoyu kazanırsan, satın alacağın ilk şey nedir?
- Seni en çok ne mutlu eder?
- En çok hayranlık duyduğun kişi kimdir?
- Her gün veya fırsat buldukça yapmaktan hoşlandığın şey nedir?
- Taşınmak zorunda kalsaydın yaşamak isteyeceğin yer neresi olurdu?
- Dünyada bir iş yapabilseydin hangi işi yapmak isterdin?

6. Oyun: Hepsi Tonda

Sözcükler kullanılırken yapılan tonlama ve vurguya göre birçok anlam ifade edebilir. Çocuklara, özellikle de üstü kapalı anlam farklarını fark etmede zorluk çeken spektrumlu çocuklara, bu farklılıkları abartılı bir şekilde vurgulayarak ve aynı kelimeleri farklı şekillerde söyleyip farklı anlamlar katarak kullanın.

HEDEFLER

Sosyal farkındalık
Yüz ve vücut işaretlerini okuma
Görsel farkındalık
İşitsel farkındalık
Kamusal performans

HAZIRLIK

Beş çocuk oturan diğer çocuklarla yüz yüze gelecek şekilde ayağa kalkar. Çocuklar sırayla önde durabilir.

TALİMATLAR

Beş oyuncunun her birine farklı bir duygu görevi verin: üzgün, çılgın, şaşırmış, korkmuş ve kafası karışık. Ayrıca hafifçe sıkılmış, hüsrana uğramış ve hafifçe sinirli gibi anlaması daha güç duygular da kullanabilirsiniz.

Tüm oyunculara "Eve gidiyorum." gibi aynı basit yüz ifadesini verin. Sonra oyunculardan bu sözcükleri kendilerine verilen duygularla söylemelerini isteyin. Bazı oyuncular sözcükleri farklı şekillerde söyleme konusunda tavsiyelere ihtiyaç duyabilir.

DEĞİŞİKLİKLER

1. Eğer oyuncular yaşça büyükse, romantik veya seksi gibi kavramlar da ekleyebilirsiniz.
2. Kullanılabilecek sınırsız sayıda sözcük ve cümle vardır. Oyunculardan gruba uyabilecek kendi sözcük ve cümlelerini bulmalarını isteyebilirsiniz.

7. Oyun: Matematikle Zıplama

Oturup matematik problemlerine cevap yazmak eskidi ve sıkıcı. Daha hareketli, canlı bir yolu olmalı ve var, bu oyun.

Hedefler

İşitsel farkındalık
Matematik
Sosyal katılım
El-göz koordinasyonu
Motor kontrol

Materyaller

On tane kağıt ve bant

Hazırlık

0'dan 9'a tüm rakamları birer kağıda yazın ve yere daire şeklinde yapıştırın. Daire şeklinde bir desen en kolayıdır çünkü oyuncular dairenin ortasında durabilir ve tüm rakamlara eşit mesafede olabilirler.

Talimatlar

Oyunculara matematik problemleri verin ve cevaplara zıplamalarını isteyin. İşte size bazı olasılıklar:

- 8 veya 18 gibi tek veya çift basamaklı sayılara zıplayın.
- 30,457 sayısını oluşturan rakamlar gibi doğru sırada zıplayın.
- 2 artı 5 gibi bir toplama sorusunun cevabına zıplayın.
- 4 çarpı 4 gibi bir çarpma sorusunun cevabına zıplayın.
- 16 bölü dört gibi bir bölme sorusunun cevabına zıplayın.
- XVI Romen rakamına denk gelen sayıya zıplayın.

Değişiklikler

1. Bu oyun, tıpkı diğer oyunlar gibi, bir arkadaşla değiştirilebilir. Sorunun cevabı konusunda arkadaşların aranabildiği çok ünlü bir televizyon programı vardır. Neden aynı sistemi sınıf ortamında uygulamayalım ki? Arkadaşı oyuncuya cevabı yazıp vererek veya kulağına fısıldayarak o rakamlara atlamasını sağlayabilir veya onunla birlikte atlayabilir.
2. Spektrumlu çocukların soruların, özellikle de harf ve rakam tanımayı gerektiren soruların, cevaplarını bazen tüm sınıf arkadaşlarından önce bildiklerini keşfettim. Diğerlerine yardım eden böyle "asistan çok bilmiş" bir çocuğa sahip olmanız bu tür çocukların becerileri üzerinde güneş gibi parlayabilir ve özsaygılarını arttırır.

8. Oyun: El Sıkışma

Beşlik çakmak ve yumrukları birbirine vurmak gibi uzun bir yoldan geldik. "El sıkışma" olarak bilinen şeyi yapmanın farklı birçok yolu vardır.

Hedefler

Oyun arkadaşıyla birlikte yaratıcılık sergileme
Kamusal performans
Motor kontrol ve koordinasyon
Başkalarını taklit ederek öğrenme

Hazırlık

Oyuncular partnerlerini seçer.

Talimatlar

Tüm çiftler selamlaşma şekli olan bir dizi hareket sergiler. Bu hareketleri diğerlerine öğretmek için sergilerler. Sonra tüm grup diğer çiftlerin selamlaşmalarını yapmaya çalışır.

9. Oyun: Bir Hikaye Uydurma

Yaratıcı bir hikaye yazmak zor bir görev olabilir. Eğer bunu diğerleriyle birlikte yaparsanız çok daha kolay olabilir.

Hedefler

Yaratıcılık
Doğaçlama yapmayı deneme
Hayal gücü
Hikaye kurgusunu anlama
Sosyal katılım

Hazırlık

Oyuncular sırada kimin olduğunun net bir şekilde belli olduğu bir daire veya çizgi şeklinde otururlar.

Talimatlar

Çocuklardan biri hikayeye bir satırla başlar ve herkes sırayla birer satır ekler. Örneğin:

> *Bir zamanlar kötü bir cadı vardı.*
> *Salam yemeyi çok severdi.*
> *Ama hiç salam kalmamıştı.*
> *Bu nedenle yedi cüceleri çağırdı.*
> *Ama onlar gelemeyecek kadar çok uykulu, tembel ve huysuzdu.*
> *Bu nedenle dışarı çıkıp Örümcek Adam'ı bulmaya karar verdi.*

"Huhu, Örümcek Adam" diye seslendi... ...Ve bu şekilde devam eder. Hikaye saçma bir hal alabilir çünkü yanlış veya doğru satır diye bir şey yoktur herkes gönül rahatlığıyla katılabilir.

Değişiklik

Oyunculardan biri tüm hikayeyi yazıp son halini okuyabilir.

10. Oyun: Yansıtma

Taklit dalkavukluğun en samimi şekli olabilir veya belki de odadaki herkes siz ne yaparsanız aynısını yaptıklarında hissettiğiniz şeydir.

Hedefler

Görsel farkındalık
Ayrıntıları fark etme
Ritim
Taklit etme
Yaratıcılık
Sosyal farkındalık

Hazırlık

Oyunculardan biri diğerlerinin önünde durur.

Talimatlar

Diğer çocukların önünde duran çocuk hareket eder ve diğerleri de tıpkı bir ayna yansımasıymış gibi ne yaparsa aynısını birebir yapar.

Değişiklik

Farklı sonuçlar almak için çeşitli türde şarkılar ekleyebilirsiniz.

11. Oyun: Bir Satır Söyle

Okulda gün içinde çocuklara hareketli bir ara vermek faydalıdır ama öğretmenler bu öğrenme süresini kullanma konusunda gönülsüz olabilirler.

Hedefler

Bilişsel hafıza
Kamusal performans
Sosyal farkındalık

Hazırlık

Oyuncular daire şeklinde ayakta durur.

Talimatlar

Oyuncular her defasında birer birer dairenin merkezine geçmek için gönüllü olur ve belirlenen konulardan biriyle ilgili bir örnek verir. Örneğin, eğer konu ünlü sözlerse, öğrenci dairenin ortasına geçer ve şöyle der: "Olmak ya da olmamak, işte bütün mesele bu." İşte size bazı konu örnekleri:

- *İngilizce:* Bir şiirden bir dize veya bir yazar ismi veya belir bir dönemden bir kitap ismi söyleyin.

- *Tarih:* Osmanlı İmparatorluğunun kurucusunu ve ilk Cumhurbaşkanımızın adını söyleyin.
- *Fen Bilgisi:* Gezegenlerden birinin adını söyleyin.
- *Film:* Ünlü bir filmden ünlü bir repliği söyleyin.

Belirli bir sıra veya düzen olmasına gerek yok. Dairenin ortasındaki yer boş olduğunda herkes bir veya birden fazla kez geçebilir.

Değişiklik

Çocuklar konuşmak yerine pandomim yapabilir ve diğerleri de fiziksel olarak sergilenen şeyin ne olduğunu bulmaya çalışır.

12. Oyun: Hapishane

Bir karmaşadan nasıl kurtulabilirsiniz? Bu oyunda, oyuncular "işe yarayanları" bulmak için farklı yöntemleri denemektedir.

Hedefler

Sosyal farkındalık
Kişiliklerdeki farklılıkları öğrenme
Farklı taktik ve motor yöntemleri deneme

Hazırlık

Oyuncular el ele tutuşarak veya birbirlerinin bellerini tutarak bir hapishane oluştururlar. Oyunculardan biri içerde durur.

TALİMATLAR

Dairenin ortasındaki çocuk dışarı çıkmaya çalışır. Peki bunu nasıl yapacak? Güç mü kullanacak? Hesaplanmış güç mü kullanmalı (En zayıf noktayı seçmek)? Kur yaparak mı? Alt taraftan sıvışarak mı? Sonra, grupla hangi yöntemlerin kullanıldığını konuşun ve hangilerinin hangi durumlarda etkili olduğunu tartışın.

13. Oyun: Duş Perdesi Heceleme

Bu oyunu farklı beceri seviyesinde ve yaştaki çocuklarla oynamanın çeşitli yolları vardır. Tek ihtiyacınız olan şey bir duş perdesidir. Hedef, harf tanımayı geliştirmek gibi basit veya heceleme, vurgulama veya karışık verilen harfleri düzeltmek gibi karmaşık olabilir.

Hedefler

Harf tanıma
Sesler
Heceleme
Kafiye
Sözcük türlerini öğrenme
El-göz koordinasyonu
Odaklanma
Sosyal farkındalık

Materyaller

Sade bir duş perdesi, kalıcı fosforlu bir kalem ve bant (isteğe bağlı)

Hazırlık

Plastik, sade bir duş perdesini yazın ve kalıcı fosforlu bir kalemle üzerine A'dan Z'ye tüm harfleri yazın. Tüm perdeyi dolduracak şekilde büyükçe yazın. Perdeyi yere serin. Kayacak gibi duruyorsa kenarlarını bantla yapıştırıp sağlamlayın.

Talimatlar

İşte size en basitten başlayan bazı oyun çeşitlemeleri:

- *Harf tanıma:* Oyunculardan birine söylenen harfin üzerinde durması ve söylene diğer harfe zıplaması istenir. Örneğin, "H harfinin üzerinde dur. I'ya zıpla, yana doğru/geriye doğru G harfine zıpla, tel ayal üstünde M harfine zıpla ve şimdi de S harfine büyük bir sıçrama yap.
- *Ses:* Oyuncu söylenen sözcüğün ilk harfi üzerinde durmak zorundadır. Örneğin: "Kaplan sözcüğü için Ka sesine git."
- *Heceleme:* Oyuncular bir sözcüğü oluşturan harflere zıplamak zorundadır. Oyuncunun seçtiği herhangi bir kelime olabilir. Diğerleri sözcüğü hecelemelidir. Ya da hayvan isimleri, ulaşım araçları, eyaletler, kıtalar, renkler veya sınıftaki öğrencilerin isimleri gibi belirli bir kategorideki bir sözcük olabilir.

- *Kafiye:* Oyuncular kafiyeli bir sözcüğü oluşturan harflere atlamak zorundadır. Örneğin: "Kedi sözcüğü ile kafiyeli olan bir sözcün harflerine zıpla."
- *Hatırlama:* Sınıftan biri öğrencilerin atlaması gereken harfleri seçer. Söylenen harflerin üzerine zıpladıktan sonra, öğrenciler hedeflenen sözcüğü söylemek zorundadır.
- *Anagram:* Sözcüklerin harflerinin karışık bir halde verilmesinin dışında bir önceki oyunla birebir aynıdır. Örneğin, GÖSTERİ kelimesi şu şekilde verilebilir: "TİREÖGS." Öğrenciler sözcükleri gözlerinin önünde canlandırıp, harfleri doğru sıraya sokmak ve kelimeyi yüksek sesle söylemek zorundadır.
- *Twister oyunu:* Çocuklardan birine sağ ayağını bir harfe, sol ayağını bir başka harfe, sağ elini bir başkasına ve sol elini de bir başka harfe koymasını isteyin. Bu oyunu vücutların iç içe geçmesine ve çok fazla kahkahaya neden olarak aynı anda birden fazla çocuk oynayabilir.

Değişiklikler

Oyunlar motor veya bilişsel beceriler açısından zorluk yaşayan çocuklardan şunlar istenerek düzenlenebilir:

- Zıplamak yerine harflere fasulye kesesi fırlatabilir.
- Harfleri söyleyen kişi olabilir.
- Bir sözcük listesinden hangi sözcüklerin kullanılacağını seçebilir.
- İki ya da üç olası seçenek gösterilerek hecelenen sözcüğü tahmin edebilir.

14. Oyun: Zaman Çizelgesi Oyunu

Tarihte olan olayları sırasıyla hatırlamak zor olabilir. Bu oyun bunu kolaylaştırmakta ve eğlenceli kılmaktadır.

Hedefler

Hafıza
Bilgileri hatırlama
Sosyal görüşme

Materyaller

Dizin kartları ve bir dolma kalem

Hazırlık

Rönesans, sanayi devrimi, Demir Çağı vb. her birinin üzerine farklı bir tarih döneminin not edildiği dizin kartları hazırlayın.

Talimatlar

Oyunculardan her biri ellerinde üzerinde bir tarih döneminin yazılı olduğu bir dizin kartı tutar ve oyuncular doğru kronolojik sıra için kendilerini sıraya sokarlar. Bu oyuncular arasında kimin nerede duracağı konusunda çok fazla tartışmaya neden olacaktır!

Değişiklik

Bu oyun çocuklardan kendilerini yaşça en büyük olanından en küçük olanına doğru sıraya sokmaları istenerek kolaylaştırılabilir.

15. Oyun: Ben Hangi Sektördeyim?

Gençliğimde bir jürinin gelen misafirin mesleğini tahmin etmeye çalıştığı bir televizyon programı vardı. Sorular yönelterek ve sadece evet ve hayır cevapları alarak misafirin, örneğin bir havacılık mühendisi mi yoksa bir hayvanat bahçesinde filleri besleyen biri mi olup olmadığını bulmaya çalışırlardı.

HEDEFLER

İşitsel farkındalık
Hafıza
Gerçekleri birleştirme
Rekabet etme
Grupla çalışma

MATERYALLER

Dizin kartları ve bir dolma kalem

HAZIRLIK

İstediğiniz herhangi bir kategorideki-yazarlar, bilim adamları, tarihçiler vb.- veya belirli bir alana veya dönemdeki ünlü insanların isimlerinin yazılı olduğu dizin kartları hazırlayın.

TALİMATLAR

Çocuklardan biri üzerinde isimlerin olduğu kartlardan birini elinde tutar ve çocuklar sorular sorarak kim olduğunu bulmaya çalışır.

Clarissa'yı Görmezden Gelme

Clarissa her gün okula bir tütü ile geliyordu ve gömleğinin pantolonun içine tam bir şekilde sokulması gerekiyordu yoksa çığlık atıyordu. Çok nadiren konuşurdu. Sıklıkla bağırırdı. Bir gün çiş yaptıktan sonra pantolonunu yukarı çekme vakti geldiğinde erimeye başladı. Bu durumun onun dokunsal hassasiyeti olduğunu biliyorduk ve gömleğini tütünün esnek bandının altına düzgün bir şekilde yerleştirerek bu ihtiyacını karşılıyorduk. Ama bazen bunu hızlı yapamıyorduk.

Görüntüde sinir bozucu gibi görünen küçük şeylerle karşılaşıp deliye döndüğü başka zamanlar da olurdu. Ve bir defa üzüldü mü dengesini tekrar nasıl bulacağını bilmiyordu. Onu tutmak, yatıştırmak, dikkatini çekmeye çalışmak... hiçbir şey işe yaramazdı. Kapıya koşardı ve aceleyle dışarı çıkmaya çalışırdı. Kapıyı kilitledik sonra da çığlık atmaya başladı. Kıyafetlerini çıkarıp etrafta çıplak bir şekilde koşmaya başladı. Onu yeniden giydirirdik o da yeniden çığlık atmaya başlardı.

Herkes öncelikli olan şeyin ne olduğunu çözmeye çalışırken bitkin düşüyordu. Böyle bir aşırı tepkinin sebebi neydi? Bu çığlık atma yöntemi eve işe yarıyor muydu? Babasından evde işe yaradığını öğrenmiştik. Clarissa otizm spektrumluydu ve ablası da öyle. Clarissa "daha az ilgili" kişi olarak kabul edilmişti. Huzuru bozmamak için de çığlık attığında istekleri yerine getiriliyordu.

Farklı bir yaklaşım deneyemeye karar verdik. Direnmeyi bırakacak ve ortadan kaldırmak istediğimiz davranışı görmezden gelecektik. Dışarı çıkmak istedi; arkadaki etrafı çevrili oyun alanına çıkan kapıyı açtık ve çıkmasına izin verdik. Kendi kendine geri geldi. Kıyafetlerini çıkarmak istedi; kendi yeniden giyinceye kadar onlarsız dolaştı. Sonunda onu da yaptı.

Yüksek bir sesle ağladı veya bağırdı. Bizler sanki uzak ve önemsiz bir sesmiş gibi hiç önemsemedik.

FAKAT, oyunlara, daire veya oyun zamanlarına katıldığı veya kendi başına bazı görevleri yaptığı zamanlarda bolca övgüye mazhar oluyordu ve kendisine ziyadesiyle alaka gösteriliyordu. Zor değildi. Clarissa birçok şeyde iyiydi. Bilgisayar konusunda oldukça zeki ve hızlı bir öğrenciydi. Clarissa sesleri, sözcükleri, sınıf arkadaşlarının isimlerini ve oyunların nasıl oynandığını biliyordu. İçinde oyun oynamayı seven küçük bir kız vardı.

Bir gün "Clarissa'yı Görmezden Gelme" stratejimizin ortalarında yöneticilerden biri sınıfı gözlemlemeye gelmişti. Diğer herkesle birlikte eğlenceli Londra Köprüsü oyununu oynarken bu yüksek sesle bağıra çağıra ağlayan çocuğu görmezden geldiğimizi hayretle izledi. Ama tecrübelerimizden Clarissa'nın zamanla oyuna katılacağını biliyorduk ve öyle de oldu.

Clarissa zamanla oyun için çığlık atmayı tamamen bıraktı. Okula başka kıyafetler giyerek de gelmeye başladı. Kendi başına öğretmenlerini kucaklama ve göz teması kurarak selamlamaya başladı. Hala çok fazla konuşmuyordu ama ikna edici bir şekilde mırıldanıyor ve isteklerini dile getiriyordu. Clarissa hala açık bir şekilde otist ama bu hayatla ilgili bir şeyler öğrendi: bazı yöntemler işe yarar bazıları işe yaramaz ve aradaki farkı bilmek için gerekli bilgiye sahip olmak güzeldir.

EK

Ev Terapisi

Karen Beardsley

Ev ziyaretleri yapan bir terapist olarak, bana onurlu bir ayrıcalık tanındığını ve bir ailenin ev ortamına davet edilmek gibi bir armağan sunulduğunu hissediyorum. Yirmi beş yıldır dünya çapında ailelere yaptığım ziyaretlerle mesleki terapi sunuyorum. Hedeflerim iki katmanlıdır: her şeyden önce, çocukların hangi becerileri başarmasına yardımcı olacağıma dair bir plan yapıyorum, bu beceriler duysal, motor, görsel algısal, bilişsel veya sosyal olabilir. İkincisi, ama diğeri kadar önemli olan hedefim, sadece ben ve çocuk arasında değil aynı zamanda çocuk ve anne babası veya bakıcısı arasında da bir *bağ* kurmaya çalışıyorum. Anne baba ve bakıcıları bilgi ve özgüvenle bunu başarabilecekleri konusunda destekliyorum ve güç veriyorum ve çocuklarıyla sadece basit bir şekilde oyun oynayarak zengin bir öğrenme ortamı sunabileceklerini anlatıyorum. Ev terapisi uygulamalarımın en zorlu, tatmin edici ve bana göre en başarılı kısmını oluşturmaktadır. Bu öğrenme ve öğretme süreci için, sadece aileler için değil aynı zamanda terapist açısından da, çok samimi ve eşsiz bir fırsattır.

Bazı ebeveynler ev ziyaretlerini korkutucu, öngörülemez ve hatta tehdit edici olarak görürken bazı aileler de bunları sevmekte ve memnuniyetle karşılamaktadır. Bazı aileler kişisel alanlarının işgal edildiği hissine ve belki de yaşadıkları yer, nasıl davrandıkları ve hatta çocuklarına yaptıkları anne babalık konusunda yargılandıkları düşüncesine kapılır. Terapistin de gözü korkabilir. Bir büyüteç altında olduğumu, tüm aile tarafından eleştirildiğimi ve değerlendirildiğimi hissettiğim günlerim oldu. Bir ziyaretten önce, *İnşallah bu çocuk kendini yine bir yerlere kilitlemez veya saklanmaz,* diye sessizce dua ettiğim veya *Ya köpek bana saldırırsa?* diye düşündüğüm zamanlarım da oldu. Bu gerçek ve geçerli sebeplere rağmen ev terapisi, çocuk için en iyi paylaşma, öğrenme ve sürdürülebilirlik fırsatı olabilir, bunun en büyük sebebi ailenin sahip olduğu şeyleri kullanabilmenin pratikliği ve çocuğun eve halihazırda aşina oluşudur.

Ev terapisini okulda ve klinik ortam yapılan terapiden farklı kılan nedir?

Çocukların çoğu her hafta uyanma saatlerinin çoğunu evde aile veya birincil bakıcılarıyla geçirirler. Yani ev onların doğal ortamıdır ve belki de en iyi bildikleri ve kendilerini en rahat hissettikleri yerdir. Ev terapisti çocuk, ailesi ve sıklıkla da arkadaşları arasında bağ kurmaya yardımcı olan kişi olur. Hatta bir keresinde havuzdaki seanslardan birinin bir parçası olması için ailenin köpeğini bile çağırmıştım! Çocuklar kendi yaşam alanlarındayken dışarıdan gelen yabancılara daha hızlı ısınır ve sevdikleri aktiviteyi yönettiklerinde de kendilerini daha rahat hissederler. Çocuklar ilgilerine öncülük ettiğinde, bu takip edilebilecek sevimli ve üretken bir davettir.

Ev terapisinin bazı faydaları nelerdir?

Bir defasında evde çocuklarıyla çalıştıktan sonra bana: "Bunu ben de yapabilirim!" diyen bir anne baba olmuştu. Anne babalar ve bakıcılar terapi seanslarını gözlemlediklerinde ve bu strateji ve oyunları kendi başlarına da denediklerinde oldukça faydalı olabilir. Bunu onlar da yapabilir! Terapinin birinin hayatında oldukça yapılabilir bir şey olduğunu görmek kapalı kapılar arkasında yapılan klinik terapisinin "büyüsünü" dağıtmaktadır.

Ayrıca pratik ve maliyet anlamında faydaları da vardır. Ekonomik zorluklar, bütçe kesintileri, sigorta kotaları ve süre kısıtlamaları giderek artmaktadır, evde sahip olduğunuz şeylerle bunu başarabileceğinizi bilmek oldukça rahatlatıcıdır. Çalışmayı sevdiğim birkaç tane eşyayı yanımda götürmeyi seviyorum ama evde bulunan eşyaları ne kadar çok kullanırsam ben yokken ailenin o eşyaları kullanma olasılıklarını arttırmış oluyorum. Anne veya Baba artan gazetelere veya bir battaniyeye veya çocuğun topuna kolayca erişip eğlenceli bir oyun oynayabilirler. Benzer şekilde, çocuk terapistin lego parçaları veya çamaşır sepeti veya en sevdiği içi doldurulmuş oyuncak hayvanıyla yaptığı bir aktiviteyi veya oynadığı bir oyunu hatırlayabilir ve o oyunu yeniden yaratabilir. Bunların hepsi ailenin günlük hayatına uyan terapik öğrenme fırsatlarıdır.

Uygulama ilerlemeyi sağlar.

Çocuklar ve aileleri yeni aktiviteleri öğrenirken eğlendiklerinde, bu aktiviteleri tekrar tekrar oynama olasılıkları daha yüksektir ve evde bir kez yapılan ev ziyaretlerinin haftada iki veya üç defaya ve hatta günlük ziyaretlere dönüşmesi kuvvetle muhtemeldir. Bir baba bana oğlunun: "Balon fırlatma oyununu o kadar çok seviyor ki tatile gittiğimizde Tyler bu oyunu büyükbabasına öğretti ve birlikte oynadılar." dedi. Bana evde öğrencileriyle oynadığım oyunların kendilerine defalarca kez anlatıldığını söyleyen öğretmenler gördüm. Ev terapisinde doğal bir transfer ve becerilerin çocuğun hayatının diğer alanlarına aktarıldığı bir "dönüm noktası" olduğunu sıklıkla gözlemledim. Çocuklar kardeşleri veya komşularıyla bağlantı kurmaya ve etkileşime geçmek, oyun oynamak veya sosyalleşmek için yeni yöntemler bulurlar. Oyunların birçoğu biz farkında olmadan devam eder. işte bu tekrar sayesinde zamanla çocuktaki beceriler büyüyecek ve gelişecektir.

Kısa bir süre önce iki erkek çocuğuna sabah ziyaretleri yapıyordum. Çocuklardan biri, Viktor, Rusya'dan ziyaretlerine gelen küçük kuzenini de yanına çağırmıştı. Bize katılmayı planladığı aşikardı ve ben de açıkça onu hiç beklemiyordum. Hiç İngilizce bilmiyordu. Viktor bana: "O benim kuzenim. Bugün bizimle oynayacak" demişti. Ve başkalarıyla sosyal olarak etkileşime geçme artı puanıyla öylede oldu. Viktor sadece öğrendiğimiz oyunlardan bazılarını göstermiyor ve öğretmiyor aynı zamanda da tercümanlık da yapıyordu! O gün özel bir rolü vardı ve bu özgüven ve özsaygısını attırmıştı. Çocukların akranlarına belirli oyunları öğrettiklerine ve gösterdiklerine defalarca kez şahit olmuştum. Bir şeyi gerçekten öğrenmenin ve bir beceriyle bütünleşmenin en iyi yolunun onu başkalarına öğretmek ve bu şekilde tekrar etmek olduğunu biliyoruz. Bazen her şey istediğiniz veya planladığınız gibi olmayabilir ama ilişkileri yapılandırma ve yaratıcılık için bize fırsatlar sunar. Ve otizm spektrumlu ve sosyal beceriler konusunda uğraş vermeleri gereken bazı çocuklar için alıştırma yapmak için günlük doğal ortamlarından daha iyi bir yer olabilir mi?

Oyun işe yarar mı?

İki çocuğum olduğu için ben de bazen kendimi o korkunç alanda bulabiliyorum: "Okul tatile girdi ve üç haftalık tatilleri var, ne yapacağız?" Kızım Raina bir sabah uyandı ve bana: "Bugün ne yapacağız?" diye sordu. Ben orada dalgın dalgın uzanırken: "Hadi bugün oyun oynayalım!" diye yumurtladı aklındakini ve sonra da sıvıştı. Bu ona benim bulabileceğim herhangi bir cevaptan daha iyi görünüyordu. Oyun oynamak bazı yetişkinler için angarya gibi gelebilir. Kendimizi kaç kez "Şimdi olmaz" veya "Çok yorgunum" derken bulduk. Günümüzde anne babalar çocuklarıyla daha az zaman geçirmektedir. Bunları çok fazla ders dışı aktivitelere bırakmaya devam ediyoruz. Çocuklar halihazırda "planlanmış" grup ve kulüpler ve onları "zenginleştiren" programlarla fazlasıyla programlanmışlardır. Bir şekilde daha fazlasının daha iyi olacağını düşünüyoruz.

Hepimiz nasıl oyun oynanacağını içgüdüsel olarak bilerek doğuyoruz. Büyüdükçe bu ivmeyi kaybediyoruz ve oyun oynamak için bir çeşit "izin" veya hatırlatıcı bekliyoruz. Ama oyun oynamak çocukların uğraşlarından biridir. Oyunların, hızlı ve çok fazla iş yapmamızı gerektiren kültürümüzde onlar ve bizler için ne kadar faydalı olduğunu bazen unutuyoruz. Anne babaların çocuklarının evde yeni ve oyunbaz yöntemlerle bağlantı kurmalarını nasıl sağlayacaklarını ve bu sayede özgüvenlerini nasıl arttırabileceklerini bilmeleri en kalbi arzumdur.

Ben gülümsemeler diyarında yaşıyorum.

Tayland'da yıllarca çalıştım ve yaşadım. Tayland'da insanlar hayata farklı bir şekilde bakmayı ve yaklaşmayı öğretti bana. Yerli halk sonsuz derecede kibar, içten ve oyunbazdır. Orada çok sık kullanılan bir kelime vardır, "Sanuk?" Eğer bir yere gider, bir şey yapar, biriyle zaman geçirirsen sana temelde "Eğlendin mi?" veya "Kalbin mutlu mu?" gibi çevrilebilecek "Sanuk maif" veya "Sabaiijai mai" ifadeleri kullanılır. Bunlar bana hayatın o kadar da ciddiye alınmaması gerektiğini, anı yaşamak gerektiğini ve oyun oynamanın kalbe iyi geldiğini hatırlatır.

Terapistler İçin İpuçları: Ev Ziyaretlerinizi Nasıl Organize Etmelisiniz?

1. **Dakik olun:** Anne babalar yoğun insanlardır ve ziyaretinizi beklerler.
2. **Esnek olun:** İçeriye bir planla girin ama değiştirmeye her an hazır olun.
3. **Görsel materyaller kullanın:** Faydalı bulduğum işlerden biri bir karatahta üzerine görsel bir programı yazmak ve çizmektir. Örneğin, Bir saatlik ev ziyaretlerimde yapılacak üç veya dört aktivite listelerdim. Çoğunlukla basit ve hareket gerektiren bir aktiviteyle başlar sonra en zor işi ortaya koyar ve genellikle de çocuğun bir oyun seçmesini isteyerek sonlandırırdım. Listemizi her seansın başında yazar veya çizerdik ve programımızı kontrol ederdik.
4. **Sabırlı olun:** Seçenekleriniz içinde seçenek sunun. Eğer içinde top olan bir oyun oynayacaksam şöyle derim: "Bowling oyunu mu yoksa hedefe fırlatma oyunu mu oynamak istersin?" Gerçek şu ki kullanılan terapi ne olursa olsun çocukların zorlandıkları şeyler üzerinde çalışmalarını sağlarsınız. Bazen sadece kendi oyunlarını oynamak veya bir şeyler atıştırmak veya siz oyuncaklarını göstermek isterler. Çocukların terapiyi başka bir yerdense kendi evlerinde aldıklarında kendilerini daha özgür hissettiklerini fark ettim. Ortamda dikkati dağıtan daha fazla şey bulunur ve nasıl sınır koymanız gerektiğini ve onlardan neler beklediğinizi anlatmayı öğrenmeniz gerekir.

5. **Zamanı önemseyin:** Eve giriş çıkış için bir süre belirleyin. Erken giderek kendinize hazırlık için zaman ayırabilirsiniz. Benzer şekilde, seanstan sonra aile ile görüşmeniz, belki de birkaç not yazmanız ve bir sonraki ziyaret için planı gözden geçirmeniz için de belirli bir süre gerektiğini de biliyorsunuz.
6. **Takip edin:** Basit bir teknik veya oyunu denemek şeklinde olsa bile anne babaya ödev vermeyi seviyorum. Bu aileye sorumluluk veriyor ve öğrettiklerinizi pekiştiriyor. "Bir sonraki hafta nasıl geçtiğini birlikte gözden geçirebiliriz." diyebilirsiniz. Buna tüm anne babalar razı olmayabilir ama başlamak için iyi bir nokta.
7. **Terapist olduğunuzu unutmayın:** Son olarak, aileleri neler yapabilecekleri veya deneyebilecekleri konusundaki önerilerinizi sıralayıp boğmayın. Siz orada çocuklarının terapisti olarak bulunuyorsunuz ve onların yapamadığı işi sizin yapabildiğinize inanarak size güvenmektedirler.

Ebeveynler İçin Tüyolar: Ev Terapistleriyle Nasıl İşbirliği Yapabilirsiniz?

1. **Orada olun:** Terapistler de tıpkı sizler gibi yoğun insanlardır ve çocuğunuzu görmek için yol teperek evinize geliyorlar.
2. **Gözlemleyin:** Bazı anne babalar ev ziyaretlerine katılmaktan her zaman için memnundur fakat bazı anne babalarsa her şeyi anne babaya yıkmaktan mutlu olur. Tüm seans boyunca seansı boyunca orada olmak zorunda değilsiniz ama şöyle bir göz atın ve terapistin neler yaptığına bakın. İsterseniz katılabilir ve zaman zaman oyunları yönetebilirsiniz. Onunla oynadığınızda çocuğunuzun karşılık olarak neşelendiğini gördüğünüzde heyecanlanacaksınız ve bu size bunu başka günler başka oyunlarda da yapmanız için özgüven verecektir.
3. **Çocuğunuzun öncülüğünü takip edin:** Çocuğunuzun nelerle ilgilendiğine bakın ve bunu takip edin. Çocuklar ilgili olduklarında öğrenirler. Sizi üzerine daha fazlasını inşa edebileceğiniz oyunlara yöneltirler. Kendi programımızla devam etmek her zaman daha kolaydır ama onlara ne oynamak istediklerini sormaya çalışın. Bu önce bağlantı kurmakla mümkündür.
4. **Yavaş başlayın ve pozitif olun:** Her defasında bir oyunla başlayın. Oyunu nasıl değiştireceğiniz ve düzenleyeceğiniz konusunda çocuğunuzun fikrini alın. Eğer oyunu oynattığınız şekli eğlenceli değilse çocuğunuz onu daha eğlenceli kılmanın yolunu biliyordur! Çocuklar bir şeyleri yapmanın yeni yollarını bulma konusunda çok iyidirler.
5. **Kendinizi ve çocuğunuzu zorlamayın:** Eğer gerçekten düzenliyseniz, bireysel oyunları listelediğiniz dizin kartları yapabilir ve onları gruplara ayırabilirsiniz. Ayrıca kartları bir sepete atabilir ve rastgele seçmesini sağlayabilirsiniz. Bu şekilde eğlenceli bir sürpriz şeklinde olur. Birlikte kaç tane kartı ve ne sıklıkta seçeceğini belirleyebilirsiniz.
6. **Anne baba veya bakıcı olduğunuzu unutmayın:** Çocuğunuzun terapisti olmak zorunda olmadığınızı hatırlayın. Çocuğunuzla oynadığınız her oyun veya yaptığınız her aktivite artı puan anlamına gelir ve bunlar onun gelişimine ve onunla olan iletişiminize katkı sağlar. Canlı tutun. Eğer eğlenceli değilse terapik değildir.

Yazarlar Hakkında

Barbara Sher, MA, OTR, pediatrik mesleki terapist olarak kırkı yılı aşkın bir tecrübeye sahiptir. Oyunlar konusunda, Danca, Estonca, Çince, Rusça ve İtalyanca dahil sekiz dilde yayımlanan dokuz kitabı bulunmaktadır. Kitapları dikkat aralığını, özsaygıyı arttırmak, teorik, motor becerileri ve sosyal farkındalığı geliştirmek için oyunlar ve tüm çocuklar için eğlenceli öğrenme süreçleri sunar. Yakın zamanda çıkardığı kitabı *Erken Dönem Katılım Oyunları: Otizm veya Duyusal İşlem Bozukluğu Olan Çocuklarda Sosyal ve Motor becerileri Geliştirmenin Neşeli-Eğlenceli Yolları* adlı kitaptır.

Kamboçya, Yeni Zelanda, İngiltere, Vietnam, Norveç, Nikaragua, Hong Kong, Honduras ve Mikronesya Adalar Grubu dahil birçok ülkede katılımcı oyunlar ve kolayca bulunan materyallerden oyuncak yapmak konulu atölye çalışmaları yaptı.

Kitaplarındaki bilgilere ve daha fazlasına internet sayfasından, http://gameslady.com, erişilebilir ve kitapları online kitapçılardan temin edilebilir.

Karen Beardsley, OTR, Yirmi beş yılı aşkın bir süredir erken çocukluk dönemi pediatrik mesleki terapi üzerinde uzmanlaşmıştır. Duysal işlem, nöromüsküler ve beslenme sorunları bulunan çocuklarla klinik ortamında, evde ve okulda çalışmalar yapmıştır. Pasifik Adalarında okul temelli programlar geliştirme konusunda on yıllık bir uluslararası tecrübesi vardır ve Tayland'da özel gereksinimleri olan mülteci çocuklar için rehabilitasyon merkezleri ve okul kurma konusunda çalışmalar yapmıştır. Amerika ve Asya'da atölye çalışmaları yapmıştır. Karen halihazırda kocası ve iki kızıyla birlikte özel çalışmalar yaptığı ve aile ve okullarla işbirliği yaparak çalıştığı Tayland Puket'de yaşamaktadır.

